山東大學——華東師範大學東亞寫本文獻研究中心階段性成果

王國維友朋尺牘

上

尹偉傑 整理

尺海 第一輯·主編 丁小明

鳳凰出版社

圖書在版編目（CIP）數據

王國維友朋尺牘 / 尹偉傑整理. -- 南京 : 鳳凰出版社, 2025.7

（尺海 / 丁小明主編）

ISBN 978-7-5506-4129-7

Ⅰ. ①王… Ⅱ. ①尹… Ⅲ. ①王國維（1877-1927）—書信集 Ⅳ. ①K825.4

中國國家版本館CIP數據核字(2024)第045315號

書　名	王國維友朋尺牘
著　者	尹偉傑 整理
責任編輯	吴　瓊
裝幀設計	陳貴子
責任監製	程明嬌
出版發行	鳳凰出版社(原江蘇古籍出版社) 發行部電話025-83223462
出版社地址	江蘇省南京市中央路165號,郵編:210009
照　排	南京凱建文化發展有限公司
印　刷	江蘇鳳凰通達印刷有限公司 江蘇省南京市六合區冶山鎮,郵編:211523
開　本	890毫米×1240毫米　1/32
印　張	17.875
字　數	335千字
版　次	2025年7月第1版
印　次	2025年7月第1次印刷
標準書號	ISBN 978-7-5506-4129-7
定　價	138.00圓(全二册)

(本書凡印裝錯誤可向承印廠調换,電話:025-57572508)

《尺海》第一輯序

要説起《尺海》的創設緣起，就不得不提到鳳凰出版社《中國近現代稀見史料叢刊》的導夫先路之功。作爲鳳凰出版社重點出版的大型史料叢書——《中國近現代稀見史料叢刊》（下稱《稀見史料》），二〇一四年至二〇二三年十年間，共出版各類史料一百二十八種一百七十八册，其内容以一八四〇年至一九四九年間稀見而又確有史料價值的日記、書信、奏牘、筆記、詩文集等文獻的整理爲主。應當説，經過十年生聚，《稀見史料》收録文獻不僅體量巨大，更形成了自己獨特的學術風格。例如，在這一叢書的幾種常見的史料體裁中，主編張劍教授、徐雁平教授、彭國忠教授顯然更鍾情於日記類史料，所以，在《稀見史料》中整理出版了七十餘種日記的基礎上，又推出了《日記研究叢書》。毫無疑問，日記的整理與研究是《稀見史料》的重中之重。

衆所周知，在浩如烟海的近代各類私人史料中，日記之外最大宗者當爲尺牘。《稀見史料》能在系統挖掘各類史料的同時，勠力於日記類史料的整理已實屬不易。同時，正是《稀見史料》在日記與尺牘這兩類史料所投以不對等的關注，纔促使我們考慮在《稀見史料》之外再推出一種以尺牘文獻爲主體的史料叢刊。如果説，《尺海》從《稀見史料》中獨立而出的内因，是主持者對日記與尺牘關注程度不同，那麽，學界對尺牘手稿文獻的重視則是我們啓動《尺海》的外因。

當下學界對尺牘有着『文辭、書法、史料』三重的關注視域，而『史料』無疑是這三者之重點。譬如陳恭禄《中國近代史資料概述》、馮爾康《清史史料學》、曹天忠《中國近現代史史料學》、嚴昌洪《中國近代史史料學》等書中，無不闢有專節來討論尺牘中的史料内容及價值。近十年來，出版界也積極回應學界的這一關注，在致力於影印出版各類公私收藏尺牘寫本文獻的同時，先後推出系列的尺牘文獻整理叢刊，如鳳凰出版社的《國家圖書館藏未刊稿叢書·書札編》、浙江古籍出版社的《近現代書信叢刊》、上海人民出版社的《中國近現代書信叢刊》等。凡此種種，無不説明尺牘寫本文獻的整理已成爲當下出版界的熱點話題，并漸次發展成一股應者甚衆的潮流。所以，我們在此推出《尺海》就不僅僅是種種内外因緣交匯的産物，更是一種廣義上學術預流的體現。

當然，在推出《尺海》之前，有必要對創設宗旨、收録對象、整理者隊伍作一申説。

首先，《尺海》將秉承『回到原信』的宗旨，專力於尺牘寫本的整理，力求爲學界提供更多包含歷史真相的第一手材料。進言之，《尺海》所收録尺牘的首要標準必須是『原信』。『原信』的概念就是胡適所説『尺牘墨迹』，其意義有兩重。一重是胡適所以爲，我們也深表贊同的『尺牘墨迹是最可靠的史料』這一理念，而這一理念的基石就是我們所見到的必須是『尺牘墨迹』的『原信』，而不是那些尺牘的刊本。『尺牘墨迹』作爲一種即時性的製作，其真實性與這一文獻本身是互爲表裏的。而那些意在公開的尺牘刊本就大有不同，作爲延時性的製作物，其刊行的過程中，極有可能對原文有所删改。如黄濬《花隨人聖盦摭憶》記載，有人購得曾國藩與其弟曾國荃尺牘墨迹三通，以行世刊本書校之，有一通未輯入，餘二通皆經删改，且爲曾國藩本人所删，其中一信删了一百零九字，且將『余亦必趕到金陵會剿，看熱鬧也』中的『看熱鬧』三字删去；另一信删去二十三字。這説明曾國藩知道這些家書將來必定傳世，一些對兄弟説的話不能讓外人知道，事先就作了删改。事實上，這些不能爲外人知之的『悄悄話』中或許正隱藏着某些重要的信息，這些信息甚至關乎我們對曾國藩的認知，不過經此删改，我們所看到的其實是經過修飾的曾國藩形象，并非那個真實全面的曾國藩。這是一種情况，屬於對尺牘内容進行有意爲之的删改。另有一種情況，則屬於無意爲之的錯訛，如聞宥與劉季平討論音韵的通信被胡樸安發表於《國學周刊》上，但聞宥讀後發現校勘不精，致信胡樸安云：『《周刊》所登宥與季平先生通信，訛字極多。而最不可通者，爲第二十行「以韵理言之」一句，之後尚有「阿音引喉張口。自宜以平上音爲多」二句。訛奪之後，文理實不可解，故望即飭印人刊正。』從這兩例可知，無論是有意的删改，還是無意的錯訛，這些刊行的尺牘就不能算是十分可靠的史料了。換言之，尺牘的私密性與尺牘的公開是一種天然的對抗關係，公開的印本或抄本從尺牘撰寫的角度也非即時性的行爲，因爲背離了尺牘的私密、即時這兩種特性，其最終的真實性能否得以實現是令人懷疑的。所以，《尺海》首要强調整理『尺牘墨迹』的原由正在於此。另一重是强調整理的是『尺牘墨迹』，特别是整理的『尺牘墨迹』最好是有公開影印出版。這是因爲尺牘整理出來後，可爲學界所用，但如使用者對整理文本存有疑問的話，也可與『墨迹』影印本再行比對。我們以爲，這樣的比對對於《尺海》也算是一種變相的監督機制。

其次，在確立以尺牘墨迹爲整理對象後，有必要對這一對象再作一梳理。此處的對象可分爲兩類人物來理解。一類是具有重要歷史影響的人物，如翁同龢、梁啓超、沈曾植、張元濟、鄭振鐸這些編有年譜長編或年譜的譜主，這些譜主存世尺牘已得到較多的關注與整理，但仍有一定的輯佚整理空間。與此同時，我們以爲，只有重要人物尺牘而缺乏相應往來的友朋尺牘的話，研究者所掌握的材料只是『半壁江山』而已，無論是相關的叙事還是解讀，其還原的歷史難免會顯得不够全面，甚至不够清晰。因此，《尺海》將會儘可能地挖掘和整理與第一類對象相對應的友朋尺牘，而這些友朋尺牘的撰寫者就是我們所説的或許并不重要，甚至已被歷史所遺忘的第二類人物。但作爲運用尺牘材料進行文史研究的學者，自然會關注往來尺牘的問題，或者説重要人物友朋尺牘的問題——擁有更多的友朋尺牘，并將之與譜主尺牘進行聯繫與對讀，就有可能擁有更全面的歷史細節，最終築起的還原歷史事實的大厦纔會更加堅固。基於這樣的認知，《尺海》在重視重要人物尺牘整理的同時，也會充分關注重要人物友朋尺牘的整理。

再次，需要説明的是，基於『原信』的概念，《尺海》要做成系列與規模的叢刊，就必須要有相當體量的『尺牘墨迹』以提供給整理者使用。按《稀見史料》每輯十種左右來計算，出完《尺海》十輯，至少需要百種尺牘。通過檢索，我們發現近年來所出版的尺牘寫本影印類書籍中，約有三十種頗具史料價值的尺牘尚未得到整理。同時，晚清、民國所出版的影印尺牘書亦有数十種左右有待整理。當然，更重要的是，在全國圖書館及文博系統收藏着超過百種的、具有重要史料價值的『尺牘墨迹』。所以，以每輯十種的體量來計算，目前有待整理的尺牘有着近五萬通的數量，這一數量足以支持《尺海》連續數年的出版需求。

所謂『巧婦難爲無米之炊』，現在有了足够的食材可做成『有米之炊』，那麼擁有一支能整理尺牘寫本的專家團隊則是維繫《尺海》發展的關鍵。事實上，尺牘寫本整理的不易之處，特別是筆迹出於衆人之手的友朋尺牘的整理難度，但凡整理過的學人都有所體會。至於這一問題的解決就不得不感謝上海圖書館創辦的《歷史文獻》集刊。《歷史文獻》自創刊以來，在整理上海圖書館所藏近代名人尺牘方面功績最著，二十年間先後整理公布了近五千通尺牘，极大地推進了學界關注與重視尺牘文獻價值的同時，更培植了一批識讀與整理尺牘的專家。如《尺海》第一輯的整理者柳和城、鄒西禮、魏小虎、丁小明、尹偉傑等人，都曾是《歷史文獻》的作者。當然，這一專家陣容隨着《尺海》持續推進還會不斷擴大。可以説，過去凝聚在《歷史文獻》周圍的這批尺牘整理專家正爲《尺海》得以啓動提供了充足的人才資源。

行文到此，筆者只是不揣淺陋，將《尺海》創設緣起、立刊宗旨、收録範圍、作者隊伍作一簡介，以期增進大家對這部叢刊的瞭解。筆者忝厠編務之列，固然頗勞心力，亦略知其中甘苦。尺牘寫本整理之難度是公認的，特别是《尺海》第一輯主要以友朋尺牘爲專題的整理，整理者會面臨諸多不同寫信之人的筆迹與寫法的識讀，這是尤其難上加難的挑戰。所以，在《尺海》第一輯面世之際，請允許我向參加整理的柳和城、孫海鵬、鄒西禮、魏小虎、吴欽根等諸位師友表示最誠摯的感謝！能在日新月异的當下，依然堅守在書齋中董理這些泛黄的尺牘寫本者，大都會有一份尊重先賢、敬畏文化的品操。在此，不能不提到已年過八旬的柳和城先生，他在承擔《張元濟友朋尺牘》的艱巨整理任務時，已出現視力不清的問題，爲了不影響進度，他最終還是堅持到交稿纔去問診。這一輯整理者中還有我的學生尹君偉傑與孫君嘉奇，儘管他們剛上手時還有些步履蹣跚，沉潜半載，已然可以獨立完成各自的整理任務，看着他們在尺牘整理領域邁步向前的身影，一種後繼有人的欣慰感油然而生。最後，要特别感謝鳳凰出版社對《尺海》的鼎力支持，從開始動議到每種選題的落實，每個環節無不傾注着樊昕兄與諸位編輯的統籌推進之力。當然，隨着學界越來越重視尺牘中的史料價值，相信會有更多的同道進入尺牘寫本的整理與研究隊伍，也期待更多的學者關注與加入《尺海》的事業之中。

目録

學問與書籍：

近代學術轉型視域下的王國維（代前言）

王國維（一八七七—一九二七），字静安，號觀堂、人間先生等，浙江海寧人，中國近代學術史上公認且享有國際聲譽的大師，在文學批評、殷墟甲骨、敦煌寫卷、西陲漢牘、敦煌寫本、蒙元史等各方面均成果斐然，是一位百科全書式的學術全才。他提出的境界説、古史新證、二重證據法等研究範式，開一代之風氣，至今仍爲學界所廣泛應用。王國維著作身後多次結集，近年出版之《王國維全集》可謂集大成者。由《王國維全集·書信》修訂成的《王國維書信日記》，更是搜羅了海内外現存可見的幾乎所有王國維尺牘，極大地推動了對觀堂的研究。但若祇有往札而無來札，不惟有憾，亦於學術研究失之片面，因此對於觀堂研究而言，王國維友朋諸家的來札，具有同等重要的價值。王國維友朋諸家來札，現多藏於國家圖書館，筆者藉由丁師小明主編『《尺海》叢刊』之機，得以重爲董理這批寶貴尺牘。下文先介紹這批尺牘的大致情形，然後以來札中的唐蘭、神田喜一郎部分爲例，舉隅其藴藏的學術價值。

一、《王國維友朋尺牘》概述

王國維生前對友朋書信頗爲重視，曾在一九一六年夏至致羅振玉信中説：

> 一别五月，公致書在簏中已盈半寸有餘，維卷紙二束亦已用罄，其中十分之八九乃致公書。兩人書中雖有他事，而言學問者約居其半，中國恐無第三人。〔一〕

羅振玉亦在一九一六年六月二十六日的回信中説：

> 公歷次來書，已盛一小匣中，將盈矣。初欲將來書所述摘入日記中，乃多不勝記，乃

〔一〕 王國維《致羅振玉》（一九一六年夏至），載房鑫亮編校《王國維書信日記》，浙江教育出版社，二〇一五年，第一二八頁。

專匣儲之。不意弟之惡札，公亦儲之箧衍也。〔二〕

羅、王二人之所以要以專匣儲藏來信，甚至將來信摘入日記中，是因爲二人當時就意識到往來信札中『言學問者約居其半』，具有重要的學術價值。實際上，不光是羅振玉來信，王國維對於友朋來信都有儲之箧衍的習慣。一九二七年，王國維以知天命之年自投於昆明湖，中外學人無不爲之扼腕。王國維去世後，這批信札就一直作爲王國維遺藏的一部分，由觀堂後人妥善保管。趙萬里（一九〇五—一九八〇）自一九二五年入清華學校國學研究院，擔任觀堂助教，一九二八年就職於北海圖書館，後任北京圖書館善本特藏部主任。經過趙萬里先生的努力，觀堂之書籍文稿分三次入藏國家圖書館：一九二八年，觀堂家人轉讓批校本一百九十餘種七百餘册入北海圖書館，後轉入國家圖書館；抗戰勝利後，趙萬里先生又自遺孀潘夫人及次子王仲聞處取走若干遺稿入北平圖書館；一九五〇年，在趙萬里的促成之下，王仲聞

〔二〕　羅振玉《致王國維》（一九一六年六月二十六日），載王慶祥、蕭立文校注，羅繼祖審訂，長春市政協文史和學習委員會編《羅振玉王國維往來書信集》，東方出版社，二〇〇〇年，第一〇六頁。

又將觀堂之遺稿、信札、碑拓等悉數捐送北京圖書館〔一〕。王國維所藏全部信札正是一九五〇年由王仲聞捐出的。王慶山《追憶父親王仲聞》對此過程有大致記載：

> 五十年代初，北京圖書館善本部主任趙萬里先生（祖父在清華研究院時的助教，也是祖父的表外甥）找到父親，希望能把祖父王國維的珍貴遺書、遺物贈給北京圖書館。父親和在大陸的五叔、六叔商議後（在臺灣的繼母、弟妹通訊已斷絶），將家中的祖父手稿（包括著名的遺囑）和信札等全部無償送交北圖，總共有兩木箱之多。現在想來，應該感謝趙萬里先生的熱心操持，這批珍貴文獻當時一直留存我家的話，『文革』劫難中必然會散佚盡净。〔二〕

建國初期，政務院公布了保護文物和禁止珍貴文物圖書出口辦法，制定了收購和奬勵捐獻的政策。在這一大背景下，經趙萬里主動提議、王仲聞慷慨捐贈，這批觀堂遺稿最終全部入

〔一〕王亮《王國維先生的藏書和遺文》，載中華書局編輯部編《學林漫録》十八集，中華書局，二〇一一年。

〔二〕王慶山《追憶父親王仲聞》，《博覽群書》二〇一一年第五期。

藏國家圖書館。不過，其中仍有一些細節需要厘清。趙萬里後人藏有諸多友朋來札，即有王仲聞當時寄給趙萬里的信札，原文如下：

斐雲我兄：最近公私忙碌，多時未造府爲歉。圖書館捐贈事，手續至今未了，乞便中一催。又木箱三隻及内中物件，本應早日前來領回，無暇辦理，可否由我兄派人一送，送力俟送到時即交來人。弟現寓鄭王府夾道十號郵電部宿舍東院第一號［在西單新皮庫胡同（教育部在此胡同）西頭二龍路口孔達中學西、郵電部招待所東］。賤内等已來京，順以奉聞。即請道安。弟王仲聞拜上，七月廿五日。〔一〕

依照信封上郵戳同爲『一九五〇 七月廿五』，可知該信作於此日，因當時北京圖書館的捐贈手續未了，故王仲聞有此函，并請趙萬里派人來取裝有觀堂遺稿的木箱，遺稿入藏的時間當在之後不久。據王氏後人回憶，王仲聞『抵京後不久就下定捐獻的決心，手定書單，囑在滬的

〔一〕 王亮《有關王國維先生遺文捐歸公藏的一封通信》，《嘉興學院學報》二〇一六年第一期。

長子王慶新整理裝爲數箱寄往北京』〔一〕，木箱的具體數量，應是王信中所言的三箱，而非王慶山後來回憶的兩箱。一九五三年，趙萬里在善本特藏部内專設善本組，王國維遺稿與諸多名貴宋刻如《金石録》《春秋左傳注疏》等一同被列爲『孤本秘笈』〔二〕。這批遺稿被趙萬里珍若拱璧，除少數在『文革』中遺失，大多保存完好。

其中的王國維往還信札，除題名《王静安先生家書》二册、《胡適致王國維的信》一册、《羅振玉書札》十二册，多爲散葉。二〇一七年，這批信札以《國家圖書館藏王國維往還書信集》爲名影印出版，得以呈現其完整面目。經前人整理，已基本按照收信人編目分類，少量闕疑待考之札也在近年逐一得到考證〔三〕。對於這批信札的整理工作，除了《羅振玉王國維往來書信》《王國維書信日記》，還有二〇一〇年馬奔騰出版的《王國維未刊來往書信集》（後簡稱《未刊》）一書，整理了王國維致王潛明家書及諸家來札的部分内容。不過這一成果仍存在較

〔一〕 王亮《有關王國維先生遺文捐歸公藏的一封通信》，《嘉興學院學報》二〇一六年第一期。

〔二〕 趙萬里《〈永樂大典〉展覽的意義》，載冀淑英、張志清、劉波主編《趙萬里文集》第一卷，國家圖書館出版社，二〇一一年，第一九七頁。

〔三〕 王亮《王國維往還書信中的范兆經札》，《文匯學人》二〇一七年十二月二十九日；秦臻《王國維往還書信中兩封『闕疑待考』的信》，《文匯報》二〇一八年一月二日。

多有待完善之處，王亮先生在《王國維先生的藏書和遺文》中曾説：

静安先生生前書信不留底稿，但收到友朋書札均精心歸類庋藏，今藏北京國家圖書館善本特藏部的書信數量極爲可觀……這批書札不僅於瞭解觀堂先生的交游和思想有特出價值，就其本身内容豐富的程度而言，也堪稱近代重要史料。目前，僅與羅振玉的書信已由蕭文立等標點注釋爲《羅振玉王國維往來書信集》（又影印收入《羅雪堂合集》）。馬奔騰先生據國圖膠卷作了初步的整理，限於條件，闕漏不少，既失倫次，且多訛誤。[一]

鄭偉曾舉隅了一些《未刊》中容庚、唐蘭、沈兼士等致王國維尺牘的訛誤，包括釋讀、標點、繫年等方面[二]。整理這批諸家來札確非易事，概而言之，大約有三點：（一）王國維交往廣泛，與往札之出於一人手筆不同，各家來札筆迹差異較大，在識讀上難以取熟能生巧之功；

[一] 王亮《王國維先生的藏書和遺文》，載中華書局編輯部編《學林漫録》十八集。

[二] 鄭偉《許我忘年爲氣類，風義平生師友間：幾種王國維書信集讀後》，《上海書評》二〇二一年十一月十八日。

（二）王國維涉獵豐富，信中討論的話題往往横跨甲骨、金石、古寫本、石經、蒙元史、音韵、詞曲等各個領域，若非在相關方面具有一定的知識儲備，往往會不知所云；（三）諸家來札多行草，又多小字批注。凡此都爲整理和研究者帶來了不小的困難。

更爲遺憾的是，許多諸家來札并未整理在《未刊》中，使學界難以一窺諸家來札的全部面貌。經筆者統計，記有繆荃孫、王豫熙、王秉恩、柯劭忞、況周頤、章梫、周慶雲、吴昌綬、朱汝珍、寶熙、馮黄中、王季烈、闞鐸、趙叔孺、袁勵準、譚祖任、陳叔通、樊炳清、蔣汝藻、金頌清、高時顯、金梁、沈紘、易培基、徐森玉、沈兼士、朱尚、羅福萇、溥儒、唐蘭、王文燾、應奎、内藤湖南、林泰輔等人的來札，全部或部分未整理面世，學界亟待一份更爲完整、更少訛誤的王國維友朋信札來考察觀堂的交游網絡。

這批材料中的羅振玉來札部分，早在二十世紀八十年代就經羅繼祖整理爲《羅振玉王國維往來書信集》；王國維往札部分，也已整理在《王國維書信日記》中，尤其是其中《致羅振玉》一百五十一通與《致沈曾植》十三通，藴含王國維治學過程中的豐富細節。羅振玉是王國維一生中最重要的學術引路人和知音，二人在殷墟甲骨、西陲漢簡、敦煌寫卷等方面合作密切；沈曾植在王國維任教於哈園時期亦交往頻繁，對觀堂在音韵、蒙古史及西北地理的研究頗多啓迪。本次整理工作雖然未將王國維往札、羅振玉來札囊括在内，但讀者在研究時，如果能够將二者拼合對讀，必然能够發現更加立體的歷史過程。

二、王國維與唐蘭學術交往之細節

王國維樂於提携後勁，友朋尺牘中多有觀堂後學，例如唐蘭、容庚、商承祚、陳邦懷、王蘧常等。他們會向王國維請益，并受到王國維的悉心指導；也會與王國維往來研討，商榷、修訂王國維的著作。在諸弟子的尺牘中，唐蘭與王國維之間的討論是最密集的，且在某些方面確實改變了王國維的觀點，可稱爲這一類型的代表。

唐蘭在一九二二年經羅振玉介紹與王國維相識。自一九二〇年底進入無錫專修國學院，已一年有餘。從當時作業的評語來看，座師頗爲賞識這位青年，稱其『識解既高，行文古雅絶倫，亦復秩然有序，此才固未易得也』[一]。和吴其昌、王蘧常并稱無錫國專『三傑』的唐蘭，看似風光無限，但當我們披讀他與王國維的尺牘後，看到的却是不爲人知的另一面，即唐蘭與同

[一] 唐蘭《裁兵議》附批語，載唐蘭《唐蘭論文集》，上海古籍出版社，二〇一八年，第二〇頁。

儕觀念齟齬産生的抑憤之情：

蘭窮處里閈，比年稍事經學，已爲群衆所弃。及治許學，同志更稀。近治金文，則即向之同志亦視爲支离，無與語者矣，鬱之者甚。故一遇羅先生、先生，輒傾吐所一得而無怍，正欲求益之也。惟弗吝，深幸深幸。

唐蘭之治學興趣在於小學，而《無錫國學專修館學規》儼然以宋學爲家法：『要知吾館所講經學，不尚考據瑣碎之末，惟在攬其宏綱，抉其大義，以爲修己治人之務。』[二]《説文解字》衹是當時諸多『選修』内容之一種[三]，古籀金文更是被同儕視爲支離瑣碎的駢枝，難怪唐蘭慨嘆『及治許學，同志更稀』。幸而，唐蘭不僅得以在浩瀚書海中與古爲鄰，更在現實世界結識了

〔二〕唐文治《無錫國學專修館學規》，載王桐蓀等選注《唐文治文選》，上海交通大學出版社，二〇一五年，第一八一頁。

〔三〕唐文治《無錫國學專修館學規》：『四書、宋明理學、桐城派古文、舊題詩詞，旁及《説文》《通鑒》以及先秦諸子等。』

領導甲骨之學的羅、王二先生，引爲知己，一吐平生志業爲快。在一九二三年八月八日前〔二〕，他第一次致信王國維：

靜安徵君先生大人閣下：古學蔑弃久矣，先生上索甲龜先文，下及詞曲。或鈎深索隱，扶絶存殘；或協龢宮羽，從容風雅。盛業不朽，服膺久矣。蘭少年愚妄，以爲孔子之學始於《詩》《書》，究於《易》，所謂十五志學，五十知天命也。學《詩》《書》，則當多識詁訓前言也，故頗留意小學，於《爾雅》《蒼頡》《方言》《説文》《釋名》《字林》《玉篇》皆有校本。又爲《説文注》，擬卅卷，成二卷。於甲龜金文亦頗有著論，已略舉之，自羞於羅先生未蘊矣。先生以爲可教，則教之也。謹先具書左右。謹候夏安。生唐蘭白。如蒙賜復，請寄浙江加興項家漾。七月八日以後寄無錫國學專脩館。

尊刊《切韵》或是《唐均》，已忘之矣，惟非蔣氏之《唐均》。於何處發行耶？可不見示？蘭甚欲

〔二〕王國維《致羅振玉》（一九二三年八月八日）：『唐君書中但有寄書地址，而無來滬之説，又不自著其字，則寄書亦難，不知公知其字否？』（載王慶祥、蕭立文校注，羅繼祖審訂，長春市政協文史和學習委員會編《羅振玉王國維往來書信集》，第五四三頁）則唐蘭致信必在此前不久。

得之也。

此前，唐蘭已開始『輯諸緯及古小學書』，先後校勘了《爾雅》《蒼頡篇》《方言》《説文》《釋名》《字林》《玉篇》這些重要的字書。《唐蘭全集》中存有《唐氏説文解字注》殘稿二卷，每字先列『校勘』，利用《説文》各本及《玉篇》《廣韵》等校勘異文，如卷二『茬』字注中就提及另著有《〈字林〉校本》〔二〕，可見唐蘭於小學用力之勤。

信末唐蘭乞求的《切韵》，指一九二一年末中華書局石印出版的《唐寫本切韵殘卷（三種）》，由法國伯希和提供照片，經羅振玉轉手、王國維寫録，當時北平學者無不跂予望之〔三〕。羅振玉在一九二二年七月初已囑咐過王國維『《切韵》并乞與一册，唐君當甚感也』，説明唐蘭先前已向羅振玉提過《切韵》之求。王國維收到唐蘭信後，在八月十五日回復道：『唐寫本

〔二〕　《説文注》『茬』字『校勘』云：『《字林》：「茬，亦草（今作『艸亦』），非。見彼校本）盛也。」』《唐氏説文解字注》，載唐蘭著《唐蘭〈説文〉遺稿》，上海古籍出版社，二〇一八年，第一〇四頁。

〔三〕　參見王亮《王國維寫録唐寫本〈切韵〉殘卷事迹鈎沉》，載上海交通大學經學文獻研究中心編《經學文獻研究集刊》第一二輯，上海書店出版社，二〇一四年。

《切韵》係弟録本。乃京師友人集資印之，以代傳寫，敝處尚有之，亦俟尊駕過滬時奉呈。』〔一〕唐蘭不久後拜訪王國維并回憶道：『一日以羅振玉氏之介，走謁先生於滬上。挾所業爲贄，於其自以爲有所發明者，輒舉以告，與先生說每不期暗合，相對竟日，忻然忘倦。歸而記之，自謂此樂生平不易得也。』〔二〕唐蘭與王國維『不期暗合』，也令王國維印象深刻，他在一九二三年《〈殷虛文字類編〉序》中評價道：『立庵孤學，於書無所不窺，嘗據古書古器以校《説文解字》。』〔三〕

乞求《切韵》殘卷之事，體現了唐蘭敏鋭的學術嗅覺，以及對於近代新發現材料的研究興趣。一九二四年，唐蘭藉任職天津周學淵公館之便，開始受羅振玉之托摹寫内府藏王仁煦《刊謬補缺切韵》，即今所謂『王二本』。該書由羅振玉、王國維整理清室内府遺書時發現，爲王仁煦增補陸法言《切韵》而成，不僅十分接近《切韵》的原貌，更『隨韵注訓』，在韵目下注明魏晋南北朝以來各家韵書的異同，包括西晋吕静《韵集》、前梁夏侯咏《韵略》、北齊陽休之《韵略》、劉宋李季節《音譜》和北齊杜臺卿《韵略》，對分析六朝韵部具有重要價值。一九二四年四月

〔一〕王國維《致唐蘭》（一九二二年八月十五日），載房鑫亮編校《王國維書信日記》，第六七九頁。
〔二〕唐蘭《〈古史新證〉序》，載唐蘭著《唐蘭論文集》，第四一二頁。
〔三〕王國維《〈殷虛文字類編〉序》，《觀堂别集》卷四。

七日，唐蘭致信王國維時，主動分享摹寫《刊謬補缺切韵》過程中的發現：

頃承羅先生命，臨王仁煦《切韵》有裴務齋加字，大内本景照。付石印。顧考王、裴生平，迄不可知。因思左右精熟各史，未知能有見詔否？此本於韵學至有關係。十五均，又上平聲，目下具存吕静、夏候該等五書異同。平聲二卷，而卷目相連。「陽」「唐」升在「江」下，又祇一百九。未知左右曾見之否？……尊著《五聲説》推本戴、段、江、孔諸説，陰陽之分，確實有據。惟謂《聲類》《韵集》當爲陽一陰四，則竊有二疑焉：一、吕静韵目見於王仁煦《切均》，所載上平聲異同，此法言原本所有。則《切均》正承李、吕之舊，略有損益，必無古、指三代音。今韵之大異。二、宫商角徵羽必與四聲無涉，此謂非即四聲，非謂了無關係也。亦與古韵無關也。

王國維《五聲説》最早收録於《韵學餘説》，自詡能够會通戴、段、孔、王、江氏諸家之説，主張陽聲自爲一類，陰聲有平、上、去、入四類，至隋陸法言《切韵》始從沈約合爲四聲[一]。《五聲

[一] 王國維《五聲説》，載王國維主編《學術叢編》第六册，上海書店出版社，二〇一五年，第一六一頁。

説》最直接的論據有兩條：一是封演《聞見記》：『魏時有李登者，撰《聲韵》十卷，凡一萬一千五百二十字。以五聲命字。』二是《魏書·江式傳》：『晋吕忱弟静，别放魏左校令李登之法，作《韵集》五卷，宫、商、角、徵、羽各爲一篇。』[一]王國維認爲《聲類》之『以五聲命字』、《韵集》之『宫、商、角、徵、羽各爲一篇』，都是古音有『陽一陰四』五聲的證據。不過據今人研究，他實際上混同了兩個不同的標準，即古韵的陰陽入是根據韵目的音位結構，平上去是根據整個韵母的高低升降，故後世多不從五聲之説[二]。

唐蘭雖然承認《五聲説》『確實有據』，但在摹寫過程中，發現《刊謬補缺切韵》平聲所附吕静《韵集》、夏侯咏《韵略》等六朝韵書的韵目，是極爲重要的佚文材料。通過與《切韵》音系對比，可知『《切均》正承李、吕之舊，略有損益，必無古、今韵之大異』，也就是説并不存在上古五聲與《切韵》四聲這樣的差别。并且，宫、商、角、徵、羽之五聲早已爲人所知，而梁武帝、鍾嶸

[一] 王國維《五聲説》，載王國維主編《學術叢編》第六册，第一六一至一六二頁。

[二] 吴文祺《王國維學術思想評價》，載吴澤主編《王國維學術研究論文集（一）》，華東師範大學出版社，一九八三年，第四二九頁。

等人尚且不識四聲爲何〔二〕，唐蘭因此質疑道：『豈有梁武時人而猶不識宮商？則是梁武所問四聲决非宮商可知。』

唐蘭又在這通長信中，對《聲類》《韻集》二書的『五聲命字』之法提出了一種假説。他上溯《漢書·藝文志》『歌詩家』之《河南周歌詩》《河南周歌聲曲折》《周謡歌詩》《周謡歌詩聲曲折》，乃『以聲合歌詩，則某字屬某聲』；『五行家』之《五音定名》，乃『以五音配定一切之名』。《聲類》《韻集》的『五聲命字』也類似於此。唐蘭更取譬於中西音樂理論：『蓋五聲與四聲之别，較之西樂，至爲明晰。五音者音階也，如1、2、3之類，比較之高低聲也；橫行。四聲者音名也，如c、d、e、f等，截然之高低聲也。直行。於中樂似十二律，此不析爲十二者，與樂上異矣。一析呼等，則較十二律更細。』這就以音階的概念解釋了《聲類》《韻集》的『五聲命字』，而以音

〔二〕　唐蘭在信中舉了幾個例子，如《陸厥傳》：『汝南周顒善識聲韻，爲文皆用宮商，以平、上、去、入爲四聲，以此制韻。』《周顒傳》：『顒始著《四聲切均》，行於時。』《沈約傳》：『梁武帝問周捨何謂四聲，捨曰：「天子聖哲是也。」』（捨即顒子）《談藪》（引見《廣記》二百四十一）：『梁高祖問重公曰：「天子聞在外有四聲，何者爲是？」重公曰：「天保寺刹。」』……劉孝倬曰：「何如道天子萬福。」』梁鍾嶸《詩品》曰：『至平、上、去、入，則余病未能。』蘭按，據此諸文，可推知四聲實起於齊，時人猶未能識，故梁武帝《清暑殿聯句》猶以去入通押（見顧寧人《音論》）也。《四聲切均》者，即謂以四聲制韻。又葛洪有《字苑》，而《和名類聚抄》引《四聲字苑》，然未必一書也。

調解釋了齊梁諸人創制的四聲。

唐蘭的質疑既有新材料作爲反證，又有自成一説的解釋，王國維當時就對《五聲説》産生了一定的動摇，在四月十一日的回信中稱：

前拙撰《五聲論》疑《聲類》《韵集》之『五聲』即陽聲一、陰聲四，亦不過擬議之詞，尊意在反證此事，亦未得確據。因陸韵次序不必同於吕韵，猶王仁煦韵次序不同於陸韵也。且存而不論可也。……王氏《切韵》景本縮小太甚，夾注幾不可辨，不知臨寫時略放大否？〔一〕

事實上，王國維先前也關注過内府藏《刊謬補缺切韵》。國家圖書館今藏有王國維《廣韵》批校本，平聲上卷一有王國維題識云：『王仁昫《切韵》惟上平聲目有注。其所謂吕者謂吕静《均集》，陽者謂陽休之《韵略》，夏侯者謂夏侯該，李者謂李季節，杜謂杜臺卿，皆見陸法

〔一〕王國維《致唐蘭》（一九二四年四月十一日），載房鑫亮編校《王國維書信日記》，第六八三至六八四頁。

言《切韵》序。王氏增補陸韵，則此殆陸氏原注也。惜下平聲之目不存，而上去入三聲目皆删去其注，否則，六朝諸家分部可藉此注知之矣。癸亥（一九二三）五月見内府所藏唐寫本王氏韵，因校存其目於此。』同時，王國維在一九二三年六月七日致蔣汝藻信中，亦提及『内府初唐人所寫韵書業已照相，既非《切韵》，又非《唐韵》，真奇書也』〔二〕，却未提及小注所附韵目的價值。這可能是因爲影本『縮小太甚』，導致『夾注幾不可辨』。因此，王國維希望唐蘭摹寫時能够略微放大。一九二五年八月一日，王國維再次詢問唐蘭：

王仁煦《切韵》聞已寫就大半，尚有少許未就，弟亟盼此書之出，幾於望眼欲穿，祈早藏此事，實爲功德。〔三〕

此時王國維望眼欲穿之情已躍然紙上。唐蘭摹本最終於乙丑年（一九二五）九月由延光

〔二〕王國維《致蔣汝藻》（一九二三年六月七日），載房鑫亮編校《王國維書信日記》，第五七三頁。
〔三〕王國維《致唐蘭》（一九二五年八月一日），載房鑫亮編校《王國維書信日記》，第六八四頁。

室刊行，王國維次年秋就在《國學論叢》發表《書影印内府所藏王仁煦〈切韻〉後》一文[一]，明確『六朝韻書部目於此可見一斑』[二]，并附《六朝人韻書分部説》。王國維曾在一九一七年作《〈聲類〉〈韻集〉之分部説》，利用《爾雅音義》《顔氏家訓·音辭篇》等零星記載，推測『《聲類》《韻集》庚與陽、唐别出，自爲一韻』，『《韻集》耕、清不分，蒸、登不分，又支韻、麥韻各分爲二』，佐證蕭該、顔之推二人對《切韻》的形成『多所決定』[三]。但由於文獻不足徵，對《切韻》在音韻學史上的地位鮮有論述。唐蘭摹本所附韻目的出現，幫助王國維在《〈聲類〉〈韻集〉分部説》的基礎上進一步厘清六朝韻書的分部情形，形成了《六朝人韻書分部説》：

惟内府藏唐寫本王仁煦《刊謬補缺切韻》平聲一目録『冬』下注云：無上聲，陽與鍾、江同，吕、夏侯别，今依吕、夏侯；『脂』下注云：吕、夏與微大亂雜，陽、李、杜别，今依陽、李；『真』下注云：吕與文同，夏侯、陽、杜别，今依夏、陽、杜；『臻』下注云：無上聲，吕、

[一] 袁英光、劉寅生《王國維年譜長編》，天津人民出版社，一九九六年，第四九二頁。
[二] 王國維《書影印内府所藏王仁煦〈切韻〉後》，《國學論叢》第一卷第二期，第七二頁。
[三] 王國維《聲類韻集之分部説》，載王國維主編《學術叢編》第六册，第一七一頁。

陽、杜與真同，夏别，今依夏。……《陸韵》以前韵書，規模蓋已大具，不過陸氏集諸家之大成，尤爲完善耳。〔一〕

依靠『王二本』平聲冬、脂、真、臻四韵存有的五家異同，王國維確認了《切韵》承前啓後的歷史地位〔二〕，其實也就改變了《五聲説》中將《聲類》《韵集》與《切韵》判然二分的觀點。據朱芳圃回憶：『先師燕居時，與同門談及「五聲」之説，自言尚有須修改處，則是説已非其晚年定論。』〔三〕可見王國維在清華任教時，已不復堅持『五聲説』。後來《海寧王忠慤公遺書》收録《觀堂集林》時，也用《六朝人韵書分部説》替换了《〈聲類〉〈韵集〉分部説》。

通過對讀王國維與唐蘭往來尺牘，能够還原王國維在唐蘭摹本《刊謬補缺切韵》的提示下，確認《切韵》與六朝韵部遞承關係以及反思《五聲説》的過程。事實上，二人往來討論的内

〔一〕王國維《書影印内府所藏王仁煦〈切韵〉後》附《六朝人韵書分部説》，《國學論叢》第一卷第二期，第七三至七四頁。

〔二〕王國維《書影印内府所藏王仁煦〈切韵〉後》附《六朝人韵書分部説》，《國學論叢》第一卷第二期，第七四頁。

〔三〕朱芳圃《王静安的貢獻》，商務印書館，一九三二年，第三四頁。

容遠不止上述所言，至少还涉及甲骨、金石、曆法、詩詞等諸多方面。特别要説明的是，在《未刊》一書中，僅收録了五通唐蘭致王國維信[二]，《唐蘭全集》從之[三]，本書所收其餘三通唐蘭致王國維信札未能廣爲學界所知。這次的整理工作，也讓王國維與唐蘭的學術交往更完整地呈現在學界面前。

三、神田喜一郎與中日書籍交流之見證

《王國維友朋尺牘》中還有很大一部分日本學人的來札，包括八木幸太郎、岡井慎吾、鈴木虎雄、木邨得善、内藤湖南、橋川時雄、神田喜一郎、狩野直喜、松浦嘉三郎、藤田豐八等人。一九二七年王國維溘然離世後，日本學者狩野直喜、内藤湖南等於是年六月二十一日專門在法隆寺組織了追悼會：『顧十餘年前，公嘗寓此地，而東山則其所行吟游息。……與會者凡五

[二] 馬奔騰輯注《王國維未刊往來書信集》，清華大學出版社，二〇一〇年，第二〇八至二一三頁。
[三] 《唐蘭全集》直接輯自馬奔騰輯注《王國維未刊往來書信集》(《唐蘭全集》第十二册，第七至十二頁)。

十一人……以見忠臣義士乃天下公同至寶，人人得而貴重之，未可限以國内外也。』〔二〕日本學者之所以用如此高規格的儀式來悼念王國維，除了王國維巨大的學術成就，更是因爲王國維與日本學者深厚的學誼。至今，王國維的諸多藏書、手稿尚保存在日本的各大圖書館文庫中。

自晚清以來，蒙元史研究逐漸成爲學界關注的焦點，包括日、俄、法等海外漢學家們紛紛將目光投射於此。王國維對於蒙古史的研究可謂厚積薄發，晚年逐漸將學術興趣轉移於此。蒙元史研究的國際性，使得王國維晚年就相關問題與日本學者的討論日趨緊密，其與神田喜一郎之尺牘往來恰好成爲中日學界交流的一個窗口。

王國維在滬上時，常問學於沈曾植，且在蒙元史研究方面受其影響頗深。一九一八年十一月，王國維拜訪沈曾植時，沈曾植『言其所校注《蠻書》《黑韃事略》《聖武親征録》等共約十種，均有標識，而未詳引書籍，欲寫定之，須一歲之力，擬努力爲之，然恐無此事耳』〔三〕。王國維

〔二〕　狩野直喜《書王静安追吊會人名簿後》，《君山文》卷四，載石立善、林振岳、劉斯倫主編《日本漢詩文集叢刊》第一輯，上海社會科學院出版社，二〇一九年版，第三一九至三二〇頁。

〔三〕　王國維《致羅振玉》，載房鑫亮編校《王國維書信日記》，第三七一頁。

還曾親見沈曾植以傅增湘藏《説郛》本《聖武親征録》校小漚巢刊本〔二〕，且已經初步完成了校注工作，可惜最終因精力日衰而無緣出版。王國維一直想繼承這一未竟之業。一九二五年十月，王國維用《蒙元秘史》補校何校本《親征録》并題識，而在一九二六年傅增湘致王國維信中，就提道王國維乞求傅藏《説郛》本《聖武親征録》的内容：

歲暮緣事赴津，已將《説郛》中《皇元聖武親征録》檢取携京，日内即派人來取可也。

王國維致羅振玉信中也提道：『所假傅沅叔《親征録》，渠約於歲首携至京師。聞其書甚佳，與通行本異同至六七百字，新年即擬以此消遣也。』〔三〕王國維發現《説郛》本『與通行本異同至六七百字』，故計劃致力於此書。是年二月二十五日，王國維借天津陶湘藏萬曆《説郛》本校勘。隨後又前往江南圖書館影抄、校勘汪憲舊藏抄本。國家圖書館藏有王國維影鈔汪本《聖武親征録》一卷，其後有跋云：

〔二〕 王國維《致羅振玉》，載房鑫亮編校《王國維書信日記》，第三七一頁。

〔三〕 王國維《致羅振玉》（一九二六年一月下旬），載房鑫亮編校《王國維書信日記》，第四五七頁。

此本出汪魚亭家鈔本，舊藏丁氏善本書室，今在江南圖書館。丙寅春日，移書景寫得之，因以江安傅氏所藏明弘治鈔説郛本比勘一過。清明後二日，觀翁記於京師西郊之近春園。〔二〕

王國維於一九二六年四月七日完成汪本的校勘工作并寫下此跋，并在一九二六年四月十六日致羅振玉信中提道：『近一月中將《元聖武親征録校注》寫定，共一百十葉，因原書不分卷，故仍爲一卷。此卷經此一校，庶幾可讀矣。』〔三〕至此，王國維利用當時可以見到的善本，基本完成了《聖武親征録》的校勘工作。

在注解工作上，王國維注意到日本學者那珂通世曾研究《聖武親征録》與《元朝秘史》二書。在一九〇七年出版的《元朝秘史》日文譯本《成吉思汗實録》注釋中，曾徵引《聖武親征録》一書。王國維在一九二六年三月下旬致信神田氏，請求《成吉思汗實録》一書：『那珂博

〔二〕《聖武親征録》卷尾，國家圖書館藏王國維鈔本。
〔三〕王國維《致羅振玉》（一九二六年四月十六日），載房鑫亮編校《王國維書信日記》，第四五八頁。

士《成吉思汗實録》一書不知何處出板，現在書肆想尚有新印本出售，擬請代購二部。』[一]神田氏在一九二六年四月二日的信中回復道：

所蒙下問那珂博士《成吉斯汗實録》，係貳拾年前之出版，現時版既毁，是以頗爲罕觀。敝地書林無見一本，則鄙人既托人搜索東京書坊，想近日必得一本，郵致座右可期也，幸俟數日爲荷。

又在同年六月二十日信中購到一册，隨信奉上：

曩所承下問那珂博士《成吉斯汗實録》，自移居東京，百方搜索，遂獲一本，則别函送上，伏祈台收爲荷。

[一] 王國維《致神田喜一郎》，載房鑫亮編校《王國維書信日記》，第六九七頁。

在神田氏的幫助下，王國維得以利用《成吉思汗實録》，刊刻成《蒙古史料四種》，在一九二六年八月二十四日一并贈予神田氏〔二〕。神田氏在同年九月六日的信中，大力稱贊王國維的著作，認爲在《聖武親征録》的校注上已經遠遠超越了那珂氏：

大作《蒙古史料校注》四種，考據精確，創獲疊見，洵爲不朽之盛事。此書并蒙惠貺，感荷之忱，莫可言宣。《聖武親征録》敝邦那珂通世博士曩有校注之作，視何願船、李仲約之書頗加增益。今拜讀大作，如未見那珂氏之書，不知然否？

王國維《蒙古札記》中提道那珂通世《成吉思汗實録》内容二則，爲神田氏贈書後所記。從王國維的注語來看，以糾正那珂之書爲主：

《南宋人所傳蒙古史料考》：日本那珂博士通世於《成吉思汗實録》注中引宇文氏

〔二〕　王國維《致神田喜一郎》（一九二六年八月二十四日），載房鑫亮編校《王國維書信日記》，第七〇〇頁。

書，但以宇文氏書中之『熬羅孛極烈』爲蒙古之『合不勒罕』而非『忽都剌罕』，然其信宇文氏書，與諸家無異。（一九二七年一月十四日）

《蒙古札記·掃花》：《秘史》蒙文卷三有『掃花』一語，旁譯與文譯并云『人事』。……日本那珂博士譯《元秘史》，改爲『給事』，則誤矣。

《蒙古札記·兀孫額不干》：明譯《秘史》於種名、人名之句讀頗有差誤，那珂博士日文譯本是正頗多，然亦有未及改正者。如卷三『豁兒赤兀孫額不干闊闊搠思』，明譯誤作『豁兒赤兀孫』句，『額不干』句，『闊闊搠思』。那珂譯本以『豁兒赤兀孫額不干』爲句，『闊闊搠思』爲句。……那珂氏誤從明譯句讀，以豁兒赤、兀孫爲一人……於是豁兒赤事迹亦抵牾不可解矣。（以上一九二七年五月）[二]

王國維在得到那珂通世《成吉思汗實録》後，必曾細緻地閱讀，因此肯定了那珂譯本在種

[二] 謝維揚、房鑫亮主編，胡逢祥分卷主編《王國維全集》第十四卷，浙江教育出版社，二〇一〇年，第三二三、三八〇、三八一頁。

名、人名的句讀上糾正明譯本頗多，又在此基礎之上指出那珂的誤譯。可見神田氏來信中所謂『如未見那珂氏之書』，并非祇是對王國維恭維的虚言。從這些考證也可以看出，王國維特別擅長蒙古語詞的釋讀和斷句。如他在這一時期，與日本蒙元史學家箭内亘、羽田亨等討論『乣軍』的解釋，於一九二七年發表的《元朝秘史之主因亦兒堅考》一文，考證《元朝秘史》所謂『主因亦兒堅』就是金朝後期的『乣軍』。又如他全力於蒙元史籍的校勘和注釋，先後著有《蒙韃備録箋證》《黑韃事略箋證》《長春真人西游記校注》及《蒙古史料四種校注》等，其中亦不乏糾正日本學者的著作。憑藉其與神田氏的往來尺牘可以發現，這一時期神田氏提供了許多相關的書籍和著作給王國維參考，可知王國維在蒙元史研究方面的成就，大大受惠於中日學界的書籍往來和學術交流。

需要説明的是，就王國維的友朋來札而言，國家圖書館所藏的這批材料并非全貌，尚有不少遺珠可待搜集。如狩野直喜《君山文》卷九收録有狩野氏致王國維二札，其中第一札亦未見於《國家圖書館藏王國維往還書信集》中[二]，或許是在『文革』中遺失了。又如《陳垣來往書信集》[三]中收録的陳垣致王國維札，亦未在國圖所藏之内。筆者在附録中已補充了一些，相信仍有遺札尚存天壤間，有待學界持之以恒地進行發掘和探索。整理者學識有限，訛誤之處在所難免，懇請讀者批評指正。

[二] 狩野直喜《與王静安》，《君山文》卷九，載石立善、林振岳、劉斯倫主編《日本漢詩文集叢刊》第一輯，第三一九至三二〇頁。

[三] 陳智超編注《陳垣來往書信集》，生活・讀書・新知三聯書店，二〇一〇年，第二六一頁。

凡例

一、本書輯録親友致王國維尺牘，主要來自《國家圖書館藏王國維往還書信》中的諸家來札部分，此外如《陳垣往還書信集》《王乃譽日記》等亦收録致王國維尺牘數通。爲免冗贅，輯録自《國家圖書館藏王國維往還書信》諸家來札的部分不另標注出處。

二、尺牘釋文以繁體規範字録出。其中異體字、舊字形，按通行規範修改處理，部分人名中異體字及有校勘意義的異體字，予以保留。其中誤字，如有確鑿證據可改正者，以（ ）括注原字，［ ］括注改字。漶漫殘缺或未能辨識之字以□代替。原件如係殘札，注明（原件上缺）（原件下缺）。

三、本書收録尺牘按作者歸并整理。全書總體以作者姓名拼音音序編排，不再編製索引。

四、《國家圖書館藏王國維往還書信》之諸家來札部分大致按作札之年代順序排列。今參照馬奔騰《王國維未刊書信集》，諸家信札之内大致按年代時間順序排列。《胡適全集》之胡適致王國維尺牘十三通、《王國維馬衡往來書信集》之馬衡致王國維尺牘四十七通、《沈曾植書信集》之沈曾植尺牘四十六通、《張元濟全集·書信》之張元濟致王國維尺牘七通，多已繫年，故按原書順序排列。

五、《國家圖書館藏王國維往還書信》的諸家來札中的羅振玉上款部分，因《王國維羅振玉往來書信》中已整理，故本書不再重複收録。

八木幸太郎（一通）

王静安先生史席：

恭惟起居佳迪，不勝欣慰。謹啓者，敝國客臘，皇上登假，日月失光，舉國闇莫。歲首弟理應表賀，奈吾心陰陰，未知春至。故特修寸柬，藉達私忱。敬請撰安。

弟八木幸太郎上言，一月二日

寶　熙（一通）

前聆教，爲快。送上《三體石經》拓本四軸、《魏元昭墓銘墓蓋》拓片二軸，敬求詳爲考證，題識於上，一個月内走領，想不甚迫促也。松翁當已旋津。日來時局頗有擾攘情狀，公有所聞否？退直有暇，再詣譚，不一。敬上静盦仁兄有道閣下。

弟寶熙頓首，廿七

陳邦懷（五通）

一

静安先生執事：

邦懷之幼，敬聞名德，歲月綿邈，識不能忘，十稔欽遲，卒未奉教，耿此寸心，殊悵惘也。往者友人以《殷虚書契考釋》見詒，羅氏於書契之學可備具體，其中所列尊説，如『西』字、『鳳』字、『昱』字、『畀』字之屬，亦皆精確無倫，仇亭諍友允爲先生矣。厥後又見《洛誥箋》《三代地理記》《明堂廟寢通釋》諸書，亦足信今傳後，發前人所未發也。一昨友人道及《學術叢書》中有大著《殷卜辭中所見先公先王考》及《殷周制度論》，兩書皆言卜辭之學者。邦懷亟欲讀之，以其列在《叢書》，末由購致。鄴架倘有單本，能惠假一讀否？不勝盼切。邦懷近爲《〈殷虚書契考釋〉小箋》，尚未斷手。叔翁固爲父執，學術至有本源，愚者一得，寧敢矜秘，拾遺補闕，是亦後學之責也。頃于友人行篋借得《戩壽堂殷虚文字考釋》，僅見零篇，未窺全豹。聞此書亦出先生之手，惜乎學會未印單行本也。其中如釋『勺』字、『卣』字，尤所心折。是則匪第援據金文考定卜辭，且可正許書之違失矣。先生謂卜辭『衣祀』即古之殷祭，亦至精確。邦懷嘗用康成『衣讀如殷』之説，以證卜辭；而聃敦『衣祀』爲祭文王，與卜辭合，諸祖祭之，已稍違異。往獲此説，沾沾自喜，及讀大著，知與先生暗合矣。《小箋》寫成，擬就正于左右，不識許我否乎？唐突主臣，不復一一，寒中惟爲道衛攝。

後學丹徒陳邦懷頓首，冬月廿九日

二

静安先生閣下：

頃奉賜書，并承寄尊著三册，披讀之餘，欣抃無極。《殷先公先王考》及《殷周制度論》，懷於去歲腊杪屬吴君果卿在哈園售書處購得，彼爲二種合裝一册，《殷考》《續考》在前，《制度論》在後。

係叢書本石印隸書簽，非鉛印宋字簽。據吴説，購此頗費周折，乃從一莊姓手中得來，然其值較兩册《學術叢編》猶過之也。歲首已將此書細讀數過，《殷考》中如『王亥』『王恒』『上甲』諸條，精確無疑；説王恒一條尤所心折，夢寐不能忘也。《制度論》言殷周禮制至詳，考二代之禮者，必當取資於此矣。『閔』字，檢視甚惑，懷以《古泉匯》有閔字幣，故前疑卜辭『閔』字亦爲地名，今始知其非也。拙撰《考釋小箋》于正月上旬已寫一本，現復删改，約在二月間可畢。竢録净本，寄求匡謬，或不以爲濡滯邪。孫仲容先生《契文舉例》何如？先生諒已見之。其所著《名原》，去夏購致一册，其中考釋卜辭文字多未敢信，如釋卜辭『嬉』字、散盤『堳』字是其精説，如訛『九』爲『七』，誤『肜』字初字爲『五』字重文，則未免沿前人之失。此實妄發，非敢私議碩儒也。昨閲叔言丈《〈書契待問編〉序》，知其於考釋外復有補釋，未知曾寫定印行否？懷亟欲得而見之，便求示及爲禱。光緒甲辰，家君嘗與叔老同事羊城學務處，近聞叔老返國，現寓何所？至念。《書契後編》早晚當購來細讀，重承遠道借書，并蒙指示一切，心感之至。新書三册另郵奉繳，乞檢入轉致哈園。專此奉謝，敬請道安。

後學陳邦懷叩首

尊偁萬不敢當，偁謂與門弟子從同，可乎？幸勿客氣也。

再啓者：兹匯上銀幣四元，請將匯票轉交哈園售書處，屬其即寄《書契後編》一部，并求先生屬其選擇完好者，用厚洋紙包好，以免郵局壓壞。因前在哈園搆書間有破葉污損，此次故求先生一言知照。冒昧瀆神，勿罪是幸。外附上寄書郵票一角，用單掛號似妥。

邦懷再叩

三

静安先生著席：

奉讀教言，曷勝私幸。尊著兩種，前屬滬友物色，答書謂載在《叢書》，恐不可致，以故上箋假閱。頃獲友牘，知已於書肆展轉搆得，非久即可帶來。爾時披而覽之，其增益眼學者當非鮮也。前者南林劉氏以《玉溪生年譜》見寄，大叙以《函皇父敦》證鄭君説詩之確，古金文之有益經訓如此。然而微先生又烏能决毛鄭之是非哉。惜邦懷僑寄海濱，不得侍教左右，時聞先生之緒論也。拙撰《考釋小箋》比正倩人寫録，俟畢奉教。叔言參事所輯《書契前後編》都未一見，邦懷僅得《書契菁華》及《考釋》《待問編》而已。《待問編》有□、□字，并《後編》卷下第四十二葉。又有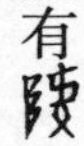、《前編》卷六第三葉。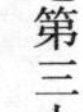、卷七第三十二葉。，卷七第二十一葉。未知是地名否？便求撿示爲請。稷雪奇寒，草草不究。專肅，敬請道安。

後學陳邦懷頓首，新春節

四

静安先生執事：

前奉初五教言，敬承一切。藉譒《書契後編》已屬哈園郵寄，感謝無窮。頃閱汪穰卿丈《雅言録》記斯丹游歷中亞所得古物一節，謂其在昌海近處得木札若干，皆晋代物；又在敦煌西北長城址得木札二千，大半爲漢代物；是何字體，皆草隸否？間有數札直秦代物。所記何事？是小篆歟，抑草隸歟？紀年自天漢三年起，此是紀何事之札？是草隸否？至元和四年止云云。未知羅參事所景印之《流沙墜簡》即斯丹所得者否？穰老所言有訛誤否？先生曾爲考釋，知之諒審，敢求賜示一二，曷勝快慰。聞《墜簡》印本非十四餅金不能得，故窮居下邑者末由一讀也。冒昧數瀆，勿罪是幸。專肅，敬請道安不一。

後學陳邦懷叩頭叩頭，二月初十晨

謹空

五

静安先生几席：

昨奉初八日手教并《殷墟書契後編》二册，披讀之餘，可勝欣快。猥以纖瑣，上瀆尊嚴，已深罪過。先生欲以餅金賜還，尤所不敢承也。蓋邦懷所寄書值，尚未能及蟫隱廬定價三分之二，今先生慨然見寄，爲惠已多，銘諸肝腑，永永不忘。至所短之數，擬續郵呈，否則亦當有所寄奉，匪敢以云報也。大著《戩壽堂殷虚文字考釋》，昨已由舍弟代致一册，非久帶來，當細讀之，其所迪啓管窺者，想非鮮耳。拙撰《書契考釋小箋》稿草粗具，數日内即寄求教益。如蒙盼睞譏彈，榮幸爲不淺矣。專肅，敬請道安。

後學陳邦懷叩首，十四午後

陳漢章（一通）

靜安先生大鑒：

幸得大著《觀堂集林》，遍讀一週，佩服無既。惜刻印字多誤，謹供校對之役，奉塵台覽，以便再板時改正。

卷一：『宣王十二年正月己酉朔，丁亥乃月三日。』案：己酉朔則三日，乃辛亥。

『宣王二年二月癸未朔，則丁亥乃月四日。』案：癸未朔則四日，乃丙戌。

『宣王五年三月己丑朔，二十六日得庚寅。』案：己丑朔則二日庚寅，二十六日乃甲寅。

卷四：『秦博士可考者僅六人。』案：《説苑·至公篇》尚有鮑白令之。

『馬照』，『昭』誤『照』。

『瘦峻』，『庾』誤『瘦』。

卷五：『决非一日。』『决』誤『決』。

卷八：『「𢍏」字注云：「案文作𢍏。」』案：下『𢍏』字當是『興』，中從『同』。

卷九：『《夂部》：「夋，行夋夋也。」』案：『夂』誤『攵』，下三『夋』字亦不從『攵』。

卷十：『禹時都邑雖無可考。』案：《求古録・禮箋》有《禹都考》，未知可用否。

『迥非後世帝王』，『迥』誤『逈』。

『上古女子無稱姓者。』案：《左傳》《楚辭》各言二姚，似宜旁及。

卷十一：『除魏明帝外，無復用亥子丑三正者。』案：尚有唐武后。

『亦後人所增殊。』『入』誤『殊』。

卷十三：『注工是本』，『是工本』。

『白狄僻在西方。』案：春秋末鮮虞後爲中山，則在北方。

卷十四：『遂以地節元年爲三年。』遂以五年爲地節元年。

『張宴』，『晏』誤『宴』。

卷十五：『祝公亦即州公。』案：州公姜姓，神農後。蓋如『厲』『賴』『吴』『虞』，字通轉而國異。

『注海豐氏吴藏』，『吴氏』。

『濮磨』『磨侯』『磨室』，案三『磨』字并『磿』之誤。

卷十六：『秦人，我匈若馬。』『匈』爲『匃』誤。

『儉遂奔買溝。』案：此『儉』字爲『宫』之誤。

卷十七：『開府儀同三師。』『司』誤『師』。

『宣統己酉戌』，『歲』誤『戌』。

『有職修郎』，『修職郎』。

『興文署之立，未知何年。』案：王磐序不著年月，而結銜爲翰林學士在中統三年之後，未爲太常少卿之前。太常寺至元九年置，翰林院中統二年置，則興文署亦當立於至元初。《新元史·百官志》注：『至元四年，改經籍署爲宏文院。院罷，立興文署。』

『此卷刊於丙寅』，『辰』誤『寅』。

『又有送初庵傅學士』，當是嚴學士。

卷十八：『弁冠毁冕。』『弃』既誤『弁』。或是『裂』之訛。

以上各條，未識當否，統祈明教。敬請道安。

弟陳漢章頓首，六月二十二日。

陳懋復（一通）

静庵先生大人史席：

前辱枉顧，備聆教益。又承賜題敝藏諸器拓本，考訂翔博，誠足增重，業已領到，至佩至紉。兹敬將敝藏書契文字十數方拓出求教，未諗尚足存否？并已奉政之羅雪老矣，幸祈審定見覆爲荷。懋復俟家君於初十外還津後方南旋，蒙注謹聞。專此，敬訊道履。

晚生陳懋復頓首，七夕

陳乃乾（三通）

一

靜安仁丈大人侍右：

承示敬悉。光宣之際，曲本尚不見重於人，故發見甚少。大著《曲録》適成於此時，自不能免漏略之病，然采摭搜討以成一家之言，則先生實啓其端。今學者方奉此爲南針以研究劇曲，而先生乃欲聽其自滅，烏可得耶！去年胡君適之撰《讀〈曲録〉》一文，以每目下未注明存佚爲憾，似未窺見先生著書之體例者。近人立説，每好攻人之失，而又不能糾正之，可嘆也。乾頻年據知見傳本校改於《曲録》，書眉者凡數十條；今年獲觀盛氏藏本《樂府考略》，又補出數十條，稍暇擬録成清本，以求審定。乾意此書有裨於學者甚大，舊本既有漏略，則校補翻印爲急務矣,先生以爲然否?前月金君頌清以印書事就商,乾即勸其翻印元人雜劇三十種,并依大著《宋元戲曲史》據《録鬼簿》次序,寫目付之。現已付印,旬日後即可出版。金君之意,欲删去日本人重刻之序,而别求先生作序。乾恐先生事忙,屢次奉瀆,心實不安,未敢輕于啓齒,故前函未曾叙及。若蒙以舊作《叙録》檢寄,則欣慰甚矣。專覆,敬請道安,不一。

晚陳乃乾頓首,端節

二

静安仁丈大人侍右:

金君影印《古今雜劇》已出版,聞有書贈先生,已寄在君美兄處矣。近有敝友欲將大著《人間詞話》加新式標點印行,不知尊意許可否?且此書曾在《國粹學報》登載,今欲翻印,是否須得鄧君同意,敬希指示。乾近讀先生所著各書,其精到處,迥非時人所能企及。前輩如沈寐叟等以年高望重,負一時盛名,實不知其工力所在,益嘆先生爲不可及也。肅此,敬請道安。

晚陳乃乾頓首

三

静庵仁丈大人侍右：

前月曾上蕪函，未蒙裁答，甚念甚念。尊著《人間詞話》可否翻印，敬求指示爲感。專肅，敬請道安。

晚陳乃乾頓首

陳叔通（十一通）

一

新歲多暇，檢奉續出《簠齋尺櫝》五册，乞留覽。第一册第廿三頁『虢』下、第二册第一頁『用筆之』下、第三頁『難於直』下，均有脱頁。第四册卅一頁『又二』下脱去『鉥拓乞』三字一行。另附《石鼓卷》，可否以所得秦敦拓墨互證，賜以題識。屢瀆悚切。静安先生。

敬拜手，初二日

二

靜庵先生惠鑒：

敝藏晉莂拓册欲求題久矣，未敢啓齒。兹謹檢奉，乞晤時賜藻。朱若木必爲童二樹，同時人，遍查未得。專頌道安。

敬拜手，三月上巳後一日

三

靜安先生閣下：

昨過孟蘋處，得晉莂題識，謹謝。此册弟殊珍愛，惟景叔以匋器僞拓附入，尚待重裝耳。朱若木究爲何人，仍祈先生隨時代爲留意，或可於他集見之。專謝，敬頌道安。

敬拜手，十三日

四

静安先生閣下：

昨至宣古愚君處，始知胡琨尚有爲劉燕庭編定《海東撷古志》疑即《海東金石苑》。《貞珉闡古録》《佛幢證古録題名》《集古録》四種目并序，《昭陵復古録》胡琨亦有序，合之《東武懷古録》《捫槃懷古録》《寶甓翫古録》《奇觚抉古録》《要言汲古録》五種之僅有其名称，又《造像觀古録》《三巴舂古志》《封泥印古録》，共十二種兩類，一名『志』，一名『録』，加以《長安獲古編目》《蒐古彙編目》《古泉苑目》，亦可成巨帙矣。弟已托古愚就所有者代抄一分，彙呈編定，《金石苑》可以不印矣。菊翁已與略言之，亟以奉聞，當同此欣然也。專頌道安。

敬拜手，三月十四

五

靜安先生惠鑒：

開歲尚未晤教，想著祺佳暢爲頌。兹陳者，友人來詢毛聲山批點《琵琶記》外間有無抄本，先生亦曾見及否？敬祈示復。即問道安。

敬拜手，十七

六

靜闇先生閣下：

《叢刊》二集即擬着手，編目惟須先徵集各方意見。先生前有指教，謹送呈此次目録一册，以便查閲。既須適用，又須求善本，此則甚不易耳。敬祈批注擲下，至爲叩企。專頌道安。

敬拜手

七

昨承教，甚快。前見鈐用印章，有時似嫌過大，謹刻贈兩方，求鑒納，亦頗不惡也。靜安先生。

敬拜手，正月廿二日

八

靜安先生閣下：

久未晤教。印舉遲遲，至今尚未出書，大約尚須展一月，謹奉贈預約券一紙，希即哂納。出書時當登報，屆時可飭人至棋盤街領取。餘再譚。專頌道安。

敬拜，卅

九

手示敬悉。迺承獎勩，愧對愧對。樣本已見排比，時尚多錯誤，預約竟逹五百以上，可免受商務之責言矣。散盤阮文達曾仿製一器，洪楊之亂，吴平齋曾於揚州見之，以其笨重難於搬移，故未購，見平齋《散盤跋》中。長沙所見或即此器，决非原物也。先生以爲何如？静安先生閣下。

敬拜手，十二日

培老家事，言人人殊。能由慈護稟承母訓，一力主持，可變爲現款皆變之，遺著則爲之輯刊。回嘉興原屋，一切收縮，當可有辦法。凡勸慈（原件下缺）

一〇

二十四日午后六時，家製花猪肉，敬攀臨寓一叙，同坐有孟劬、孟蘋、欣木及古丈，勿却爲幸。靜安先生賜鑒。

敬拜，正月廿二日

一一

靜安先生閣下：

奉初六日手覆并雪堂先生函均謹悉。《海東攈古志》如與《海東金石苑》目不同，仍可彙印，已商古愚代校矣。續《愙齋集古録》事，商之菊翁、夢翁，均以爲：（一）如在津攝照，則成本太重，可否商請雪堂携交尊處收存，由館中訂成空白大册，送由公分別去留，依次黏貼，再陸續點交館中付照，照畢即陸續送還；（二）釋文或用舊釋，或另釋，均請由公主持；（三）全書分量及脱稿日期，擬請預計；（四）雪堂以拓墨借印，誠爲流布古文字起見，惟館中仍應有相當之酬謝。以上各節，統求詢示。此事深盼觀成，想爲公所心許也。謹此代達，敬頌台安。

弟敬拜上，二月初八

雪堂原信附繳。

陳衍(一通)

静菴先生左右：

久闊不相聞，輒用篤念。比稔清華學校將開大學，并設研究院，先立『國學』一科，已聘執事與任公諸君爲講師。當此人不説學，即説學亦指導無人，進修無路之際，如絶壁之得天梯，汪洋之遇巨筏矣。衍十數年來，一切謝絶，獨驅没各大學教授者數年，自顧生無益於人，惟稍扶書種于絶續，交猶劣能之。然千俊萬傑，稀若晨星，有志者一知半解，末由深造，心私悼焉。厦門大學國文系學生百十人，可蘄成就者廑得二人：曰葉俊生，曰游騫。游生籍貴州，鄭子尹同邑人，究心周秦諸子學，治詩古文詞，有《釋墨》一文，壽鄙人四詩曾刊報上。葉生福建侯官人，詩文祈嚮皇甫持正、孫可之，亦能爲文從字順者，有自序文二、壽鄙人文一，已有刷印。潛心考据之學，所著有《閩方言考》，已出版。《續考》《文字學名詞詮釋》有油印本，尚當修補。《文字學音均學口義》《版本學考》印未畢。以本大學三年級高材生拔充國文系助教，僭任國文、法學、文字學、形義音均各門功課。衍老矣，喜其勤奮。然其孤寒奔走，不能常共几席，極欲其肄業研究院，受諸大師陶成。惟須乞清華校長特別待遇，准予免試入院。而特別免試非由九鼎之言，則不可得。所以求免試者，一則考試者，一日之短長，李程、杜牧非關節且不得第，羅江東金榜無名，東坡尚失李方叔；二則葉生寒士，方充助教，脱考不入選，何顔返校，再作都講？往者，北京國立大學將設分科，衍充教授，奏記張文襄請經科、文科學生由各直省大吏保送，選舉貢諸生之尤者從之。厥後得學位者，經學、小學若陳漢章、劉復禮、黄式漁、徐道政，古文詞若復禮、姚梓芳，史地若丁作霖等，特出者尤多，至今皆蔚爲大師，主各地講席，亦足徵學生之不盡由考試矣。先生宏獎有素，伏望齒牙餘惠，將葉生、游生薦諸校長，乞特別待遇，准其免試入院研究，幸甚。如兩名嫌多，則葉俊生一名尤要。游生未充助教，且已轉學上海，尚可就近赴考。倘得俯如所請，盼復福州南三官堂㟭寓。其詳細履歷，當由厦校公函保送。專布，即頌著祉。

弟陳衍頓首

樊炳清（二通）

一

静安先生有道：

別來半月矣，尊軀新痊，海程不覺勞頓否？入都而後部署一切，當甚忙繁，何日召對，必更榮拜新命，能詳細見示爲幸。清事承愛汲引，已有成議。昨得一山先生函，約時赴園，與姬君匆匆一談，以編書事相屬，靦顔許之。繼郵寄關書來，月薪大衍。此食先生所賜，亟以奉聞，不獨伸感謝之意，亦欲公聞之，而爲清欣慰也。專此，敬叩撰安。

炳清頓首，四月廿五日

二

静安先生有道：

歲暮拜誦手書，敬譾起居佳勝，著述多暇，欣慰無似。遠承垂注，至感。賤軀入冬以後，頗較往年爲健，堪以告慰。哈園事可望照常，覺弥久居寧杭，在滬日少，故晤面無多。園中女校下半年亦停辦矣。近有印行舊籍之議，而所云指定之款，忽多忽寡，究未知實行何若。公及藴公處必多有可以刊布之書，而爲藴公不欲自付印者，能否撥暇寫示一目，擬因間談之。其辦法，或雇人录副，而由該園任寫資；或匯款托津代印，而予哈園以出版名義，俟後再定。此清私意，但覺弥曾詢及公，并謂得公南來一次乃佳也。肅復，恭祝歲釐。

炳清頓首，除夕

闔第均此，叩安。

范兆經（一通）[一]

静庵先生閣下：

前函想一鑒矣，念念。藴公到滬，即寓敝處，本儗即日赴淮，因小輪不能徑通，途中須换艦等事，是以令甍生到淮，一從藴公在滬守候，俟其返滬，即回奉也。尊著《曲録》現有友人須購此書，已有數人之多問過，可否寄數册來滬？該價若干，并祈見示。爲叩，此請著安。

弟經頓首

[一] 本札係作者據王亮《王國維往還書信中的范兆經札》一文考證所得。

費行簡（二通）[一]

一

覺昨歸，薪已送，乞莅校一取。初七公分百分出五辦送席券。沈君函屬之陳生，可令其十九日來校一考，自當設法收録。專上靜翁先生道席。

弟濂頓首

[一] 本札作者據秦臻《王國維往還書信中兩封『闕疑待考』的信》一文考證所得，《文匯報》二〇一八年一月二日。

二

靜翁仁兄先生道席：

相别幾六年矣。前歲來京，便思造謁，詢諸莊惕生，謂尊寓織染局，乃數訪不得。嗣接玨生侍講，始知已就清華講席，移居在塾。適遭先君之喪，寢苫讀禮，未及摳衣，第殷企想。居京兩載，時苦疾病，以所居池館幽寂，便於養痾，不復南下。近亦少少購求書畫，宋元名品，力既未逮，且苦難鑒别，唯略具明代諸家而已。久思就教有道，以懶廢，弗克出郊，更益悵望。日來天氣和煦，體亦少健，亟思登堂請益，乞示以時日居處，俾得奉詣，一申良覯。前在哈園，屬以它故，易名爲孫仲約，曩屬惕生奉告，不審已達清聽否。舊日同事諸君，唯欣木、恕皆在園，一山、梅訪、雪澄都已辭去，并以奉聞。專頌著安，鵠候德音。

名正肅，正月廿七日

馮黃中（一通）

昨辱枉存，甚快。叔言先生函已浹洽。范白舫卷册題咏，懇轉函托爲購定，其洋百四十元奉煩匯致，至感至感。即候静安先生大安。

弟黄中謹啓，十二月二十日

叔言先生乞代致聲，容再奉復。

傅增湘（二通）

一

静庵先生閣下：

歲暮緣事赴津，已將《説郛》中《皇元聖武親征録》檢取携京，日内即派人來取可也。弟月初暫不往津，須待上元節，恐與公相左也。專此，敬候年喜。

弟傅增湘拜啓，丙寅元日

二

涵芬樓藏《元秘史》乃盛意園物，癸丑年弟所代購，旁注音切。《親征録》校本已贈内藤（南湖）［湖南］，今日赴津，可取來奉上。《水經注》跋，異日盼公題於本書上。静安先生。

增湘頓首

岡井慎吾（一通）

王先生大鑒：

未得拜芝，又無先容，忽捧私函，惶懼尤切。但慎吾少知嚮學，今在熊本醫科大學預科教授漢文。國既同文，人亦同道，先生能憐納乎？慎吾資性擣昧，伏讀卌年，一竅不通，然憾《五經文字》《九經字樣》兩書未有全注，遂成《箋正》四卷，頃日刻成。謹献一通，幸蒙哂存，感荷曷愖。此書頗盡慎吾心力，然先生見之，百疵畢露，幸賜指正，實爲同道之惠，無任盼禱。專肅，敬候崇安，不傷。

岡井慎吾百拜

高夢旦（三通）

一

靜庵先生閣下：

積歲睽教，正深企慕。前日先由張菊生君托陳叔通君奉攀高躅，菊翁并曾專誠趨訪。幸蒙不弃，欣幸曷勝。敝所距離尊寓較遠，往來不便，未敢重勞下顧。此後商量舊學，容當隨時就正有道。謹自陽曆明年一月份起，謹致月脩五十元，區區之敬祇以將意，想勿麾斥。先此肅訂，餘俟面陳。敬訊起居。

高夢旦，九年十二月卅一日

二

静庵先生閣下：

日前詣教，藉傾積愫，甚慰甚慰。前本館購有《金石苑》稿本，以欲排比付印，曾托况夔笙君重輯。嗣以匆匆蕆事，似多未安之處，張菊翁略一復閲，另册記録，仍閣置至今。兹謹將况君所輯及未輯入之稿另單開呈，連同原稿并菊翁記録，一并送奉，敬祈手定，俾可成書，至爲感企。敬訊起居。

高夢旦，十年一月廿二日

三

静安先生惠鑒：

前日由菊翁交示手書并跋後一紙誦悉，佩甚。昨與菊翁商議，此書誠爲殘稿，且在今日印行，有功金石已甚淺鮮。惟劉氏一生精力所在，能就此所餘存者爲之傳布，或亦金石家之所樂聞也。夔笙先生所編既經覆審，以爲大體不差，擬請參閱菊翁另記小册，再爲完成之。其有目無文者多可補抄。如屬罕見，不易搜補，似亦不妨於原目下注明『原佚』。統希裁奪。《海東金石苑》原稿在劉翰怡先生處，尚擬由菊翁與商，一并借印，卷帙尚不爲多。尊意以爲何如？專此奉商，敬候示復爲荷。敬訊起居。

高夢旦，十年二月廿二日

高時顯（三通）

一

静安先生鑒：

大著一册，孟蘋屬轉交，乞台察。得間再詣譚，不盡。敬請著安。

弟顯頓首，十八日

二

屬書之扇，草草應教，恐無當大雅。特遣繳，希台察爲幸。静安先生几右。

弟時顯頓首，十四日

三

示敬悉。龔稿因已有十餘種，祇得收購。惟款一時未備，倘蒙墊付，甚感。即晚，當繳納。專復，請静安先生撰安。貴上大人。

弟顯頓首，廿三日

顧頡剛（四通）

一

静安先生尊鑒：

服膺十載，前日得承教言，快慰無既。惟以拙于言辭，不能白達其愛慕之情。私衷拳拳，欲有所問業，如蒙不弃，許附于弟子之列，剛之幸也。當時匆匆，忘述一事：沈兼士先生前次談及，凡一家著述散見各帙者，均擬由研究所中彙刊爲叢書。先生所著書，以新法馭古學，凡所論斷，悉爲創獲。如得彙刊一集，俾研究國故者有所遵循，實爲盛業。因囑剛趨前接洽，可否由先生編定目録，付校中刊印。至于向歸書肆出版者，版權上有無須行磋商之處，務請示及是幸。專上，敬請著安。

後學顧頡剛頓首，三月廿八日

二

静安先生尊前：

月初接誦賜書，敬悉一切。已將尊意函達兼士先生矣。承許問業，感甚。剛近讀《顧命》，稽之大著《礼徵》，知康王受册命之地爲廟而非寢，啓發童蒙，忻幸無極。惟尚有懷疑者，『狄設黼扆綴衣』冒下文布席陳器而言，是必在廟之事。上文云『兹既受命，還，出綴衣于庭』，此當是路寢之事，以王疾大漸，豫爲殯殮地也。然上云『出綴衣』，而下云『設綴衣』，頗易聯想爲一地。又『華玉仍几』『文貝仍几』之『仍』字，《孔傳》解爲『因生時不改作』，是皆就寢以立説。若在廟，固無所謂因生不改，則此『仍』字殆别有解乎？又『伯相命士須材』，鄭、孔皆解爲『致材木以供喪用』。剛意此似亦冒下文立説，所謂材者，當不外几席宗器耳。凡此疑點，願聞教誨。專上，敬請著安。

後學顧頡剛頓首，四月廿九日

三

靜安先生尊鑒：

去夏到清華，匆匆一謁，未盡所懷，不久即就厦門大學職務。厦門雖爲豪家所聚，而無文化根基。栖息于是，無殊荒島。大學校長林文慶先生原爲南洋商人，于普通智識雖甚博涉，而研究學術曾非所知。其創辦國學院，志于使學生作古文辭耳。總秘書林語堂君鋭意革新，拂逆其意，積不相能，遂致激動學潮，國學院不及一年而即停辦。處事輕率，聞者駭嘆。剛雖被留，然勢難久居。兹將質問書一紙奉覽。友人吴山立君肄業北京師範大學研究科中，專力研究古文字，苦乏良師指導，知剛與先生相稔，囑爲介紹，幸賜教誨。敬請道安。

後學顧頡剛上，十六年三月六日

四

靜安先生尊前：

頃接賜書，誦悉壹是。童蒙之求，承爲析示，不勝感荷。剛于『須材』一語所以有疑者，一則以天子七日而殯，癸酉距乙丑已九日，無所事于致材木以供喪用；二則以癸酉即爲康王受命之日，此日之取材，諒不關于喪用；三則以士之須材與狄之設黼扆均出于伯相之命，語氣承接而下，若爲一事也。自恨讀書不多，不能求一適當之解答，幸接名師，敢復請益，一再之瀆，惟諒恕之。此上，敬請道安。

後學顧頡剛頓首，五月初二日

何日章（一通）

静安先生大鑒：

曩於清華學校得聆教益，欣幸無似。比維道履納福，德躬凝庥爲頌。日章近在新鄭出土銅器之大鼎上又尋出許多字迹，兹拓一紙奉上，即請解釋，以啓愚蒙。再者，友人有一簠，上刻陽文，苦無識者，兹一并拓出寄上，煩爲鑒定。統希示知，是所感盼。肅此，敬請台安。

何日章鞠躬，九月一日

附拓片二份。

姬覺彌（一通）

静安先生侍教：

敬拜復書并扇葉均悉。藉審簪毫朵殿，退食委蛇爲慰。王雪老已由章一老介紹相見，耆年碩德，一望而知。此後諸有禀承，皆出先生所賜。雪堂内翰前亦乞致聲道謝。謹此奉復，藉頌道綏。

姬覺彌頓首

胡適(十三通)

一

静菴先生:

頃聞先生論戴東原《水經注》一文已撰成,千萬乞賜與《國學季刊》登載。《季刊》此次出東原專號,意在爲公平的評判,不在一味諛揚。聞尊文頗譏彈東原,同人決不忌諱。本期有錢君一文論東原之天算,亦多指摘其失。尊文如已寫定,乞即賜交敝寓,或送研究所。

胡適敬上,十三,四,十七

二

静菴先生：

送上《廣陵思古編》十册，王氏兩先生之作在卷十九，也許多是先生所已見的。卷十一有焦里堂與王伯申一書，其言殊重要，先生曾見之否？散氏盤拓本，易寅邨先生所贈，亦送上。先生關于此器如有釋文或考證，亦甚盼見賜一觀。寅邨先生來書一頁附呈。

胡適敬上，十三，六，廿七

三

静菴先生：

頃偶讀《後村詞》中『席上聞歌有感』一首《賀新郎》，有云：

那人人靚妝按曲，綉簾初卷；道是華堂簫管唱，笑殺雞坊拍衮。

『雞坊拍衮』是什麽？翻閲唐、宋兩史的《樂志》，皆不詳『拍衮』之義。先生曾治燕樂史，便中能見教否？以瑣屑事奉煩先生，千萬請恕我。

胡適敬上，十三，七，四

四

静菴先生：

承示衮遍之義，多謝多謝。『雞坊拍衮』係從朱刻《彊邨叢書》本，頃檢《四部叢刊》中之影鈔本《後村大全集》，亦作『雞坊』。

『衮』爲大曲中之一遍，誠如來示所説。鄙意亦曾疑此字是『滚』字之省。來示引宋仁宗語，謂『入破』以後爲鄭、衛。頃又檢《宋書·樂志》卷一三一，有云：『凡有催衮者，皆胡曲耳，法曲無是也。』此言可以互證。

鄙意『拍衮』是二事，催是催拍，而衮另是一事，故《宋史》以『催』『衮』并舉，而後村以『拍衮』并舉。沈括亦列舉『催攧衮破』；而王灼於虚催、實催之後皆有『衮遍』，末節又并舉『歇拍』『殺衮』，似『歇拍』以收催，而『殺衮』以收衮也。先生以爲何如？

細味後村詞意，似亦以『拍衮』爲非正聲。詞中之女子只習正聲，『羞學流鶯百囀』，而第一次的奏曲，便被『雞坊拍衮』笑殺，以此見疎，故下文即云『回首望侯門天遠』。以宋仁宗語及《宋史》語證之，此詞稍可解了。尊見以爲然否？

胡適敬上，十三，七，七

五

静菴先生：

今早匆匆覆一柬，未盡所欲言。下午覆檢《教坊記》，仍有所疑。崔令欽不知何時人，其所記載多開元、天寶盛時事，又無一語及于離亂，故初讀此記者每疑崔是玄宗時人。然曲名之中仍有《楊柳枝》及《望江南》《夢江南》等曲。《楊柳枝》是香山作的，《望江南》是李德裕作的，皆見《樂府雜録》。段安節生當唐末，其記開成、會昌間事應可信。倘《段録》可信，則《崔記》曲名不全屬于盛唐。鄙意此可有兩種説法：崔令欽或是晚唐人；段序亦言嘗見《教坊記》，崔在段前，而時代相去不甚遠。此一説也。否者，《崔記》中之曲名表有後人續增入之曲名，以求備爲主，不限于一時代，也許有五代以後續增的。此如玄奘《西域記》中有永樂時代的外國地理，意在求廣收，不必是作僞也。此一説也。

因此頗疑《教坊記》之曲目尚未足證明教坊早有《菩薩蠻》等曲調。不知先生有以釋此疑否？便中幸再教之。

適敬上，十三，十，十

六

静菴先生：

十三日手示敬悉。同時又見叔言先生之《敦煌零拾》中先生跋《雲謡集》語。崔令欽之爲開元時人，似無可疑。惟《教坊記》中之曲名一表，終覺可疑。先生据此目定《雲謡集》之八曲爲開元舊物，恐不無疑問。即以此八調言之，其《天仙子》則段安節所謂『萬斯年曲，是朱崖、李太尉進，此曲名即《天仙子》是也』。《新唐書》二十二，李德裕命樂工製萬斯年曲以獻。其《傾杯樂》則段安節所謂『宣宗喜吹蘆管，自製此曲』。先生謂『教坊舊有此等曲調，至李衛公宣宗時始爲其詞』。然《天仙子》一條，《段録》在『龜兹部』一節下，似教坊原無此曲調，衛公始進此調。又《傾杯樂》一條似亦謂所製係蘆管曲調，故有上『初捻管，令排兒辛骨䯊拍』之語。又《菩薩蠻》一調，《唐音癸籤》亦謂是大中初，女蠻國入貢，其人危髻金冠，瓔珞被體，人謂之『菩薩蠻』，當時倡優遂製此曲。是大中時所製似亦非詞，乃曲調也。《憶江南》《楊柳枝》，前書已言之。又《教坊記》記事迄于開元，不及亂離時事，而曲名中有《雨霖鈴》《夜半樂》，亦可疑也。又此目後方有『大曲名』三字，而其下四十六曲不全是大曲，此亦是後人附加之一證。先生謂教坊舊有《憶江南》等曲調，中唐以後始有其詞，此説與鄙説原無大抵牾。鄙意但疑《教坊記》中之曲名表不足爲歷史證據，不能考見開元教坊果有無某種曲拍耳。此是史料問題，故不敢不辨。史料一誤，則此段音樂歷史疑問滋多。鄙意段安節《樂府雜録》《杜陽雜編》《新唐書·樂志》，皆足證《崔記》中曲目之不可信，尊意以爲何如？屢以瑣事奉擾，幸先生見原。

適敬上，十三，十，廿一

七

静菴先生：

昨日辭歸後，細讀廿四日的手教，知先生亦覺《教坊記》爲可疑，深喜鄙見得先生印可。前又檢《杜陽雜編》，知《唐音癸籤》記《菩薩蠻》原起的一段是根據蘇鶚之說。蘇鶚書中多喜記祥瑞靈應，其言多誇誕，不足深信。此一條前記女蠻國，後記女王國，皆似無稽之談。先生所疑，鄙見深以爲然。惟《杜陽雜編》此條下云：『……當時倡優遂製《菩薩蠻》曲，文士亦往往聲其詞。』此語記當日倡優作曲，而文士填詞，層次分明，即不信其女蠻國之説，亦足爲詞曲原起添一例證也。先生要我將《教坊記》各調源流一一詳考，將來得一定論，此事似不易爲，正以來書所謂『諸書所記曲調原起多有不足信者』故耳。此復，即候起居。

胡適敬上，十三，十二，九

八

靜安先生：

頃得孫中山秘書處楊君的電話，詢問内務府寶熙、紹英、耆齡、榮源四位先生的表字。先生如知之，乞賜示知。

胡適敬上，十四，一，五

九

靜安先生：

手示敬謝。朱逷先先生甚盼先生校後爲作一跋，特爲代達此意。匆匆，即祝先生與叔言先生晚安。

胡適敬上，十四，一，五

一〇

靜菴先生：

清華學校曹君已將聘約送來，今特轉呈，以供參考。約中所謂『授課拾時』，係指談話式的研究，不必是講演考試式的上課。圓明園事，曹君已與莊君商過，今日已備文送去。

適敬上

一一

靜菴先生：

手示敬悉。頃已打電話給曹君，轉達尊意了。一星期考慮的話，自當敬遵先生之命。但曹君說，先生到校後，一切行動均極自由；先生所慮（據吴雨僧君說。）不能時常往來清室一層，殊爲過慮。鄙意亦以爲先生宜爲學術計，不宜拘泥小節，甚盼先生早日決定，以慰一班學子的期望。日内稍忙，明日或能來奉訪。匆匆，即頌起居佳勝。

適敬上，一四，二，十三

一二

静菴先生：

夏間出京，歸後又以脚疾不能出門，故久不得請教的機會。頃作所編《詞選》序，已成一節；其中論長短句不起於盛唐，及長短句不由于『泛聲填實』二事皆與傳説爲異，不知有當否？甚欲乞先生一觀，指正其謬誤。千萬勿以其不知而作，遂不屑教誨之也。匆匆，即祝起居勝常。

胡適敬上，十月九日

一三

靜菴先生：

得手教，甚感。《山陽志餘》一書，適并不曾借過；《西游記考證》中曾引此書，乃周豫才先生代抄來的。雪堂先生想係誤記，乞轉告。

適敬白，十月十日

黄　節（一通）

静安先生足下：

前日聞台從抵都，趨詣，未獲晤譚。四月廿七日下午七時，擬在社稷壇來今雨軒假座晚餐，至乞移玉，并與孟劬爲别。座無他客，衹羅掞東兄弟，甚欲聆教左右者也。手約，不另柬，餘不悉悉。

黄節頓首

蔣汝藻（三十七通）

一

《草窗韵語》一稿

琵琶

曾聞賀老説當年，玉軸東風四百弦。竇結飈春鶯語滑，香槽抱月鳳心圓。荻花江上逢商婦，楊柳灣頭見小憐。莫向尊前彈怨曲，青衫白髮易淒然。

昨譚快甚。《草窗韵語》中咏琵琶者衹一首，抄覽，不知是否？《集林》稿八葉昨夜覆校，又改正三四字，一早送去矣。他日恐須更校一二道方放心。静安吾兄先生有道。

弟汝藻頓首，廿八日

小注兩頭間有距離太遠者，似不飾觀，已請欣木設法每字排開些，想同意。

二

静安吾兄先生如晤：

初九日惠書，直至廿二日收到，幾及二星期，何郵便如是之遲滯也。弟半年以來，所歷都非人境，不知曾造何孽，致有此酷報。藏書之去出於欺騙，更爲弟一生不能忍受之痛史。此中歷史甚長，兹將致律師函抄稿呈覽，句句實言，事事有證。生平未嘗誣人，此事更多見證。盜賊世界至於如此，可勝浩嘆！弟非不知聚散之理，亦深知無永久保存之道，特出於欺騙，則不能使我心服。弟與吾兄相處數年，情同手足，行爲當爲兄所深悉。自問甘心吃虧，未嘗妄取。即以書論，所得亦殊不易，非若丁、陸之乘亂秤買，端、袁之巧取豪奪比也。而結果乃不若四家，何天道之憒憒若此，真百思不得其解也。今彼雖瓜分而去，而我不能不尚有下文。卅年心血付諸流水，已可痛哭，况將祖父所遺及歷年費盡心力陸續收回者，亦復一并攘奪，此而可忍，孰不可忍！言念及此，心痛欲狂。即以菊生論，當時彼出《四部叢刊》時來商借，弟無書不允，絶無條件，不沾絲毫之利，不博尺寸之名，自問對於涵芬，可告無罪。乃竟朋比爲奸，不通一消息。聞彼董會反對，亦悍然不顧，急急承受。論情論理，公道何存，友誼何在，然猶可諉爲見利而動也。彼主謀者寧非曾共患難之人乎，而蓄心若此，尚可恕耶？今事未結束，未能懸斷，然不能不留一紀念，以示後人。果能如願贖回，擬請椽筆代作一贖書記；不能贖回，則作一論書記，詳記其事之始末，俾後之藏書者有所戒懼，將自書丹而勒諸石也。弟當時不阻弟輩之舉動，實以不忍却弟輩之要求。弟輩狃於目前之利，雖百端伸説，而持之愈堅。蓋書爲獨好，而債則公負，弟果力抗，舍弟輩亦無可如何。乃因小不忍而鑄此大錯，天耶，命耶？自書出我門，足迹未嘗一至藏書之室，其心之痛苦，可想而見矣。興業於弟不知有何嫌仇，成此結果，十年以來，彼設法而損我者已指不勝屈。弟向不計較，安心忍受。今竟出此惡劇，雖木石人亦將奮而思起矣！弟已投身乎威門下，將憑藉軍閥爲吐氣之舉，不知彼蒼能許我否也。弟於政治素所惡聞，軍閥尤非所願，乃實逼處此，不得不别闢門徑，重作計較也。自去冬以來，時時往來寧漢，今將有川黔之行，歸來或即北上，與吾兄作長夜之談，一罄年餘所受之積憤。不知吾兄聞之，將何以教我？燈下無事，縷縷奉告，急不擇言，言亦不詳，惟亮察爲幸。《集林》當覓便奉寄。惠款大陸尚未送到，不知何日交去也。俟收到後，當再裁復。敬頌著安，不具。

弟汝藻頓首，二月廿五日

三

沅叔來信云，天津有宋刊《播芳大全》，季滄葦物，已有人還價一千三百元，尚不售。又有《備急總效方》三十六册，亦季物，紹興刊，精印，瑩潔可愛。叔魯還三千元，尚未成交。此二書似以《總效方》爲有用，惜價值太貴，未能下手，如何如何。静兄再鑒。

弟藻又上

《播芳大全》聞諸李紫東，恐非全帙，沅叔尚未見過也。

四

静安吾兄先生左右：

兩奉大示，正值南通在滬開會之事未畢，弟又感冒，卧病幾及旬日，故自别後竟未奉寄一字，歉悚曷已。孟劬歸來，昨始相見，古老、益庵均到。每值盛集，輒思念左右不置，此種情况當爲滬上諸友所同，特弟感觸尤深耳。大序已付排，而益庵頗思有所獻替。兹將原稿送去，不知能爲斟酌數處否？全分清樣已送來，原稿不在手頭，祇可就此付印。擬印料半二十部，其餘均用竹紙，除必需送人外，托商務、中華兩家代售，則欲購者南北均便也。沅叔想已見過，來談云，去冬所見之《名賢文粹》及金本《素問》兩殘本，所謂金本者，沅叔臆定之詞，無確證。欲售千圓。京津價直之昂實非南中所及，兹已復函謝絶之。新得江北小掮客一二人，秋冬之間或可得一二奇書，惜不獲與公共賞也。如有所得，自當隨時報聞。京寓已覓到否？政局愈離奇，不知下文如何收拾，如何發端。以理度之，恐終不免有一大劫。弟頗思到京過夏，因此又復躊躇。日來爲濕困，終日昏沉如睡，疲軟如醉。勉强作此，殊不能耐。惟客中萬倍珍重。

弟汝藻頓首，五月初六日

五

静安吾兄先生左右：

日前奉到手示，知新居高敞，銷夏爲宜，爲之神往。南中霉濕甚於往年，半月以來無日不雨，内地水已齊岸，江北各鹽墾公司之低窪者已成巨浸。幸而日内開霽，或可不致成灾，然已受損不小矣。授經在滬曾晤數次，貽我新刻數種。無論南中無此刻手，即大名鼎鼎之陶子麟及都中之文楷齋，皆遠出其下。弟決計先刻景宋數種，已與授經商定，分一半刻工，於蘇滬間設一機關，以印本上版者不成問題。若必須重寫者，其寫手決不能離京。因有事於某機關，月入百數十番，勢不能去彼就此也。京友無可托，沅叔太忙，印臣太懶，果有寫件，非托吾兄爲之主持不可。弟妄意欲刻景宋二十種、普通數十種，成二叢書。就敝篋所已有者，能得若干種，尚公暇乞爲我選擇開示。授經言日本有宋槧大字《毛詩注疏》，爲人間孤本。弟擬攝影刻之，尚未核算成本若干。如力所能及，則此爲驚人祕帙矣。寧精不濫，力避嘉業之覆轍，此則弟之宗旨也。今年或可於江北得一二佳書，目前尚無眉目，已派人踪迹之。敝藏書目決計截止，先行付刻，乞從容整理之。三五年後，如成迹可觀，當不難再編《續録》。尊意以爲何如？大稿已催趕成書，惜聚珍發達，雖催無用也。兄如見京報有廣告，則出書不遠矣。益庵因不用其文，恐又生芥蒂，幸古老、孟劬均不贊成，或尚可解釋一二，否則吾二人又多一層是非矣。商務假印之《爾雅》《龍龕手鑒》均有贈品，已各留一分，俟寶眷入都時帶呈。暇乞隨時示我。率復，敬請著安，不盡縷縷。

弟汝藻頓首，六月初三日

六

靜安吾兄有道：

日昨奉到手書，知兩患痢疾，甚念甚念，比當霍然矣。頃晤欣木，詢以哈園近狀，始知老姬歷年内外種種秘密之案一齊發覺，比已軟禁西湖，不得越雷池一步。故園中恐有絶大舉動，各種均將收束，某某二君已告辭矣。但本月薪水彼已領到，不知尊款何以至今未送，是否别有意見？欣木允爲往探，俟有確復，當即奉聞。日來老姬確不在滬園中。交情本不足恃，尊寓經常之費何可驟減？又未便往索。弟已囑敝帳房先送百番接濟，如尚不敷，當陸續由弟處支付。弟雖拮据，區區之數尚無大損，吾兄不必客氣。如有急需時，儘不妨派人通知一聲，弟必代爲安排妥貼。聞兄又不能按時領俸，此雖得之傳聞，然亦意中事也。果哈園有變動，京俸又不足贍家，則善後之計固當未雨綢繆矣。辱在至好，故敢褱言，如需弟相助處，務請明以告我。政局變化愈不可測，移眷之説宜緩爲是。住京之人往往不甚介意，但此後厄運，愈鬧愈蹧，此固不待智者而後知也。兄宜三思之。授經處已以《新定續志》《忘機集》二種寫樣，其《歌詩編》

及《韵語》決計以其珂羅版上木，先刻此數種試之。如能高於饒星舫，當以《營造法式》從事。弟志在精妙，總須駕劉、張而上之。授經云，寫手高者三人：孫、羅及某，弟忘之矣。皆勝於饒也。所不放心者，寫者不能南來。已交授經三册，授經雖再三説敢保險，然究不知可恃否也。法源寺去兄居甚遠，故不敢以此奉溷，倘便道往游時，乞一詢文楷老劉，當知大概。《明進士題名録》，弟無此書，擬向輔之一借奉寄。倘廠肆借得到，則更便捷矣。京中如有所見，千萬隨時見示。此次結束後，當爲續編地步，且《叢書》材料亦尚嫌不够，幸爲圖之。匆復，順頌旅安。

弟汝藻頓首，廿二日燈下

哈園壽禮當視欣木送否爲標準。當爲辦妥，勿念。

七

静安吾兄先生如晤：

昨晚奉復一椷，想可剋期遞到。頃晤欣木，知哈園尊款已於今日送出。欣木看彼處送出後行，當無貽誤，并探得此次遲送之故，實以帳房無錢，别無他意。一經欣木説明吾兄列入預算之内，司帳者非常抱歉，故移緩就急，不待杭州之命矣。姬無歸期，於兄交誼亦無變更，昨函之説係弟過慮。兄如通函，幸勿稍露聲色。下月壽訊聞已作罷，欣木、一山等亦皆不送禮，謹以附聞。專此，敬頌著安。

弟汝藻頓首，六月廿三晚

八

静安吾兄左右：

前日奉復一椷，計已達到。先一日另寄紗花衣一件，照郵局包件寄法，不知何日可到。約計時日，當不致誤期也。今日得宋槧《精騎》三卷，巾箱本。季滄葦舊藏，尚是原裝，密行細字，與《宋文選》相似，其字體近世綵堂《柳集》。目録後有『婺州永康清渭陳宅』刊行牌子，楷字兩行。可爲吾兄《浙本考》中增一材料。原書六卷，僅存前三卷，又缺序，不知爲何人所輯。摘選唐宋人文中之警句，少或一二句，多至一大段，書極無聊，而極罕見。《季氏書目》中有此書。又得元本《禮記集説大全》一部，尚是元印。又得晁氏《客語》一本，白口單邊。既非《百川學海》

本,又非明翻本,每半葉十二行二十字,字極古雅,非宋刊印。明初本已無序跋,無從考證,疑非單行本,不知嘉靖前尚有叢刻否?暇時乞一考之。今年尚是第一次得宋元版書。江北尚無消息,大約有明抄而無宋本也。今日晤古老,知慈護已將書籍字畫清理,抄一目録,請雪老估價。聞宋元本書有八九十種,字畫唐宋至嘉道有四百餘件。雪老云,僅書籍一項足值十萬,此老好作大言,誤人不淺。寐叟遺物雖未得見,懸揣決無可值如此鉅價。慈護不欲變價則已,欲變價,萬不可中雪老之毒。況所謂宋元、唐宋,又不盡可恃邪。弟久不晤慈護,晤亦未便進言,不知與吾兄尚通訊否?通訊時幸勿提及弟所報告。此中亦有嫌疑,不可不慎之也。《營造法式》朱桂莘欲重刊,誤聞弟得宋本,托蘭泉馳書來借,云丁本訛字極多,圖亦不準。不知丁本即從張本出,一誤則無不誤也。世無宋刊,更何從校正之。此書確有價值,朱不刻,弟必刻之。特畫圖較難,刻亦不易,最好依色套印,恐更辨不到,姑作此妄想耳。燈下無聊,拉雜奉陳。秋風已起,惟珍衛千萬。

弟汝藻頓首,十二日

九

静安我兄先生有道：

久未寄訊，正深馳繫。得初九日惠書，始知尊眷已安抵都門。弟閉門却掃，毫無聞知，即此一端已可見其懶矣。未能稍效萬一之勞，尤爲歉仄。撿出擬贈各書，亦因此未曾帶去，衹好俟大集告成時，托中華一并奉寄。委還華豐麵粉公司陳君枚叔壹百五十元，當囑帳房妥爲送去，請勿繫懷。授經携廿餘匠人來滬，租定北西藏路一宅爲刻字處，授經即寓其中，俾朝夕可以督促。已將《新定續志》《忘機集》寫様上版。先鈎刻《新定續志》數行，頗有古拙之趣，附呈一紙。似較陶刻爲高。惜鈎刻費過大，衹可擇不能影寫者試爲之，若《吴郡圖經續記》，則非鈎刻不可矣。《韵語》《歌詩編》二種即將珂羅版覆刻，現亦動工，目下已開刻者四種。《吴郡圖經》則尚在鈎摹中。以意度之，似應勝於劉、張之漫不經心者，特不知其能否始終如一耳。《青山集》影片亦已交來，現正托欣木核算石印打様之成本，大約年内亦須動手也。此次日本之灾，毁我古籍不少，皕宋之書恐亦已付灰燼。商之菊生，擬將商務攝來之《説文解字》付刊，商務僅影此一種，可惜可惜。已得菊生同意。弟從前未曾見過，此次菊生見惠一册，作爲上木之底本，似與孫淵如所刻相同。尚未對過。如果同出一源，應否再刊，請兄爲我決之。付刊各種，一一求代作一跋。此非急事，儘不妨從容爲之。好得已各有底稿，但須略加修飾及點綴數語而已。此事謀之有年，授經不住滬，未必即趕辦，而日灾亦與有力焉。授經任事頗勇，弟亦不得不猛進。依目前預算，景刻二十種，兩年必可竣工，此亦殊出意外也。惜與吾兄南北睽隔，不能隨時商榷爲恨耳。弟意寧精無濫，寧刻有價值之書，視力量爲進退，不限定二十種也。就目前敝篋所有而論，有可刻之價值者殊寥寥，則不能不呼將伯之助。菊生已允將商務所有者，無論何種皆可借刻。惜當時未記書名，此時殊覺茫然，無從下手，不知吾兄尚能記憶數種否？菊生而外，更無第二人可以通融，此亦一憾事也。景宋外，尚擬刻方體字者數種，即大集，他日亦不妨重爲刻版也。新出金石有何佳品？如有拓本，能設法各寄一葉否？如售價過貴，亦可不必。弟於此道全無門徑，又無所藏，此時竭力搜羅，終是落人之後，故亦鼓舞不起興會也。兒子頗嗜此，又恨其讀書太少，雖好而不知其旨趣也。昌老九月一日有盛舉，益庵作一序，孟劬贈一聯，兄有所贈否？如贈聯，乞即撰句示知，弟當代爲辦妥。雖匆促，或尚可趕辦也。復頌著安，不盡欲言。

弟汝藻頓首，八月十四日燈下

再啓者：弟今年購得舊抄《北礀集》十卷，譌字之多，無出其右。涵芬有宋槧本，假來一校，改正不少。而宋本闕九、十二卷。聞閬聲云，都中圖書館有全帙。擬將此二册寄都，懇兄往館中代爲一校，亦擬付刻，以儷《參寥》。兄如許可，當即奉寄。圖書館離尊寓當不甚遠，此二册一日即可畢事。不情之請，惶悚無似。專候回示，曷勝翹企。

弟藻又叩

一〇

靜安吾兄有道：

連接初三、初五兩示，敬承一一。羅原覺見贈文卷横額，不禁喜而不寐。分裂近百年而合并於素昧平生之友，可見數有前定，無可勉强。弟尚有六如《晚翠圖卷》，其題跋落於京師一收藏家之手，不知何日能璧合珠聯也。尊需紗花衣，今日已付郵。如有摺疊痕，可就近覓縫工熨平之，以郵包有一定尺寸，不能過大也。尊眷行時，如需人料理物件及護送北上，或需行李、護照，有護照津關可免驗。弟皆可代辦。至盤費自心寬籌爲是，但須尊府通一消息，當即送去不誤。大集屢催而不能趕印，昨晤輔之，詢以成書之期，恐非兩月不辦，尊眷行時萬趕不及。價既不廉，而又遲緩若此，悔不木刻矣。《題名録》如不貴，乞爲購存。此書甚有用，不僅排比明人集，將來編畫録時亦大有用處。京師市況極蕭條，而書價仍不落，北人之忍耐力强於南人多多矣。近聞江北有一王姓者藏明鈔本甚夥，已遣人踪迹，不知能有所獲否。《西溪叢話》非所亟需，不過多一黄校本，彼必欲得善價，不如姑緩圖之。《顔魯公集》如不寬大，價在三百以內，不知印工如何。秋冬間弟必入都，能延宕則延宕之。弟决計預備《續録》，約以千種爲斷，不知若干時日始得有成也。全目都在兄處，暇乞核計若干種、若干卷，并乞大序一篇，爲弟作一跋尾，略道二十年來苦心孤詣。人家藏書有錢便可辦到，弟則深好篤嗜，全從節縮衣食而來，故成迹不如人，而艱難則甚於人百倍。寫性情語易於動人，得椽筆發揮之，當更怵目動心也，拜托拜托。江浙已可不成問題，而南北堅持則未易解决，究不知能免糜爛否也。沅叔時相見否？久不得其信，不知近狀若何。南中消息不可使知之，幸秘之。敬頌著安，不盡縷縷。

弟汝藻頓首，七月初九日

二

靜安吾兄有道：

日昨奉到十九日手示，敬承一一。《李賀歌詩篇》及《韵語》已刻有樣張，竟有八九分相似。李賀以拙勝，最難摹擬；《韵語》以趣勝，亦不易見功。而均能仿佛，真可喜也。依此成迹，能始終如一，則嘉業、適園均不足道矣。此今年來弟一得意事。授經勇猛，二十種期以二年，今年年底必有三四種告成。惟其景况太窘，京、蘇、滬三處開支又大，恐非做官不能支持。現紹介於翰怡處編書目，竟藝風未了之功。前日見其總目，藝風編纂固極潦草，而選擇亦太寬泛，雖多，殊無精采，以校敝藏，似未能過之。前日張菊翁專赴海寧祝王欣老八十壽，與文甫、鶴逸往觀孫氏之書。文甫歸來報告，語焉不詳。今日晤菊翁，始知所見最佳者四種：北宋本《公羊》單注，以北宋公牘紙印，有年號。紹興大字本《後漢書》、紹興大字本《左傳》，八行十六字。《國語》。尚是毛訂，未裝。此外，《易經》似相臺本，《禮記》與潘氏所得袁二本同。《魏志》非單志，即《國志》中之一種，與傳聞不同，尚非名貴。《碑傳集》即小字通行本。所見衹此八種，若

《王建集》則有目無書矣。此次往觀人多，既叫囂不能久觀，亦慮多生枝節。孫氏堅欲菊生定價，終無所表示而返。現托文甫竭力進行，免得外間再起風潮。然因此一觀，已轟傳遍杭滬。弟深悔不隨同一行也。此批得來，則增光書目不少，而《公羊》《國語》皆可付刊，特不知古緣何如也？以上所述，幸勿與沅叔道及。《營造法式》聞朱桂莘曾向日本印圖，所費頗不貲，似志在必刻矣，弟姑緩待之。菊生、翰怡均允借刻。昨日菊生抄示涵芬樓臧宋元本目，殘本居多，精品殊寥寥，擬借《説苑》、咸淳本。《珞璟子》、北宋本。《北磵文集》宋僧可與《參寥》相配。三種。翰怡處借定竇氏《聯珠集》一種，因未見其全目，無從懸揣，合以敝藏景宋各種，已足二十種有餘。一月以來，興味頗濃，惜不能與吾兄隨時商榷賞析爲憾耳。前日見孟劬，曾詢以志局尊脩。孟劬云已經代領，緩日交來。陳君處如須急還，不妨先由敝處送去。餘款應否匯京，候示，當設法送至尊寓可也。叔言先生近有所得否？弟於景宋外，尚擬刻一普通方體字叢書，務乞代爲搜集材料，并乞於敝藏目中先爲選擇也。拉雜奉復，藉當面譚。敬頌著安，不具。

弟汝藻頓首，八月廿五燈下

一二

静安吾兄有道：

今日得初三日手書，知《北磵》可校，不勝快慰。前八卷弟已假涵芬樓藏宋本校過，兹不復寄。弟九、十二卷宋本所闕，而此抄本又極草率，故愈不敢信。孟劬曾爲改定數字，然亦僅就字體仿佛者臆改之，而猜想不到者尚多。滬上無可借校，故不能不於圖書館中求之。校定後請即寄南，擬即付刻，以儷《參寥》也。再，此抄本第八卷末多文一首，題爲《請慧愚極住華亭北禪疏》，宋本所無，即此抄本之目録亦不載此題，殊不可解，而文章確是一人手筆。此等冷集，當時未必有弟二本，究不知此抄本所據爲何者也。校時請一撿陸本見示。瑣瑣奉瀆，心感無既。即頌著安。

弟汝藻頓首，初七日燈下

一三

靜安吾兄：

前日得大復，敬承一一。昨晤授經，云《盛明雜劇》已於一星期前托羅叔言先生親戚范子衡帶京轉交，約計早可收到。如尚未到，可於文楷齋詢之，必可得一究竟也。刻書之速出於意外，弟擬初十後至京一行，當帶樣張奉覽。現印《青山集》，成本極貴。鋅版落石，即以之上版，每部印本須百元外，只印十部，可謂好事矣。若十部銷罄，則石印費可收回，不知能如願否。孟劬尚無行期。專復，順頌著安。

弟汝藻頓首，初四燈下

一四

靜安吾兄如晤：

昨晚奉寄一言，計明日可投到。頃孟劬來交付志局薪八十番，爲時已晚，明日當即送交陳君不誤。以昨函有請催索之語，故特奉聞。久旱，今始雨，爲之一快。敬頌著安。

弟汝藻頓首，廿二夜

《北磵集》弟已校畢，明日送孟劬一閱，閱竟即可奉寄，懇校後二卷。

一五

静安吾兄足下：

久未寄書，正深馳繫，忽得手示，快慰之至。弟近有武林之游，住湖濱一星期，甫於前日歸來。書無所見，僅購得尤求一卷、王虚舟二字册而已。陶蘭泉自京來，知新出北宋本《資治通鑒》爲小潘一萬一千元得去。聞有目録，爲沅叔所留。確係大内物。紙白版新，見所未見，聞之不勝艷羡之至，究竟北方精品多。南中廣東來一《儀禮要義》，爲潘明訓所得，亦子敬紹介。不能沾絲毫利益，子敬甚爲懊惱。弟并未得見，何緣之慳也。此外一無所聞，得一二舊抄、明槧，殊不足珍。聞《白氏六帖》，頗覺心動，而沅叔書來，志在必得，不知近已得諧否。兄暇時何妨時至廠肆，一聆消息。弟固不可與沅叔争，但沅叔不購而流入軍閥政客之手，則殊爲可惜。沅叔肯出鉅價，以意度之，必已扣留一二册而後交涉，或竟全書扣留，兄能爲我一密探否？聞内廷時有流出，且皆精美，此次蘭泉來，更知其詳，惜不能久居都中以待機會也。天津之《百川學海》，知有九十三種尚未有受主，蘭泉欲得之，則此書又不能争矣。此書不足争，故亦不甚動心也。《營造法式》蘭泉以内府文淑閣寫本校勘丁本，脱簡錯誤不勝其多。弟所得者勝於丁本數倍，而脱簡亦同，或當時底本有闕，亦未可知。此書朱桂莘决計付刻，已倩人繪圖，行將畢工。以内府殘葉作程式，十一行廿二字，而抄本均少一行，殊不可解。弟處刻書成迹頗佳，年内《草窗》《新定》《歌詩編》三種必可竣工。現在《館閣録》亦已動手，《青山集》正在付印，一有成書，當即寄呈一部。

弟下月或可到京一行，但此行有事津門，恐居津時多，届時兄能至津留二三日，亦一大快事也。大著屢催不一催，深爲歉仄。頃晤欣木，云將完工矣。然此説似未可深信，能於陽曆年内出書已爲萬幸，深悔當時不木刻也。孟劬已久不見，不知作何計較。志局薪并未送來，弟未便往索，兄能去函詢之否？弟近來頗思發展，數年困守，行將重整旗鼓，爲恢復之計，不知命運能轉機否。匆泐奉復，敬頌著安。

弟汝藻頓首，九月廿一日燈下

一六

再啓者：

汲古抄宋元詞，古老確知其詳。兹姑虚與委蛇。其價既奇，當無磋商餘地，聽之可也。來單三紙，應否寄還，候示遵行。森玉并無信來，恐亦當面應酬語耳。令親陳君吕紀畫，最近晤文旉，從未道及，豈尚未送去耶，抑已拒絶耶？弟未便往詢。如來見商，自當盡力。文旉於此道實非真好，偶爾購買，不過立幅等爲飾觀用也，即文字書籍亦用以裹門面，大非蘭泉之比矣。王富晋處代售事，公暇乞詳詢見復。新刻各種，年内有五六種可以竣工。擬先以單行本出售，即古老之叢書亦可運京，由其代賣。如能説妥辦法，則交易正多也。年内時局市面無大變動，終欲北行一圖良晤。手上静兄著席。

弟藻又頓首，初六日

一七

靜安吾兄左右：

多日不寄訊，思念殊切。聞都中已得大雪，當已極寒；南中則甚和暖，毫無隆冬氣象，大非所宜。江浙空氣日惡，恐終不免有一舉。自盧送其夫人靈櫬來滬，盡室以行，輜重至裝二蓬車，次日各軍官眷屬連翩而至，故杭嘉一帶驚慌萬狀。市況本極蕭條，加以謡言，遂更緊急，大約蘇松嘉湖已擾亂不堪。若果成事實，恐不能如辛亥之安静也。小民何辜，遭此塗炭。言念及此，能不痛心！

大集昨始送來一部，兹先郵寄，以慰快睹。裝訂尚雅觀。初擬售品訂十册，嗣覺六册之雅，故一律裝六册。連史定價實售八元，毛邊六元。此外另裝寬大者二十部，則非賣品矣。俟有裝竣，當再寄一二部。黄綾者已裝一部，須俟大批并寄。富晋如能代售，乞便中先與商妥折扣，當援雪堂之例，或每月一結算。説妥後，此間當直寄該莊若干部，候示遵行。此後弟新刻各種，亦可照辦矣。孟劬已通訊，北大諸君欲購者不妨先來定也。弟略爲翻閲，錯字甚多，此覆校之不力，負疚良深。如有勘出，請另紙記録，紙版尚可挖改，特此已印者無法可施耳。應送北方及海外者請酌定部數，亦當直寄尊處。如不多，或托妥便帶呈，南中則由敝處代送可也。兄今歲經濟狀況何如？奉入能敷衍否？能不愆期否？弟恐不能北行，因時局之累。故特奉詢，如度歲有所需，幸早示及。弟雖拮据，然不窘於區區，千萬勿存客氣。圖書館陸抄《北磵集》有詩集否？如尚能記憶，乞示。草此代面，敬頌著安，不盡欲言。

弟汝藻頓首，十一月十九日

一八

静安吾兄：

多日未通訊，昨得大示并《北磵集》二册，快慰快慰。衝寒往校，得改正數十字，感愧交集，敬謝敬謝。此集自宋刻後似無第二刻本，弟以其罕見，又多爲苕霅間文，故擬重刊。日内爲改正其省筆字，皆依據前八卷改之。宋槧極精工，行款亦佳，以儷《參寥》，大足相稱。刻書極快，年内或有四五種可竣工，《草窗》及《歌詩編》皆不日完工矣。

大集甫於昨日釘一樣部來，六本。書式極雅。本擬寄覽，以慰快睹，適弟五卷内漏釘一葉，尚需改裝，稍緩數日，當先郵寄一部也。特印連史六開者二十部，寬大而醒目，見者無不愛之。其普通賣品擬釘十册，竹紙，成本若干，應售若干，尚未算出。因欣木回杭，須待其歸來核算也。原議由中華代售，弟以其定碼大、折扣大而結算又極遲延，前次爲《式古堂書畫彙考》一書，已領略其手腕，故此次擬另籌辦法。銷路以北大爲多數，俟定出賣價，與孟劬商妥後，再定寄售之處。兄處約需幾部，俟裝出後，當即印奉寄。擬贈何人，亦祈開示，在南者可就近分送也。弟初擬北行，比以滬市銀荒岌岌者月餘，爲開埠來所未有，因此又延遲矣。匆復，即頌著安。

弟汝藻頓首，廿六日

沅叔前日北歸，《白帖》已見過，紹興初印本，真可愛也。

一九

静安吾兄如晤：

新曆新歲，蕭條不堪。江浙流言日多，杭、嘉、湖、蘇、松五屬人民苟有一動之力者無不來滬，即免兵革，此項損失已大可觀。兩省人民久泯省界，乃以一二人意見不合，不惜糜爛全國精華之區，博一勝負。謂天道有知耶，何夢夢若此？此殆十三年來安享太過之報也。

尊集已來二百餘部，與欣木核計成本，須定連史十圓，竹紙八圓，一律八折實收。都中决計與富晋訂約代售，乞先與接洽。一俟示到，當即徑寄該莊，以省手續。此間裝箱托熟識之轉運公司轉寄，必無遺誤。如何訂約，如何收款，均祈撥冗一往，面與説妥，必據商務、中華等等大公司爲切實也。銷路似京中爲大部分，此間當另覓代售處。東京一方面，已由頌清寄十二部與田中，或尚可多銷也。售品外，另訂白紙放大者二十部。前所寄者，諒早遞到，尚是普通售品。此二十部尚在裝訂，未竣，竣工後當與黄綾裝者同寄尊處，届時再行通知。時局如此，弟年内恐不能北行。無妄之灾，影響不小，可爲浩嘆。敬頌撰安。

弟汝藻頓首，十一月廿六日

富晋地址乞再詳示，并示掌櫃者姓名，以便通訊。擬先寄一百至百二十部，三成連史，七成竹紙。如何？

一〇

靜安吾兄如晤：

多日未寄訊。無謂之忙碌，自覺可笑，擺脱不開，頗以爲苦。下半年來，較兄在南時尤甚，真不值得。大集已交到三百部，尚有裝黄綾及特別放大者尚未裝出。日來欣木抱病，又無從催起。本擬俟進呈本裝成，一并奉寄。兹適王君仰先回京，願意代作郵差，先寄奉六大包，每包六部，共三十六部，連史十二部，毛邊廿四部。至乞點收。除送人外，請酌分若干交富晋代售，定價白紙十圓，毛邊八圓，八折交帳。此價與欣木核計而定之，如有銷路，以後當陸續徑寄富晋。暫時煩兄收付，收到之款亦暫存兄處，俟有整數時再行匯南，届時當再商定匯款之法。據欣木核算，有三百部銷出即可出本。此次僅印三百零，而送人已去一成，尊處欲送者尚不在内。果有三百部可銷，必須重印矣。日本必有人買，已交頌清兩包。此外就滬肆中相熟者代售，然南中必不多，所希望者惟北大耳。孟劬云，在上半年時或有百部可銷，此時恐三四十部亦不可必得，大多數皆希冀贈送也。兄京中所送者，乞開示一單，以免弟處將來重複。富晋如嫌扣折小，不妨量爲通融，弟非志在收回成本也。此意兄當能諒之。進呈本俟交到即寄奉，特別放大者亦當奉寄數部，以備自留。弟新得書棚本《張司業集》殘本，原書上、中、下三卷，闕上卷，無牌子。然棚本極可信，與瞿氏四種行款同，字體亦同，印亦精，價則甚昂矣。三百二十元得之。今年僅得此與《精騎》耳，真日難一日，如何如何。草此代面，敬頌著安。

弟汝藻頓首，臘八日夜二時

二一

静安吾兄足下：

屢得惠示，未即裁答，歉仄無似。大集現已裝齊，有五百部，將來銷路終以都中爲多數。輪船停駛，車運殊費，衹好陸續覓便帶出。兹又打一包，内毛邊紙十二部，放大連史四部，黄綾裝者一部，托興業便人帶去，不知何時可到。年内有便，自當再寄。放大者僅有二十部，不能出售，擇至好分送，作美術觀可也。此四部中，沅叔已寄贈一部，雪堂宜贈一部，其餘均請自留，或師傅中酌送一二部，或國外酌送二三部，如不敷分派，當再奉寄。此間已送出四十部，普通品居多，買者亦必以毛邊爲合用。價值雖差兩元，成本則不相上下。五百部中，連史僅占五分之一，預料銷路不廣也。孟劬云，北大在春夏時必有百部可銷。近來金融加緊，恐須減折。鄙意擬請兄於北大中托一熟人，合一成數，直至尊處交易，不必由富晋轉手，較爲直捷，其零星買賣則聽富晋主持。不知兄不嫌煩瑣否？弟意能銷出二百五十部，即可收回成本。區區之數當不甚難，特不知時間如何耳，故擬設法自銷，較有把握。滬肆已有四五家代銷，子經居其一。恐均收不到現款，其結果不過以書换書耳。此事弟樂爲之。前函所云成本之重，憑欣木約計之説而言，現已結帳，實不足千五百圓也，所費并不過重。所悔者，與刻木之直相等，時間亦相等，悔未刻版也。十年後，當重爲兄刻之。此次成本必可收回，弟又未費心力，兄不必耿耿於懷也。富晋定價，即請與之決定，以收回六元八元爲標準，定碼不妨大，折扣不妨多也。專復，敬請撰安，不盡欲言。

弟汝藻頓首，十二月廿一日

一二

靜安吾兄有道：

茲托興業便人帶呈大集黄綾裝有套一部，特别放大白紙四部，毛邊五包卅部，分裝兩大包。本擬分托兩人，茲叔通云可一起帶去，故并托一人，與昨函不同，特再通知。去人恐津門有逗留，年内必可送到，至祈點收。季美就上海商業銀行津行經理，日内即行，另托其由船運帶去六包，計卅六部。此二批到齊，即可着手出售矣。開正有便，當再續帶，較轉運公司爲快也。匆匆，即頌著安。

弟汝藻頓首，十二月廿二夜

一三

靜安吾兄有道：

獻歲發春，惟起居如意爲祝。大集托仰先帶去一批後，復托興業帶一批，中有綾裝一部，放大四部。第三批本托范君季美，後以須待開河船運，渠現就上海商業銀行津行經理，携眷赴任。故又改托通易黄溯初，亦六大包。今日知頌清入都，又托帶三包。頌清爲趕火神廟，未便多帶，大約後二批，到後即可發售矣。前後并計，連史太少。弟之心理以爲購者必不願得連史，價貴而不經用，又易損目，真讀書者所不取，故多寄毛邊。其實毛邊成本不下連史。然以之作陳列品，則白者爲優。初十左右，興業尚有便人，當再帶呈數十部。多方分銷，去路必廣。叔通曾有函托任公，請其就天津南開大學及東南大學中設法售之。今春果能暢銷，則區區三四百部，共印五百，南北贈品約居百部。不難頃刻售盡，下半年不妨再印一次也。弟二月初或可北行，江浙事須看大局變化如何耳。匆上，敬頌春祺。

弟汝藻頓首，初五日

二四

静安吾兄大鑒：

入春以來，殊少通訊。無謂之忙，日甚一日，浪擲光陰，至爲可惜。前日錢君新之北返，又托帶大集兩大捆。前後共寄五次，計一百五十六部。黄綾裝及特別印者不在内，想均收到無誤。頌清入都，亦曾托帶三小包，此爲弟四次所寄，因無消息，不知果送到否？都中市面蕭條，銷路必不暢旺，不妨静候時機，不必急急也。應送者送，不必因成本之鉅而惜之。弟約計有二百五十部銷出，即可如數收歸，稍待時日必可達到，兄勿過慮。景宋各種已刻成者，《草窗》《忘機》《歌詩編》《竇氏聯珠集》此借諸嘉業堂者，因有商務印本，故刻之。四種；已刻未畢工者，《中興館閣録》《新定續志》《青山集》《曹子建集》《吴郡圖經續記》五種，大約今年必可成十餘種。弟擬湊集六朝唐宋人集部十種成一叢書，此前人所未有。集部較時髦，或可暢銷。此外合經、史、子成一叢書，不再以集部攙入。分則分量較輕，購者易於着手；合則太覺繁重，使人望而生畏。授經主張則竟單種零賣，此説弟不甚以爲然。單種發行，多必至板子有損，合成叢書便不能一律。從前知不足齋、抱經堂皆有此病，况景刻多印更易損板。尊意若何，能爲我一決否？刻手大佳，《草窗》及《吴郡圖經》最難，竟有九成仿佛。此書出，似可壓倒一切，費雖鉅，亦足以自豪矣。北行有日，當携數種奉覽。年來失意事多，此舉差强人意，惜不獲與兄朝夕相賞也。現在急欲籌備面葉，擬請雪堂先生寫一二種，不知可以轉求否？弢老亦欲求之。兄如不便，當懇太夷代請。不過新任總理，事務必多，恐無此閑情逸興也。弟俟北票煤礦開會時必至京一行，大約在四五月間。如有他事發生，或可遞早。小兒婚期原定春初，以事改遲至九十月間矣。承賜聯語，愧不敢當，儘可從容。惠寄《永樂大典》現爲人借去，俟見還時，當再寄呈。沅叔有不日南下之説，此信到時如尚未行，請以羅原覺所惠之文卷引首托渠帶來；如已行，亦可不必。草草奉答，敬請撰安，不一。

弟汝藻頓首，二月十三日

弟擬湊集部十種或十二種成一叢書，以『密韵樓』名之，專刻六朝、唐、宋，至《忘機》爲止，已湊得十數種，尚擬選擇付刊也。此外雜刻經、史、子諸種，則以『傳書堂』或『樂地盦』名之，乞爲酌定可也。分則輕而易舉，出售不難；太重笨則人皆畏之，勢必無希望。授經《聚仰》即前車之鑒也，尊意以爲何如？《忘機》字多，彊老爲宜，以彊老不能作大字也。雪堂以篆隸爲佳，亦祈代爲酌定。此外尚有何人？如有所知，幸示一二。

弟又叩

一二五

靜安先生有道：

日昨奉讀大示。核對《集林》寄出批數不符，因往訪叔通，詢其最後之兩大包究托何人帶去，即范季美、黃溯初一批。始知此批甫交新銘船帶津，由津覓便帶京。約計時日，日内或可送到，或尚須遲數日到，亦未可知。銷路不暢，此殆關乎時局市面，非人力所可强也。此間已托商務、忠厚、即李紫東。蟫隱、來青四家寄售，聞每家不過售一二部。此外張閬聲告奮勇代銷，已寄去廿四部，不知成效若何。姚文旉代銷六部，亦尚無下文。叔通曾托梁任公諸人，皆無回音。本非時髦品，衹好静以待之。聞京師有圖書館之希望，曹捐二十萬，各省募二十萬，以半爲建築，半以購書，此一局也。又聞日人退還庚子賠款，亦有指定一部分每年八十萬。爲設立最大圖書館之議。沅叔南來，頗得其詳。現雖起議，不知將來變化如何，然頗有希望也。此局成，吾輩皆可於此中占一席，弟當力爲吾兄圖之。聞皇室擬籌大宗經費，以屬滙豐買辦某君。某恐有後患，保舉通易公司即黃溯初。出面，通易束手無策。昨叔通來商，弟則確有把握，此非尋歐美人不可，而中有政治家、法律家在内，則又不免望而生畏。如醖釀至可爲之時，弟或須至京一行。此時毫無頭緒，尚乞秘之。《宏秀集》聞是書棚本，從前袁二有一册，授經曾照出一分。今玻璃片已在弟處，即擬付刊矣。聞沅叔云，書固精美，千二百番是索價，非買價，周某是否購定，尚是疑問。沅叔曾還六百，未有下文，以較袁二之《魚玄機》，則彼善於此矣。《經典釋文》是大部書，聞之至爲歆羡，沅叔亦曾寓目，渠意二千番或可得之。此説蓋未可信也，乞爲祕密探聽。如有機緣，意欲得之。得一正經大部，勝小品多多矣。今年得棚本《張司業集》，缺上卷，存中、下二卷，刻印均佳。書存一百卅餘葉，得價不足三百元。又得《北山小集》殘本一册，存四卷，皆乾道時湖州路公牘紙所印，有官印，不足二百元得之。南北相較，似尚便宜。特年來未得一完善著名之大部書，終爲缺憾也。《草窗》封面，魚占已寫得。現刻成者，《聯珠》《忘機》《歌詩編》昌老已寫封面。及《草窗》四種，兹附呈封面式樣四紙，乞轉求彊老、雪老分别書之，能速尤感，因四種已付印，先印藍色。亟待成書。附去廢紙數葉，觀此可得刻手之大概矣。敬頌著安，不盡欲言。

弟汝藻頓首，二月廿三日

二六

静安吾兄如晤：

屢得惠示，迄未一復，歉悚何極。弢老書封面，『雪岩吟草』作『靈岩』，相去太遠，無可勉强。甲卷甲稿則原書中確有兩名，尚可將就。如請求不難，擬乞代求再書一紙；如不易作，爲罷論可也。雪堂兩紙已付刊矣，如相見或通訊時，乞代道謝。黄晦木畫不獨弟未見過，恐今之嗜畫者亦未必有經驗。此幅本是寐叟遺物，叔通托名代銷而自購之。弟等皆以爲僞迹，而當時不假名手之名，取此冷僻無畫名之款，其意何居？因此一説。叔通遂爲所動，以廉價而得重器，大爲得意，而弟等不知也。兹既遠道求題，兄不妨以敷衍文章了事。晦木是否能畫，諸遺逸集中必有記載。玩其畫意，决非理學先生手筆。而叔通以中有扁蝠，疑指福王，因此着迷，與敝藏項孔彰朱筆山水比賽，真可笑也。弟月内或可北行，文卷引首容自領取，不必托人。到京後當即奉訪，不知一星期中值班幾日？弟尚須至哈一行，大約住京津約有一月，當可暢叙多次。新刻之書已成四種，當携之行篋，與兄共賞。匆匆奉復，順頌著安。

弟汝藻頓首，十八日燈下

一一七

靜安吾兄先生如晤：

南歸以來，屢得惠示，三閱月間，竟未奉報一字，可謂荒唐之至矣。其間雖以時局之糜爛，人事之紛糾，夜以繼日，尚苦不給，而此心耿耿，無日不念及左右。此次之變，海上諸老僅以一電了之，不知京津諸公有何策以善其後。兄及子勤作何計畫？想必暫住都門，徐圖生活。特素無儲積，不識能支持幾時。古老、孟劬亦時時來詢消息，公暇盍作數行慰之。弟事出於萬萬意想所不到，平時日日有餘，偶闕一日，爲數又不大，竟於三小時内擱淺，爲通商開埠以來未有之創局。事前既一無布置，卒然遭此意外，正如青天霹靂，人人聞而驚駭。幸而主其事者堅定，未滿一月即已還人七成，近已發弟八成訖。每成須十七萬兩。約略計之，對外可以如數清還，不至短欠有折扣。故外間空氣尚佳，未聞有惡聲，特弟則痛苦萬分矣。對外愈整齊，對内愈痛苦。加之内部糾葛，非惟不諒，更從而甚之，且有乘機下石至再至三，環境擾擾，至今未息。世道人心至此，夫復何言。然自出事之日起，弟惟當時兩小時摇摇不定，過此以往，至于今日，舉止眠食，態度胸襟，均未有所變動，是則可以告慰於吾兄者。弟於阿堵向未重視，頻年損失，數已不菲，加以此次，自必傾倒無餘。我得我失，曾何足道！所不甘心者，有意毀之耳。故寧忍痛苦而維持，不願得便宜而破産。至悠悠之口，則三五年來已不計較。天不絕我，必有以觀其後也。此後總須改圖，倘能料理得早，年内或可北行。從前尚有顧慮，今則破釜沉舟，誓不返顧，或尚易爲力也。《集林》區區之款，無補於我，留備吾兄不時之需可也。重九爲小兒完婚，正在槍炮聲大作之時，草草成禮，新婦尚能操作識大體，是可喜也。益菴近況尚佳，乃郎已將其故宅拆賣殆盡。益菴譬之遭兵燹，亦無大懊惱。蕙風斷弦，想有所聞矣。京事如何，能示一二否？拉雜奉陳，藉作面談。敬請著安，不盡縷縷。

弟汝藻頓首，十月廿一日

一八

静安吾兄有道：

昨奉大示，敬承起居佳善，至爲快慰。此次風潮愈演愈烈，不知若何結束，此豈真是學生、工人所爲？黑幕重重，筆難盡述，深恐此後遂無安寧日子。京中報紙有無揭載？吾兄深居園中，外面消息恐亦不得盡達。我生不辰，不如不聞之爲愈也。古老北歸，深以不獲一晤爲歉。兄新居較在京僅三日，不及出城奉訪，歸來即患濕温，幸醫治得早，尚未受累，比聞已勿藥矣。弟城中寬適否？聞校中書籍頗多，足供娱覽。此中寂静，必可多著幾種有用之書，企望不已。施先生熟擬重刻《遺山詩箋注》，施北研先生注。文楷已寫樣來，現正校勘，大約冬間可以出書。施先生熟於金源掌故，與先曾祖友善，道光二年爲之殺青。兵燹以後，板爲書賈攫去，十年前已聞散失。施先生著作曾遭回禄，存於世者惟此區區不全之稿耳。故急欲重刊，以彰先世交誼。至施先生行誼著述，《鎮志》有傳，不知兄處有此志及《遺山集箋注》否？擬乞吾兄代草重刊後跋一首，如無資料，弟當抄呈志傳一篇，從容著筆可也。原刻無序跋，惟凡例十。公暇尚乞釋明，另紙見示，當爲轉寄漢皋。此公頗有特識，新人物中不易得之才也。《遺山詩》初校已畢，原刻有誤字，非檢引用書一校，殊不放心。然此舉甚不易易，如何如何。潘明訓刻《禮記正義》，亦一快事，然種種經過，已費盡九牛二虎之力矣，書成當印一部奉贈，畢功總在明年春夏也。匆復，敬頌撰安，不盡一一。

弟汝藻頓首，二十日

一九

静安吾兄道鑒：

前日接奉惠復，以終日碌碌，未即裁答。昨又接到大陸來示并書款二百元，照收無誤。此間銷路寥寥，一年以來不過三四十部，亦以無人鼓吹，不登廣告，弟又未多方托人，致成迹如此。坊肆中取去者十不得一復，若輩習慣，雖熟識亦無之何。時事至此，更無人讀書矣，可嘆可嘆。張君子武深佩大著能自闢塗徑，每次晤談，輒詢有無通訊，有無新著作。渠於《墨子》精研多年，注已脱稿，尚在修正，有數疑問至今不得其解，屢囑代求教益，輒以事冗遺忘。前日赴漢微行，又來詢及，愧無以對。兹檢出來函及欲問之字二紙，一并附呈。

數則聲明不用序文，兹擬請古老撰一篇，渠於此集曾用過功也。《集林》此間去路殊寥寥，不如北方遠甚。近曾贈張子武同年一部，渠竭三日之力讀完，深佩吾兄能自闢途徑，迥非尋常學人可比。渠若能稍稍得志，必能力爲援助也。弟今年以來頗有活動之想，數月經營都無結果，豈人事尚未盡耶，抑否運尚未退邪？術者謂今歲大利，而過去五月一無影響，可見此種學説之不足恃矣。書款如需用，不妨留之；如不需此，可交大陸匯下，總較郵便爲妥也。益庵已就自治學院，係孟劬推薦。孟劬《后妃傳》已修補完竣，有人在京爲之付刊，已見樣張，係仿殿版式，頗清朗可愛，聞亦文搢承辦也。匆匆拉雜奉復，敬頌著安，不盡欲言。

弟汝藻頓首，初八日

《集林》尚存若干，應否再寄呈數十部，候示，當即郵奉。

三〇

静安吾兄有道：

半年以來，每遇北來友人，輒詢從者之狀，而言者都不明瞭。正深馳繫，忽奉手書，快慰何可言喻。聞清華月脩四百番，有屋可居，有書可讀，又無須上課，爲吾兄計，似宜不可失此機會。雖久暫未能逆料，而暫避風雨，南北均不能優於此矣。久欲馳書，勸駕斬斷種種葛藤，勿再留戀。頃知已毅然決定，爲之額手不置，從此脱離鬼域，重入清平，爲天地間多留數篇有用文字，即爲吾人應盡之義務。至於挽回氣數，固非人力所能强爲。劫運初開，不至陸沉不已，來日大難，明眼人皆能見到。生死有命，聽之可也。弟飽受挫折，深信人謀不足以勝天，愈巧愈密，則受禍亦愈烈，可斷言也。頗有人勸弟入政界，作恢復之初步。其説未始無理，特人不能與天命争。果天命有在，亦何必多此一舉，静以俟之可也。

入春以來，頗有所計畫，果能如願，則區區之恢復亦復不難，夏秋之交當可揭曉矣。刻書小有停頓，現潘明訓刻《禮記正義》訂定十五月畢工。弟有意刻經，惜無善本，兄能隨時爲我物色否？瞿良士携書避滬，海上多一藏家，惜與兄遠隔，不獲時時商量耳。何日高遷，幸早示及。匆匆裁復，敬頌著安。

弟汝藻頓首，三月十四日

古老昨自蘇歸，已見大札。孟劬多病，有請庖代之説。病老已到，尚未相見。益庵著作之興大濃，《太史公書法》已上版。

三二

昨晚過李紫東處，見有明槧《史記》，極少見，字體與竹軒來之《阮嗣宗集》相仿。讀楊、吴兩序，知明初南雍已有大、中、小三版，此爲中字本。似爲前人未經道及。此本亦無人著録，送二册呈鑒。尚未購定，仍希擲還。靜安吾兄先生。

弟汝藻頓首，初五

三二

蕪湖洪書已到。頃約李紫東於明日上午十一時送頭本至西摩路敝寓，課畢請携敝成史部稿惠臨，藉商取舍，或午後一二時亦可。幸先示復，手上靜安吾兄先生著席。

弟汝藻頓首，初四晚

擬購齊十七史及眉山七史，故欲一查，或抄示一紙，尤簡便也。

三三

《盛竹老家傳》，前途屢來催取，乞於前次商榷處更换幾句交下。如已改定，即付去人尤妙。《史記》已購定，取得全書，尚未議價，一二日内當全書送覽。静安吾兄。

弟汝藻頓首，初七日

《史記》取到全書送覽，可多留數日也。

三四

洪書已取得。全書四十餘種，中有《隋書》，頗佳。午後已約隘菴、欣木諸君到西摩路，仍乞惠臨暢叙爲盼。手上静安吾兄著席。

弟汝藻頓首，初八

三五

明晚約昌老、古老來威海衛路敝寓便飯，下午三時後乞惠臨暢叙。葉麻子《莊子》《陶詩》二種已購得，并得蕘翁臨、段若膺校《廣韵》，亦快事也。手上静安吾兄先生。

弟汝藻頓首，初十日

三六

手教并扇葉拜悉。小兒喉患已平，惟久餓，未得復原耳。初八爲星期日，下午三時，冲甫、叔通約定來觀畫，乞顧我爲盼。舊書先送呈新購入者數種，上屆之書容緩日來領。静安吾兄先生大鑒。

弟汝藻頓首

三七

明晚略備數肴，爲孟劬洗塵，乞惠臨西摩路敝寓一叙。已約古老、欣木諸君矣。上屆各書，以馬病久閣尊處，兹囑汽車詣領，即祈擲交爲荷。叔言潤資十五元送奉，便乞轉交。扇葉求公小行書，勿急。静安吾兄先生。

弟汝藻頓首，十三日

附：楊杏佛致蔣汝藻（一通）

昨談極暢。《觀堂集林》讀一册乃卧，今晨又盡一册。此公金文禮制湛深之至，惜禮制未之學，未足知其得失何如也。其自闢途徑處，與予注《墨經》之法合，所謂『以所明正所不知，不以所不知疑所明』也。弟於《墨經》有數字灼知其誤，且知當爲何字，而不能舉例證明。茲舉於別紙，乞代求教於静安先生。如能開示，所裨多矣。他面罄，不一一。孟蘋先生同年足下。

銓啓，浴佛日

《墨經説》有『雛』字，當爲『養』之古字，不知全文亦有『養』加偏旁如『隹』者可舉證否？又，『雛』與『係』有相似致誤之道與？

《經説》『盈』多爲『楹』，《荀子》亦有『盈』作『楹』者。金文中有『盈』字加旁類『楹』者否？

『』之作『』，金文中有所舉例者否？

『虎』之作『霍』『矐』，《經説》皆然，必非全爲誤字，古文『虎』字必有似『霍』之形者，金文能舉例否？

『狗』之與『猶』，亦每相誤，金文有可證其形相似者否？

『烏』之與『鹵』，古文形有相似者否？

『同』之爲『桐』，有形似之字否？古『同』有作『桐』者。

《莊子》有『鄰』字，疑當爲『無』，『無』與『粦』形近，後又加『邑』。古文『無』字有極似『粦』者否？

右舉數條，乞代求教於静安先生，至幸。

銓懇

蔣祖詒（二通）

一

靜安老伯大人賜鑒：

前上一函，想達左右。頃奉大示并壽文、《尺考》、《印譜序》各一篇，拜登敬謝。《印譜序》發揮無餘，不覺其長也。當即轉交徐君，他日當寄紙求書也。原書請暫存尊處。承詢貴校及門諸君欲以特價購《觀堂集林》，兹以流通學術起見，姑可其請，惟下次不能爲例耳。明尺至精，惜傳世止此一支。海上新識白堅甫，莽尺惜未及見。詒新得吴愙齋藏古玉璽十方，即香生太守秦漢十印齋物，極精。新見一玉劍飾，上有『克服衆奴』四字，奴字未知即匈奴省文否？又漢熹平《求雨玉龍碑》，有二十餘字。又見三古玉器，頗多奇品，惜價貴，未敢問津也。附呈元銀錠拓本一紙，乃河南新出土者，近歸張叔馴表兄。又南京新出明鈔版數方，亦歸張氏矣。京中想甚寒，伏唯珍重。專此敬覆，并請大安。

世侄祖詒再拜，廿七日

名單一紙附還。

二

靜安老伯大人賜鑒：

久違徽範，馳念良深。山河阻隔，末由領教。伏維吾丈著述日新，起居佳暢爲禱。詒齒漸增，學業不進，爲可愧也，惟好古之心日益耳。京中古物所萃，諒必多見佳品。南中古器物苦貧，即小品亦不易得，一二年來，書籍亦有無可購之嘆。雖極力搜訪，而所得寥寥，計去年所得宋本，僅殘帙三種：陳道人書籍鋪本《張司業詩》三卷，缺首卷。極佳；又《北山小集》殘帙四卷，即蕘翁蓄藏乾道六年湖州公牘印者，惜殘闕過甚，校本書當以葉祖德過录東澗老人校宋本《元微之集》爲第一。又張訒厂校宋本《揮麈录》及嚴鐵橋手輯古逸書十種，亦佳。今年則尚未得一書也。沅叔南來，亦未有所獲。詒近日集录宋槧刻工姓名，此雖末事，然與版本源流極有關係，想丈亦樂聞歟？兹有求者，詒所藏三代環玦一事，意欲將丈大著之《説環玦》一篇刻之櫝面，能于暇時一書擲下爲幸。新得殘金鈔版一，謹以拓片一紙奉覽，幸察入。暇時能賜誨，尤爲渴望。即此，敬請著安。

愚侄蔣祖詒拜上，清明前一日

金　梁（三通）

一

雪叟函送閲。内廷裁人，聞必驚亂，公知其詳否？温毅夫同年已到京，不識寓何處，乞示知。

静公。

梁，六月四日

二

雪叟函轉送閲。日内有新聞否？火游之説，究可信否？匆上静安先生。

梁，六月初七

三

津埠人來，附公一函，并銀八元。蒲包二件并送上，乞檢入。匆此，即請靜安先生大安。

梁，十二月廿二

附：致羅振玉（一通）

蘇公歸，知晤談。頃承教，尤感摯念。南唯一山，北則我公，感幸至極。梁此次入直，實感蘇公推挽。初意頗主調和，及見深宮孤主久爲左右所包圍，於是思力戰群魔，救此真主。意在使蘇公守大本營，而梁爲先鋒，殺出一血路，梁即避去，由蘇公從容布置，以待轉機。此拙志也，今亦微微見效。十年未進一賢者，今忽出保人；從來未建一策者，今偶亦發言。雖人人各有所爲，未將非梁一激之力。唯此心不爲衆諒，群起環攻。小人無論矣，所謂君子，有時一念之私，且甘與小人爲伍，合而攻我。蘇公聞處患難，苦意周旋，真不可及。梁自愧褊急，徒喚奈何。前上數書，皆片論得失，實未指名參人。我公教以中庸之道，一山更教以其次致曲、曲能有誠，皆切中我病。梁強自抑制，期無負良友之志。感謝感謝。匆上叔言先生。

梁，三月十九

金蓉鏡（二通）

一

靜安先生閣下：

昨從禾來，携舊集四本呈政，請評議之。此十餘年前作也，詩文無可觀，内惟《時務論》二篇、《太極圖説》二篇於學術治亂之故頗能言之。《衍極》一種，略有考證耳。漢時胡種，蕩盡於蒙古，至今不復能辨某爲某種之後，先生能考定之乎？《潛堂十六篇》，是緣湯海秋《浮邱子》而作也。《痰氣集》皆以牘文極詆新政，與台司抗議，略見風采，惜無人領悟，以至於亡。此則不疚於國、不疚於民者也，訖今尚有面目見新學諸人也。另卷子一，請鴻筆題詞爲幸。此請撰安。

弟金蓉鏡頓首

二

靜安仁兄大人閣下：

前得脩老函，知榮拜内直，喜躍萬分。非特覘吾浙有人，亦見國勢將轉。何日北行，頗擬走談。本朝高江村、王漁洋皆由外廷特擢，公能繼之，亦《職官志》中一重佳話也。弟回家兩禮拜，今日到滬，先命簡布賀。敬請崇安。

弟金蓉鏡頓首，二十日午後

子勤同年是否偕行？并此致候。

金頌清(一通)

静安先生左右：

日前台從來滬，未先暢叙爲歉。別後想早安抵清華矣。委事因劉惠翁銀行所收係規元，弟因聞吾兄云及内有一紙銀數係關平，乃托子敬先生令坦鄭君往詢海關，發款人究係何種銀兩。昨日得復，云均係上海通用規元。是以始於今日即托中國實業銀行將規銀合成洋元，匯至天津，交雪老手收矣，計合洋貳千四百廿三元。此款本擬將銀匯津，因規元與津平不同，每千兩須匯水陸拾兩，太不合算。刻下合洋元匯津，每千元衹匯費六元。兹將揭單寄上，請台核。前日滬杭車路又斷，江浙局面又大變，一時恐難平静也。手泐，敬請撰安。

弟興祥頓首，九月十四日

闞鐸（二通）

一

靜安先生著席：

前日趨教，不勝厚幸。頃接葉譽虎先生來書，於輯存敦皇經典之事極所注重，尤於我公，希望更切。法國所藏諸品之目録，去年已托人至巴黎鈔得；華、法文合璧。旅順博物館所藏諸品大谷光瑞携歸各品。之目録，今春亦已鈔得。現在所缺者，倫敦、柏林、西京所藏各品之目録。不知我公有法覓鈔否？又，吾人現欲咨輯存之事，我公所知中外友好之中，有藏此類經典者尚有何人？能開示姓字、居所，并覓鈔其目録否？兹事體大，務乞惠助一二，俾克觀成，不勝企請。匆匆肅此，即頌撰福。

闞鐸再拜，廿八日

二

静老著席：

前書乞代覓寄《考古學專號》，頃已覓到，幸不必再寄。以後若有此項資料，仍乞賜示及之。此頌撰福。

鐸謹上，廿八

柯劭忞（十通）

一

靜安先生仁兄左右：

叔言入都，藉詢近履，敬悉著書日富，甚慰。弟拙撰已排印訖，訛字太多，擬手校一遍。卷帙稍繁，日不暇給，真可謂苦事矣。都中景況，叔言必已上達，天下洶洶，何時定耶？昌沂文二首，附呈鈞海。公何時入都，翹盼甚平時。敬請大安，不一。

弟柯劭忞頓首

二

靜安仁兄先生左右：

承示《元史》阿剌淺與札八兒火者當爲二人，敢就所知，以質函丈。來示以阿剌淺據《西游記》爲河西人，札八火據舊史爲賽夷人，是種族之不同。按札八兒火者，蒙古語，塔爲『札八兒』，管事頭人爲『火者』，蓋稱爲有塔之地之管事頭人，其名則阿剌淺，此據《秘史》，《西游記》則稱『阿里鮮』。其族則賽夷氏，其所居之地則河西。何以證之？札八兒追封涼國公，以河西古地名爲封號也。若居西域，則宜封秦國公。古大秦地。此元人開國疏封之通例。札八兒封涼國公，則應爲河西人，應與河西人之阿里鮮爲一人也。史有一鐵證，阿剌淺即札八兒。舊史札八兒使金，金不爲禮，還報。太祖進兵，不能入居庸關，札八兒獻計，由間道入，遂取居庸。《金史·宣宗紀》，即位之年，元遣阿剌淺來聘。是年，太祖獻居庸。至明年圍京師之後，《宣宗紀》『元遣阿剌淺札八兒來』。若謂札八與阿剌淺爲二人，札八兒之傳，獻計入關，須爲謊語矣。此阿剌淺與札八兒火者之爲一人之確據也。《金》《元》史一人數稱，此爲習見。或當阿剌淺，或當阿剌淺札八兒，似不當疑爲二人。又舊史《札八兒傳》，與飲巴勒渚納河水，在十九人之列；《秘史》飲巴勒渚納者爲阿剌淺，騎一白駱駝驅羊貿易，而舊史亦稱札八兒嘗騎駱駝以戰，似的爲一人。蓋札八兒既行同患難之行功，又往破大都，爲都連三日，亦功名烜赫，不容不見諸《秘史》。故劭忞敢據《金史》乙里只、札八之文斷阿剌淺即札八兒也。至舊傳太祖命札八兒往聘邱真人，《西游記》阿里鮮有與邱弟子往招諭山東之事，亦似非二人。又元人聘金皆遣一人，似不當有二人。劭忞《元史》之業，已廢擱六七年，舊學荒蕪，所爲曾理，在叢殘亂書内，尚未檢出。謹就所記憶者奉答，乞裁正爲荷。手此，即請著安。

學弟柯劭忞頓首，七月一日

不能推名，草草見訢，不恭。

三

静庵仁兄大人左右：

獻歲發春，惟增履萬福爲頌。承示鐘鼎文字，不能强識。名言至論，自阮太傅以下皆當頫首，不僅爲初學箴砭也。敝著《新元史》凡二百五十七卷，現排印將訖，俟裝訂畢，當寄呈教正。時事日棘，禍難相仍。弟浮沈人海，等燕雀之巢幕，聊藉丹鉛以爲排遣，不敢言撰述也。小兒昌泝近作《曹真碑跋》一首，命别紙録呈，敬祈改定。肅此，即請著安，不一。

愚弟柯劭忞頓首

四

静庵仁兄大人左右：

京華一别，滄桑遽換。遼東皂帽，令人羨仰。比從叔蘊處數得息耗，及見孟劬，益知近履，至爲忻慰。弟寄居人海，所見所聞無非拂意之事。雖以書卷自遣，又無宏碩君子如左右者爲之指示，擿指索途，恐落無成就矣。奉到惠書，如親謦欬。承示各事，尤見力學之勤苦。叔蘊比公於顧亭林，竊謂考訂之精密，前賢不免畏後生也。敝鄉人法小山素研音韵之學，其著書尚未散佚，容覓得，奉呈教正。李舟見杜詩，又見徐氏鼎臣譽引之至。唐末之李舟是否即鼎臣所引者，似無從懸斷。殷墟書契公所精研，尤深佩仰。小兒昌泝年十五歲，弟之第二子，童呆無識，獨嗜金石文字。得附大賢門下，其非常之幸。附呈其近作二首，敬希誨定。近得叔蘊信否？東望海雲，弥增□愾矣。手此奉復，即請著安，不一。

學弟柯劭忞頓首，十一月廿日

五

靜安仁兄先生左右：

前械已發，小兒文三首漏未封入，兹再械呈上，乞誨正。并附呈小兒名簡，統希察入。此請著安，不一。

學弟柯劭忞頓首

六

靜庵仁兄大人左右：

再奉手教，過承紉注，無任愧悚。敬頌新年納慶，式符私祝。承示共和流弊必至共產，仰見深識遠慮，非淺人所能及，業與前途述之。第積重之勢，恐挽回不易耳。然儒者之學説，異日往往見於事實，爲大君子提撕警覺，其裨益定亦不少也。大作風力遒上，迥與時賢不同。至命意之深切，能使讀者感慨興起，此世道人心之關係，又不當以詞章論矣。小兒屢承教誨，佩紉無既。近得宋晋之太史《切韵》書，其論以西音字母較中國書爲全備。公深於韵學者以爲何如？手此，布請著安，并賀年禧。

弟柯劭忞頓首

七

静庵仁兄大人左右：

奉手書，敬悉近履，至慰。小兒昌泗晋謁，渥蒙教益，不爲大君子所弃，感紉無似。都中平謐，時事似有轉機，惟當事所期者，非旦夕所能辨到耳。敝著《新元史》已排印就，共二百五十七卷。惟自著之考證尚未印出，擬自爲一書，附於此書之後。敝著書名係奏明，蒙旨俞允，非敢冒昧僭妄也，俟有便當寄呈教正。手此，敬請著安，不一。

弟柯劭忞頓首，八月廿日

八

靜安仁兄先生左右：

弟卧病兼旬，極無聊賴。文從何時來都？得一慰飢渴也。有孫琴西方伯之侄孫，才地極佳，乞通伯先生爲介紹，屬弟一言轉達。惟公幸進而教之，亦栽培後進之盛意也。孫君有行卷詩文，均有矩矱，幸留一覽。專此，敬請著安。

弟柯劭忞頓首

九

數月未晤，念甚。聞台從至津，不審叔言已回否。時事紛紜，無可言者。何時入都，作一夕譚也。有桐成人別幾持卷，號三〇〇一，極思附門墻，乞留意爲荷。靜安仁兄近安。

弟柯劭忞頓首

一〇

仁兄先生。十九日下六鐘，請到前門外斌升樓小酌，座有今西先生，楊子勤、戴海珊兩君。此訂静安

請今西先生費心轉交王大人。

弟柯劭忞拜訂

況周頤（二通）

一

齊天樂・題密均樓圖

弁陽珍弆高年匹，名山近誰方駕。觸手牙籤，跫音蠟屐，風格堯章流亞。詞仙去也。幾換劫湖山，變聲風雅。竇笈英光，一廛百宋未應詫。前塵疏雨得似，恁琳瑯四壁，清到難畫。遠目憑欄，微吟抱膝，依約蘋風瀟灑。瑶編重把。念六百年來，幾人知者？身世潛去，夢華消泪寫。

周頤呈稿

二

荔與利諧聲，藕偶蓮連爲例。便作吾家果論，拜缶翁佳惠。多情爲我買胭脂，艷奪紫標紫。風味銅山更好，問阿環知未。

風骨信傾城，何止千金當得。十八娘殊媚嫵，帶寶山春色。小廉吾欲笑髯蘇，日啖僅三百。蘭畹近邊寒峭，問何時挺出。

雙蒂水晶丸，得似同心金斷。便擬移根金穴，惜冰肌無汗。垂條疏密亦尋常，不道見寒暖。總被藍紅江緑，把朱顔輕换。

荔下有三刀，利則一刀而已。刀作泉刀解詁，以多多爲貴。甘如醴酪沁心脾，和嶠最知味。照眼紅雲絳雪，是天然美利。

何必狀元紅，老矣名心倦矣。安得珠縣寶錯，似側生連理。缶翁之缶絶神奇，金合貯瓜子。萬一蘭因證果，在先生筆底。

《好事近》。自題『唯利是圖』，老缶爲設色，畫荔支立軸。

秀道人

勞乃宣（一通）

静安仁兄大人閣下：

前由叔韞處寄下大著《壬癸集》兩册，拜領感謝。昨奉手教，聆悉壹是。承示近作諸篇，近體似玉溪，古體似昌黎，雒頌再三，傾佩無似。又蒙見示近正研究古代字母，自六朝反切、漢人聲讀以上溯三代，此真不朽盛業。吾國自設新學以來，學生知平仄者已寥寥，此後識字之人皆見其寡，可以預料。我公宏願有成，當可爲救時之藥石，跂予望之。弟于古韵之學所得甚淺，而于等韵則稍有所窺。呈上拙著《等韵一得》并《補篇》兩種，伏乞教正，或可少作壤流之助乎！我兄爲哈同君所編《學術叢編》雜誌，如何體裁？祈見示一二。

弟重來島上，倏已數月，日于山光海色之間與尉君商量舊學，逋播得此，亦不幸中之幸也。手此，復請著安。

弟乃宣頓首，十一月初六日

計呈《等韵一得》兩本、《等韵一得補篇》一本。

李思純（二通）

一

靜安先生教下：

日前瞻謁，至幸。拙稿一册，承允賜序言，尤爲感謝。此稿尚擬增删，一時决不付印。然先生允賜之序文，則甚盼能早獲得。兹將目録鈔呈左右，用供作序參考。文成，乞付吴君雨僧，不勝感盼。春和有暇，容再奉謁。敬候起居。

後學李思純頓首，正月廿八日

附呈目録一紙。

二

觀堂一老挺松楸，大節高文出衆流。烟柳五言成秀句，荆榛四極望神州。堆床圖史供冥賞，到眼尊彝發古愁。便欲相從問奇字，玄龜誰與卜千秋。

承賜書詩幅，敬謝。賦得一律句呈先生，并候興居安善。

後學李思純再拜上，五日

梁啓超（五通）

一

靜安先生：

諸生成績交到此間者，已大略翻閱，内中頗有可觀者，如高亨、趙邦彦、孔德、王庸皆甚好。方壯猷稿未成，規模太大，頗駁雜，用力亦勤。乃至汪吟龍，亦頗有見地，不失學者矩矱，實出意外也。弟擬略爲批點，俾諸生有所感發，苦新病後不能多用力耳。最好先生興之所至，亦隨時批示一二。弟頃入京續診餘病，星期二方能返校。各卷先呈先生察閲。

啓超頓首，三十日

二

觀堂先生有道：

奉示敬悉。所擬二十題，具見苦心。超亦敬本我公之旨，擬若干題，别紙呈教。但兩旬以來，再四籌思，終覺命題難於盡善。年來各校國學榛蕪，吾輩所認爲淺近之題，恐應考者已泰半望洋而嘆。此且不論，尤懼有天才至美而於考題所發問者偶缺注意，則交臂失之，深爲可惜。鄙意研究院之設在網羅善學之人，質言之，則能知治學方法，而其理解力足以運之者，最爲上乘。今在浩如烟海之群籍中出題考試，則所能校驗者終不外一名物、一制度之記憶。倖獲與遺珠，兩皆難免。鄙意欲采一變通辦法：凡應考人得有准考證者，即每科指定一兩種書，令其細讀，考時即就所指定之書出題。例如史學指定《史通》《文史通義》，或《史記》《漢書》《左傳》皆可，考時即在書中多發問難，則其人讀書能否得間，最易檢驗，似較汎濫無歸者爲有效。若慮範圍太窄，則兩場中一場采用此法，其一場仍泛出諸題，以覘其常識，亦未始不可。不審尊意以爲何如？今别擬一准考通告書呈覽。若謂可用，請更與雨僧一商，并列舉指定之書見示最幸。手此，敬承道安不盡。

期啓超頓首，七日

三

静安先生史席：

聞先生曾一至天津，正擬奉謁，則已歸京，悵甚。得吴君書，知先生不日移居校中，至慰。考試命題事，校中所擬辦法至妥。弟因家中有人遠行，此一旬内頗煩擾，不能用心於問學。欲乞先生將已擬定之各考題先鈔示一二，俾得在同一程度之下擬題奉商，想承見許。又專門科學之題，每門約擬出若干，并乞見示。此項之題，太普通固不足以覘績學，太專門又似故爲責難，此間頗費斟酌，想先生有以處之矣。四月半後，當來校就教一切。先此奉商，希賜裁答。敬請道安，不一一。

期啓超頓首，廿九日

四

今年投考新生，欲將其所呈驗舊作，稍爲細閲，給以分數，以與將來試卷合算。意欲令各助教先一評定，而由公核其當否，尊意謂何如？

啓超又頓首

五

示敬悉。梅、孟兩君，超皆素識。梅君在本校治數學最久，人極忠厚；孟君去歲新來，夙治教育學，蒓生著《心史叢刊》者。之侄也，國學亦有相當根柢。二君中任以一人爲教務長，當皆能贊助本院事業。惟以治事才能論，或孟君更長耳。超畏勞頓，擬不出席。若能派代表，則擬舉孟君，公謂何如？此復觀堂先生。

啓超頓首，即刻

梁漱溟（一通）

静庵先生左右：

漱溟於民國十年過滬，在張孟劬、東蓀兄弟家見先生一次。今事隔五年，不知先生尚記得否？冥今在清華借住，方編次先君遺稿，并編訂年譜。素日未嘗學問，於體例諸多未諳，有欲請教者一二事，未審先生得暇否？如承惠許，即當詣謁，否則改日再請耳。專此，敬請台安。

梁漱溟再拜，廿四日午

鈴木虎雄（一通）

王先生執事：

本日下午祇候門牆，不能奉承高誨，慊焉何已。日前垂示《頤和園詞》一篇，拜誦不一再次。風骨俊爽，彩華絢輝。漱王、駱之芬芳，剔元、虞之精髓。况且事該情盡，義微詞隱。家國艱難，宗社興亡。蘭成北徙，仲宣南行，慘何加焉。高明不敢自比香山，而稱趨步梅村，若陳雲伯則俯視遼廓。僕生平讀梅村詩，使事太繁，托興晦匿，恨無人爲作鄭箋者。且乏開闔變化之妙，動則有句而無篇，殆以律詩爲古詩矣。綉組之工雖多，貫通之義或缺。僕不學則固爾，然結構措詞之間，作者亦豈無一二疎虞處哉？高作則異之，隱而顯，微而著，懷往感今，俯仰低回，凄婉之致幾乎駕婁江而上者，洵近今之所罕見也。僕欲以斯篇轉載敝邦一二叢報紙上，傳諸通邑大都，未知高明許之否？詞中事實有蒙未解處，則將期執謁請教。《槐南集》近者上木，謹呈一本，叱留爲幸，不宣。王静安先生侍曹。

明治四十五年五月初八日，鈴木虎雄

劉承幹（二通）

一

静庵先生著席：

前得叔藴先生自津來函，敝處應付刻書款項壹千元，屬由尊處轉交。兹特奉上，敬希察收。據咏和兄云，執事函索拙刻《嘉業叢書目録》，附奉兩册，亦希察存。專泐貢臆，敬請台安，伏希荃察。

弟劉承幹頓首，二月八日

二

靜安先生著席：

前奉手箋，敬審文旆。十六日抵京，二十日謝恩。翹望長安，彌深忭慰。此次諸公入直南齋，聞温毅夫副憲遲遲入都，故未輪班侍直。今越多日，副憲已自粤至否？念念。國事蜩螗，擾擾靡已。現在議員諸多南下，欲將國會移滬。據《泰晤士報》所論，外人頗不願若輩在租界擾亂治安，又有謡傳在杭組織政府等語。日來探問自浙來者，抵拒紛紛，恐亦未能實行。報載蘇浙聯治，照庚子各保疆界辦法。聞兩督軍均以爲然，或不致生靈塗炭也。自大内失慎，海上臣民共深震悚。弟與甘卿當即電致内務府叩請聖安。同人共同磋議，欲具摺入奏，籲懇皇上克自修省。我公供奉西清，天語垂詢之時，尚祈援古證今，贊襄密勿，瓣香遥祝，如是而已。尊寓已否擇定？他日賃就，敬乞示知，以備通問。附致芷姓太守函，即求飭送。息侯都護，旦夕與共，兩賢相值，當有同心蘭臭之樂也。專泐貢復，敬請台安。

愚弟劉承幹頓首，五月十九日

劉世珩（十一通）

一

已見傳奇二種：

《盂蘭夢》江蘇丹徒嚴保庸撰，嘉慶己卯解元，官山東知縣。

《瑞芸圖》上月友人送來求沽，索五元，計二册。弟未購，亦忘何人著矣。

已購未寄到一種：月内寄到即呈閲。

《桃花影》湘潭李〇〇著，與曾文正會榜同年。著者夢一美人，自稱桃花夫人。後繼娶某氏，貌類夢中美人，且住桃花莊，因填此詞。其裔孫李蘄石繼藩，現在學部丞參堂供職，似是八品録事。

又，弟藏有《詞餘叢話》一册，兄見過否？

二

鄂歸奉書，敬承一一。傳奇成者近祇《牡丹亭》，先奉，餘皆校修未畢。《四聲猿》《紫釵記》有善本，乞假一校。別有佳種傳奇，能爲見假二三，則尤感也。右上静庵先生史席。

弟世珩頓首，五月初八日

三

奉書敬承。《四聲猿》乞於羅三處一假。《明人傳奇目》能先示爲感。右上静庵先生閣下。

五月十二，世珩頓首

四

《旗亭記》尊録已見，注『金椒』或即『全椒』之誤，與雅雨先生是別一本。又得《景梅庵傳奇》，附上，乞正定示知，荷荷。《元人雜劇選》得否？静庵先生閣下。

世珩頓首，九月十七晚

五

手教敬承。吴炳《緑牡丹》已付刊，餘四種幸爲致之。元曲可選廿卅種。公既有前言，務求踐之。至叩。静庵先生。

世珩頓首，三月十九日

六

静庵先生著席：

奉示敬承一一。《浣紗記》請即交下。《石渠五種》中之《緑牡丹》與吴炳所作當是兩事否？元本《荆釵》《琵琶》皆另刻一影，存其真也。元曲承審定廿種，至佳。寫樣各價尚求見示，荷荷。大著《宋大曲考》《唐宋優語録》得能早日惠教，尤所願也。時雨快人，惟興居佳勝。

世珩頓首，三月十三日

七

日前上一書，想登記室。求覓傳奇，必荷見許。《臨川四夢》《石渠五種》皆至精之作。《四夢》已刻，尊處能爲覓得《石渠五種》，可謂雙美矣，切懇切懇。右上静庵先生著席。

世珩頓首，三月三日

八

手教敬承一一。《石渠五種》能爲訪覓，至感。汲古閣《六十種曲》初印，敝藏有此，乞公爲檢定某種是盼。此請静庵先生大安。

世珩頓首，上巳

《石渠五種》名祈示知。

九

静庵先生著席：

久不相見，我勞何如。近想起居佳勝爲慰。拙刻《傳奇》，意在搜羅卅種，兹已得廿四種，尚少六種。尊藏最富，祈爲覓六種足成之，無任感泐。原單附上。將來每成一種，必先奉審也。手上，敬請著安。

小弟世珩頓首，二月廿二日

一〇

静庵先生大人閣下：

奉書敬承一一。李、陸兩《南西厢》附於王、關五劇之後，係從六幻本也。抽出固多，兩種跋上須另聲説。《四聲猿》分四目，書又見少，其於梅村祭酒三種分目殆相類者，鄙意仍肆搜求，能得六種則大佳。若四種，則絶意將李、陸兩種抽出。仍奉足下，於坊間及藏書家覓之。元人雜劇世無善本，足下能爲選廿種，弟决計刊刻，即在京付寫。寫校畢，仍付南中上板，務求足下董理此事。惟格式一仍冰絲館例，尤爲精雅，可即定議。須另購善印本，請足下訪之，應值當照繳上。尊處寫宋字係付某家，每萬字價若干，祈示知。格紙樣須交上否？分神至感。簿書旁午，復終日持籌握算，尚有餘閑理此種韵事，亦殊不自諒耳。一笑。右復，敬叩著安。

劉世珩頓首，二月廿八日

二

《園林午夢》亦六幻本所收，亦係咏西厢事。六幻本閔遇五所刻，校勘頗精審。各傳奇或寫樣，或待圖，有印本即奉審別。再上静庵先生。

世珩頓首，廿八

羅福萇（二通）

一

禮堂姻丈大人鈞右：

前侍家君赴滬，獲再瞻德範，忻忭奚似。辰下敬想道躬康善，潭第凝庥，弥頌弥慰。家君及侄於上禮拜日安抵東寓舍下，一是安好，請勿念。熊野丸開行後，即稍有風浪，入夜至翌晨，乃大作，舟至不穩。第三日早泊門司，始風恬浪静。侄偃卧半日，一日未食，夜間嘔吐，汗出頗暢，傷風竟爲之愈，亦一奇也，知系廑注。謹聞此間天氣漸暖，桃華漸放，申江如何？諸弟想均勤讀如恒。先生辦報，想頗忙碌。家君爲鄒君事，亦日無暇晷也。公餘務希時賜塵誨，萬幸。

臨穎瞻馳，餘容續陳。專肅，虔叩福安。

姻侄福萇謹上

《大藏經》已購就，共一百五十套，目録一套，裝一大箱，今日交運送店寄哈同花園姬、鄒兩君矣。《瑜伽論》則尚未印成，容續寄。

伯母大人前（原件下缺）

二

禮堂姻叔大人函丈：

在滬暢聆麈誨，曷深欣慰。一切瑣事，諸瀆尊神，又屢飽郇餐，感謝莫名。辰下敬想杖履綏龢，褆躬曼畣，弥以爲頌。侄於三日前安着京都，一切已詳家君函中矣。家君胃疾已漸痊，祈勿念。兹敬詢者，前第三次寄哈同書箱中，即寄《殷虚古器物圖録》箱中。有《漢晋石刻墨影》《符碑後録》《弘農冢墓遺文》及《殷虚書契待問編》各三十部，囑該園轉交長者者，不知已邀大人察收否？若已蒙檢收，則請於便中交《書契待問編》十册與范大先生爲感，緣渠處無是書也。

伯深弟等勤讀想如故，念甚。滬上想寒甚。此間前數日頗和煥，今日漸冷，天氣亦曇，想降雪之兆也。一切諸希珍衛爲盼。專肅，虔請福安。

姻侄福萇謹叩

伯母大人前叱名請安道謝，伯深諸弟等均此致候。

羅振常（一通）

静公先生親家有道：

前未能至車站恭送，良以爲歉。頃奉賜書，即稔安抵京華，至慰。運物事，朱能翁旋來，謂已面托關君，令將各件于十一日早間送去，届期令店員協同，屬友送物上船。又開一單交之，令其到津照單點物。新銘賬房，甚爲客氣，不要運費。船未開時，且令包探照料各物，防人偷竊。到津大約須賞茶房數元，計期久當到矣。某日頌清兄來，謂款事有兩事須商：一則銀行云，支票皆係規元，并非關稱；一則匯津，每千兩須費六十餘兩，若何辦理？弟當招本啓來，令到關上查詢關稱之説有無譌誤。次日渠來回信，言天津來函確是儲蓄關稱，但上海已將關稱伸爲規元，不然，無八百餘兩之多也。旋又令人問中南許君匯費若何。許君謂，現在天津無銀，如匯銀，須搬現往，故費大；若匯洋，每千只須六元云云。弟即告頌兄，謂如實業匯水大，即來中南，但銀子必須剋洋。旋得其復，實業初要八元，告以中南數目，遂亦以六元匯出。如在中南，可三日内分三次匯出，用行員名義即不要費，行員定費匯款，每次不能過一千。但通計亦不過十餘元，不必計矣。浙事五日而平，尚屬難得。原來杭、滬約定，浙軍到松江，上海即應之，幸此方辦理神速，遂敗其事。然事後仍起事，又失敗，因無後援，不得成矣。不過浪人太多，總覺危險，亦過一日是一日耳。賤恙前已見好，遂出門一次，歸又大膽大破，甚于前次，今尚未愈，只有耐心耳。匆復，即請著安。

弟常頓首，九月廿日

嫂夫人坤吉。清恙想已愈矣。

馬 衡（四十七通）

一

靜安先生大鑒：

在滬半年，時聆教誨，獲益良多。臨行匆促，不及走辭，至爲歉仄。衡於六日乘早車北來，過津時并未耽擱，七日晚間抵京。擬將書籍等略爲整理，即赴津晉謁叔蘊先生。尊譯伯希和君文稿未暇走領，請寄北京後門内東板橋敝寓爲禱。專布，敬頌著安。

後學馬衡拜上，十二月十二日

二

靜安先生大鑒：

前匆促北行，未及走辭，抵京後曾上一書，計已察入。請寄示伯希和文譯稿，久未奉到，至深盼念。《金石學講義》正着手編輯，前訂總目略有脩改，録呈台覽，幸先生有以教之。近代刻詞者有《靈鶼閣》《石蓮山房》兩家，見於《彊邨叢書》曹序中。二書未見傳本，所刻究有若干種？石蓮何人？并乞一一指示爲感。叔蘊先生尚未見過，明後日定當赴津一行也。專肅，敬頌日祉。

後學馬衡上言，十二月廿二日

家兄幼漁致候。

三

靜安先生大鑒：

前得復書，敬稔起居勝常爲慰。伯希和文譯稿已寄到，當於下期月刊中揭載之。金石學擬從第二篇講起，《講義》正在編輯。今將已成之稿録呈數頁，敬求斧正，并請於改竄後從速寄還，以便繕印。以後仍當隨時録寄，務祈不吝教誨，是所至禱。專肅，敬頌纂安。

後學馬衡上言，一月十二日

四

静安先生大鑒：

頃奉手書并《講義》稿。承示一事，爲鬲煮鬻飯之證，感謝之至。惟此條已略加脩改，始以爲三者皆兼肉飯之用，今證明鼎兼二用，而鬲、甗則惟煮黍稷，容再録稿呈政。日來正在編輯酒器，當奉尊説分盛酒、飲酒之器爲二。今有一事不敢斷定，請示方針。先生前著《禮器略説》，辨彝爲共名，其器即今之敦，已爲不易之定論。惟尚有共名之尊，自來圖録家亦以爲專名，以酒器之侈口者當之。此説恐亦始自《博古圖》。蓋《吕圖》稱『尊』者凡四器：一、中朝事後中尊，其制則壺，銘曰：『用作朕穆考□仲尊[illegible]』；疑即壺字而摹誤者。二、象尊，亦壺形；三、圜乳方文尊，其自題云『蓋尊』屬；四、壺尊，即《東觀餘論》所謂『著尊』。四者皆非侈口之器，吕蓋尚不以爲專名也。竊疑《博古》以下所謂『尊』者，或係『金罍』之『罍』。《毛詩》説『大一石』，郭《爾雅注》『形似壺，受一斛』。今所見侈口之器無若是之大者，此説似又不合。然陶齋『斯禁』所陳確有大小二器，或亦有等差歟。不得佐證，不敢妄言，幸先生有以教之。專布，敬頌著祉。

後學馬衡上言，一月十八日

五

静安先生大鑒：

前日上一書，計邀鑒及。叔藴先生日前來都，昨晤之於范宅，今晨已返津矣。《講義》稿又續編數節，録呈斧政。敬頌著祉。

後學馬衡上言，一月二十日

六

靜安先生大鑒：

得復書，敬悉。『尊罍』條當依尊説改之，原稿請不必寄還矣。甗恐仍是煮飯之器。古人皆以水蒸飯，今北方猶然。《世説新語·夙惠類》『賓客詣陳太丘宿』條：『炊忘著箄，飯落釜中成糜。』可以見漢人炊飯之法。『箄』即有孔之隔，不知先生以爲然否？今又續編『觥』至『盤匜』九條，録以呈政。敬頌著祺。

後學馬衡上言，一月廿九日

正封發間，得示敬悉，即當從命删改。

七

靜安先生大鑒：

昨得復書，敬悉。尊意古『氏』聲與『氐』聲不同部，支部與元部陰陽對轉而不能與真部轉。惟據家兄幼漁云，對轉之字多屬雙聲，頗疑孔氏對轉之説有未諦處。『辰』與『氏』爲雙聲，似可相通。『審』『禪』二母爲古紐『透』『定』之變，古音『氏』聲與『氏』聲不甚相遠。且『觶』從『單』聲，與『氏』俱屬『端』母，而『氏』『辰』并屬『禪』母，在古音皆爲舌音，『觶』字重文，似可不必疑，不知尊意以爲何如？吴鐸之説可爲句鑃出南方之證。但未明出處，不敢引用。《文子·上德篇》云：『老子曰：「鳴鐸以聲自毁，膏燭以明自煎。」』句例與先生所記略同，未識即此否？『翟』與『睪』爲雙聲而不同部，與『堯』則爲同部，但不知傳世之句鑃是有舌之『鐸』，抑無舌之『鐃』？未見原器，仍難斷定也。四時嘉至鉦想即是叔藴先生所藏者，惟叔藴先生云是斷磬，與程氏《通藝録》所考隱合，不知先生曾見其形制否？尚乞有以教之。新莽侯鉦及牛馬鐸皆擬及之，改定後再行呈教。專肅，敬頌歲祺。

後學馬衡上言，二月十六日

八

静安先生大鑒：

前上一書，計已鑒及。近惟新祺多吉爲頌。《度量衡》一篇已編完，録呈教政。將來徵求實物，頗覺困難。泉幣之學，衡素未研究，如何着手，請示方針。專肅，敬請著安，并頌年釐。

後學馬衡上言，二月廿一日

九

静安先生大鑒：

久疏問候，想起居當安善也。叔蘊先生到滬，計曾晤及。聞近已北旋，一星期前來京一行，惜未晤之。大學講席，先生堅不欲就，而同人盼望之私仍未能已。擬俟研究所成立後，先聘爲通信研究之教授，不知能得先生同意否？又，同人近組織一中華史學會，不拘京外同志，皆得爲會員，每季出雜誌一册，擬邀先生入會，謹寄呈草章一份。如蒙俯允，曷勝歡迎。專此布達，敬頌撰安。

後學馬衡上言，十二月卅一日

來示請寄北京趙堂子胡同萬寶蓋八號。

一〇

静安先生大鑒：

昨得復書，敬承壹是。眼病新愈，尚祈休息静養爲禱。四時嘉至鉦見於《攈古録》目者二器，其銘皆作『搖鐘』：一爲《西清古鑒》摹本，一爲吴氏拓本，吴氏本無『四時』二字。想皆非先生所見之器也。攻吴冰鑒，山西出土，見於《山右金石志》。器大等於克鼎。第五字不能識，與商距末『國』下一字同，齊侯甗亦有『國差』字，而下從左。今寄呈照片及墨本各一紙，乞鑒定賜教爲幸。近見[illegible]平君玉印，亦新出土者，文字精絶，而首一字不能識，必七國時物也。《講義》稿一紙，録呈教政。叔藴先生日前來京縱談，竟日甚快，前日早車已返津矣。專肅，敬頌撰安。

後學馬衡上言，三月六日

一一

静安先生大鑒：

昨奉手書，敬悉。『玨』『拜』二字古通之説，記得先生曾發之，然遍檢不得。今讀來書，始憶前所見者，稿本也。衡記憶力之差，類多如此，常以此自憾。骨幣範母之出小屯，衡亦以此爲疑，屢以質之，叔蘊先生以爲不誤，不知究竟若何，此事非目驗不足徵信。聞小屯尚有一處未經發掘，衡正慫恿大學價購此地，擬於春四月一日假時親往查勘，未知此願能償否也。《泉幣講義》未見實物，終難自信，因於日前赴津觀叔蘊先生所藏古貝布，并得聆其緒論，始恍然有所悟。歸而改編，録以呈政。冰鑒第五字，先生以《三體石經》[glyph]字證爲『差』字，甚當。惟距末之文，前人皆讀爲左行，衡以爲當右行讀之，當曰『國差』。商末用作距[glyph]，距[glyph]必是是器名。『國差』二字相聯爲文，與齊侯甔同，先生以爲然否？即如《薛書》草癸卣，亦當右行，而前人皆讀作左行，深明古籀如孫君仲頌猶沿其誤。見《古籀拾遺》。若如衡説讀之，則文義俱順，無煩曲解矣。冰鑒之器決非僞作，所可疑者文字。然著其器名曰『鑒』，而形制又與許鄭之説合，非作僞者所能辨也。『工虞』或是官名，而『王大』或『王大差』爲人名，則又不類，質之先生，以爲何如？專肅，敬頌著安。

後學馬衡上言，三月十五日

一二

静安先生大鑒：

前月曾上一書，附呈改編之《泉幣講義》，久未得復，深以爲念。近惟起居安善，定符私頌。春假期内，衡本欲作殷虚之游，後因事未果，僅赴天津一行，晤叔藴先生，暢談兩次，回京已一旬矣。《講義》已編至『符璽』，先録一節呈政。秦陽陵虎符，左右同在一處，終不可解。符之制，除會符時一合外，餘時决不能合并，此實爲一大疑問也。又宸豫門閉門符，亦於事理不合，開門用符，所以慎其出納，若閉門，則無防奸之理。此二事不知先生以爲如何？幸賜教爲感。專肅，敬頌著安。

後學馬衡上言，四月十四日

一三

靜安先生大鑒：

久疏問候，惟興居嘉勝爲頌。頃晤孟劬先生，言及敦煌寫本《切韵》經先生校訂寫定，即將排印，加惠士林，實深欣忭。但排印需時，不能快睹，同人猶以爲憾事。擬請代雇書手抄録一本見寄，計值若干，即當寄呈。瑣瀆清神，尚祈鑒諒。《古書流通處書目》三十三頁載有《修文御覽》三百六十卷，不知是真是僞。此書既在人間，且又完全無缺，何以無人稱道及之？恐係集抄《太平御覽》等書所成。先生近在咫尺，當已見之，乞見示一二爲感。專肅，敬頌著安。

後學馬衡上言，十一月二日

一四

靜安先生大鑒：

前得覆書，藉悉近狀，甚慰。敦煌本《切韵》爲唐寫本，然則舊以爲五代刻者，是傳聞異詞矣。跂望數年，忽聞寄到影本，何等快慰！况又經先生整理校訂，以嘉惠後學，其先睹爲快之心遂不覺更切。來書言寫手不易覓，書坊代印之約又未訂妥，且即使書坊允爲代印，亦非兩三月不能出版。今擬要求先生可否將所録之本掛號郵示，俾同人等録一副本？途中往返以半月爲期，如葉數不多，能早録畢，則亦當於最短期間寄繳。如蒙俯允，同人等受惠多矣。專懇，敬頌著安。

後學馬衡上言，十一月三十日

一五

静安先生大鑒：

昨得復書，敬悉。《切韵》集股付印，甚善甚善。大學同人可以全數分任，惟因積欠薪脩問題，一時不易收齊。可否商諸中華書局先行開印？預計畢工之日，股款必可收齊，届時當匯交先生轉付。出書後先生取百部，同人等取四百部，當如尊約也。專復，敬請撰安。

後學馬衡上言，十二月十三日

一六

静安先生大鑒：

昨得來書并中華書局估價單一紙，敬悉。《切韵》既已付印，則出版有期，不勝欣慰。印價亦甚廉。日内當催收股款，儘年内匯交中華京局。惟先生所需之百部，似可在滬留下，同人等在京局領收四百部可也。專復，敬請撰安。

後學馬衡上言，十二月廿五日

一七

静安先生大鑒：

前得手書，敬承壹是。《切韵》年内出版，近日當在裝訂矣。惟聞中華分局人言，向來運書必用木箱裝置，須一兩月方可運到。此次運書，可否要求其變通辦法，以速爲貴。即使運費略昂，亦無不可。乞與中華商之，當非難事也。昨接叔蘊先生書，驚悉君楚兄已作古人，從此學術界又少一精心研究之人，殊堪痛惜也。專此布達，敬頌撰安。

後學馬衡上言，一月十一日

《切韵》印價及運費已與中華京局説明，統於年内在京付清，并聞。

一八

静安先生大鑒：

陰曆初二日得手書，知《切韵》百部已由郵局寄京，次日即向京局取來，分致同人，無不称快。新歲獲睹異書，何幸如之。叔蘊先生日前來京，尚未見此印本，因以一册贈之。近出一隋虎符，文曰『左翊衛虎賁中郎將第五』，爲同鄉方藥雨所得。前此所見諸隋符，皆十二衛與各府爲虎符，此何以云虎賁中郎將？且《隋志》衹言每衛有武賁郎將四人，無『中』字。究不知此符是真是僞，想先生必有定論，幸有以教之。專布，敬請撰安。

後學馬衡上言，二月七日

一九

靜安先生大鑒：

日前晤叔藴先生，藉悉起居安善，甚慰甚慰。隋虎符已得拓本，是虎賁郎將，前云中郎將者，誤也。《曹元忠造象》影印本能再賜數紙，尤感。大學新設研究所國學門，請叔藴先生爲導師，昨已得其許可。蔡孑民先生并擬要求先生擔任指導，囑爲函懇。好在研究所導師不在講授，研究問題儘可通信。爲先生計，固無所不便；爲中國學術計，尤當額手称慶者也。日内有敝同事顧頡剛先生南旋，當趨前面陳一切，務祈俯允，幸甚幸甚。專肅，敬請撰安。

後學馬衡上言，三月十二日

二〇

靜安先生大鑒：

昨呈一書，計蒙鑒及。大學同人望先生之來，若大旱之望雲雨，乃頻年敦請，未蒙俯允。

同人深以爲憾。今春設立研究所國學門，擬廣求海内外專門學者指導研究。校長蔡孑民先生思欲重申前請，乞先生之匡助，囑爲致書徵求意見。適所中同人顧頡剛先生南旋趨前聆教，即煩面致，并請其詳陳一切。想先生以提倡學術爲己任，必能樂從所請。專肅，敬請撰安。

後學馬衡上言，三月十四日

二

静安先生大鑒：

日前得讀覆書，敬悉。蒙惠《曹元忠造象》影印本三十紙，感謝感謝。大學研究所國學門承允擔任指導，同人聞之不勝欣慰。聘書當於明後日寄呈也。研究所現正編輯季刊四種，中有《國學季刊》《文藝季刊》，文學、藝術皆屬之。擬徵求先生近著分别登載。想先生近兩年來著述未刻者甚多，且多屬於此兩門範圍之内，務求多多賜教，以資提倡，無任感禱。《曹元忠造象》能否印入《文藝季刊》中？亦祈示遵。又法國伯希和博士關於東方古言語學之著述，先生曾將繹稿付衡，本擬刊入《史學雜志》中，而該雜志迄今未能出版，殊負盛意。今將刊入第一期《國學季刊》中，已由胡適之先生校勘一過。其中尚有疑問，特將原稿寄呈審定，并附適之原函，乞察核。專此，敬頌著安。

後學馬衡上言，四月十六日

叔蘊先生已允編輯關於心性學之著述刊入《國學季刊》中。

二二

静安先生大鑒：

久未致書，奉候起居。前月鄭君介石南旋，將欲造訪，曾托其致意。昨得其來書，知近狀勝常，甚慰甚慰。大學會計課昨送來兩个月脩金，共計洋二百元，囑爲轉呈左右，以後仍當陸續匯寄云云。兹托滬友奉上，乞察收示覆爲荷。叔蘊先生前以萬餘金購得清内閣檔案，尚餘一部分，已由歷史博物館移交大學，日來正從事整理。但數量太多，恐非一二年不能蕆事。聞叔蘊先生言，日本所藏唐尺尊處有摹本，乞以洋紙畫一本見示，洋紙不致伸縮。以便依樣仿製。

專肅，敬請撰安。

衡已遷居東單小雅寶胡同四十八號。并聞。

後學馬衡上言，七月廿八日

二三

靜安先生大鑒：

前得復書，藉審履候勝常爲慰。大學致送之款，本不得謂之束脩，如先生固辭，同人等更覺不安。昨得研究所國學門主任沈兼士兄來函，深致歉仄，堅囑婉達此意。茲將原函附呈台鑒，并重煩敝友張嘉甫兄將前款二百元送呈，務祈賜予收納，萬勿固辭，幸甚感甚。唐尺承允代摹，無任感謝。丁輔之兄所見宋尺即係從雪堂先生處假得仿製者，如先生未有摹本，當再仿製一分奉贈。張廣建藏秦敦，先生想已見過拓本，器底尚有刻款一行，現已剔出，計十字，曰：『西□器一斗十升八奉敦。』茲寄呈墨本一分，乞察收。另寄扇面一幀，即請先生將此敦跋文書於其上一面，當求叔蘊先生摹寫敦文也。費神容謝。敬請著安。

後學馬衡上言，八月十七日

二四

静安先生大鑒：

前得復書，敬承壹是。尊著《五代監本考》及賜書扇面均拜領，感謝感謝。秦公敦先生以爲徙雍以後作，以奉西垂陵廟之器，故出於隴右，誠然誠然。但鑿款中『奉』字若屬下讀，則與蓋上鑿款『一斗七升』『大半升』之文不合。叔蘊先生以爲『』乃『八奉』二字，省半作十奉，與合同，八合爲大半升，義似較長。『西』下一字似『元』字，末筆有曲勢，『西元器』三字義亦難通。幸先生有以教之。《東瀛珠光》中唐尺，請先以洋紙不易伸縮。摹其長短見示。《隋志》十五種尺如蒙訂出，亦請以紙本摹就，寄交研究所，當囑農商部權度製造所仿製。該所製尺亦以機器，較手工製成者精細多多矣。近於廠肆見張澍輯《帝王世紀》稿本，二酉堂所未刻，索價七八十元。滬上刻書家如有欲刻者，當爲代購。晤蔣君孟平，乞一詢之。大學六七月分薪俸已送來，仍托友人張嘉甫兄送呈，乞察收。研究所主任沈兼士先生書附呈台鑒。專肅，敬頌撰安。

後學馬衡上言，九月廿七日

二五

静安先生大鑒：

兩奉手教，并唐尺照片六種，均悉。照片及銅版印本價乞示知，當寄繳。拙著《石鼓爲秦刻石證》，正苦地理上證據之少，故僅據汧水及西逮字以證之。『鄜』字明知其爲地名，而不能識爲何字，今得先生説解，不禁狂喜。但金文中『雔』字屢見，多爲人名，不知有作地名者否？甲骨刻辭中有『後於雔』字，不知爲今何地。『鄜』字則金文中却未之見，能更得一證則愈確矣。大學薪俸甫發至十月，今代取八、九、十三個月薪俸，計洋三百元，仍托敝友張嘉甫兄送呈，乞察收示覆爲感。此請著安。

後學馬衡上言，二月八日

二六

静安先生大鑒：

在滬晤教，甚快。承惠周公彝墨本，感謝無似。方子聽《彝器款識》清稿，務請代借數册，俾與手稿校對，若確係定本，尚擬借印。惟寄稿時乞固封掛號，以防遺失。陳援庵《牟尼教考》續出一册，另包郵呈。先生新得之材料，請録示，俾轉致陳君也。專布，敬頌著安。

後學馬衡上言，三月十二日

新得魏范陽王元誨墓誌石，奉贈拓本一紙。

二七

静安先生大鑒：

久疏問候，時深繫念。前晤叔蘊先生，知先生因事返海寧，并聞將應徵來京，昨得子民先生書，亦言先生不日將來京。快慰奚似。惟不審行期已定否。兹托張嘉甫兄送呈十一、十二、一月份薪脩，其中扣除二元，係充職教員會經費者，實數計洋二百九十八元，乞察收。下星期將偕叔蘊先生作洛陽之游，約旬日可返。聞新出《三字石經》，洛中尚有原石未刻之本，此行當求之。此布，敬請著安。

後學馬衡上言，五月四日

一八

静安先生大鑒：

頃抵洛陽，見整本《三體石經》，其《君奭》篇題僅『君奭』二字，《三體》共計六字，《無逸》篇末『嗣王其監於兹』亦不損。《春秋》首行『三月丙午』之『午』字篆體，及次行『宋』字古文之半在一小石上，近亦覓得，將來可别拓小紙以補之。知關注念，敬以奉聞。叔蘊先生如尚在京，乞轉告之。頃已托人再求一二本，或有可得之希望，必當爲羅先生代致一本也。專此，敬頌著安。

後學馬衡上言，六月廿八日

二九

静安先生大鑒：

近想清恙當已痊愈，甚念。衡在洛時搔破皮膚於浴堂中，沾染病菌，當時不在意，不料回京數日忽覺腫痛，不能行動，現已延醫診治，想無大礙也。《毗伽公主墓誌》，毛子静《關中金石文字存逸考》曾著録之。衡前於廠肆見一拓本，以索價昂較其文而還之。今將《存逸考》呈覽，晤弢老時能代求一本，尤感。新得漢魏石經殘石，各拓一紙，奉呈審定。專肅，敬頌著安。

後學馬衡上言，七月十四日

三〇

静安先生大鑒：

昨得手書，敬悉。《皋陶謨》一石確與《三體》直下者不同，向來皆未留意，經先生道破，驗之信然。其中『帝』字作『』，而《周書》及《春秋》皆作『』，又不僅『予』『攴』二字爲異也。惜此石所存古文太少耳。『木暨』一石摹請鑒定。專復，敬頌撰安。

後學馬衡上言，八月十五日

三一

示悉。『介』字一石，衡曾摹一本，茲特轉摹呈教。專肅，敬頌靜安先生撰安。

後學馬衡上言，八月十五日

三二

靜安先生大鑒：

石經殘石已拓成一分，茲特送呈審定。專布，敬頌著安。

後學馬衡上言，九月十七日

三三

靜安先生大鑒：

頃來鄭觀新出銅器，有長方形盤一，有文七，曰：『王子。』第四字似『次』字，第七字從膚從皿，是盧字。《説文》：『盧，飯器也。』此禮器中所僅見者。第三、四字爲王子之名，疑即鄭桓公友之字。不知先生以爲如何？諸器惟此有字，其餘尚待剔治也。尚有三器作形，橢圓斂口，圓底無足，旁有兩耳，不知何名。聞新鄭尚發掘未盡，明晨擬往視察之。此頌著安。

後學馬衡上言，九月廿一日

三四

靜安先生大鑒：

昨獲晤教，爲快。游廠肆有所得否？宋人所謂安州六器，據《金石録》云：『方鼎三、圓鼎

二、甗一。』而王復齋所藏拓本中之『癸亥父己鬲鼎』『南宫方鼎』，下皆題『安州六器』字樣。頃閲《薛氏法帖》，卷十録圓寶鼎二，卷十六録方寶甗，皆云出于安陸之孝感，且三器皆同銘。疑王復齋册中『癸亥父己鬲鼎』未必爲六器之一，不審先生以爲如何？又彝器中称『十又四月』者，祇『雍公緘鼎』一器，宋人多附會之説。《考古》《博古》、王氏、薛氏所橅，又皆確爲『三』字，不知先生對此亦有説否？更不知尚有他器否？均乞有以教我。專布，敬頌著安。

後學馬衡上言，二月十六日

三五

静安先生大鑒：

日前得復書，敬悉。雍公緘鼎之『十有三月』或是『三』字之誤。周器之称十三月者，有『牧敦』『文姬匜』『臤尊』等器，疑商周間皆置閏於歲末也。《隋志》十五種尺，已托人仿製。其中第十種之『東後魏尺，比晋前尺一尺五寸八毫』，比今營造尺猶長，實屬不倫。初疑『寸』字或係『分』字之誤，後檢《隋志》『律管圍容黍篇』，東魏尺之所容獨多，始知不誤。然東魏尺獨長且超過於今尺,實一疑問。曾記先生有一文論後魏尺度驟長之故,能舉以見示否?甚感。專布,敬頌撰安。

後學馬衡上言,二月廿六日

三六

静安先生大鑒:

前月得復書,匆匆赴洛,未及作答,甚歉。此行原爲發掘事向各方交涉,乃奔走經月,障礙尚多,不知此願能償否也。衡前日抵京,適貴校試案揭曉,前奉托之研究生何士驥,取在備取之列。何君求學情殷,如有可以設法之處,乞賜予成全,是所至禱。專此,敬請撰安。

後學馬衡上言,八月十一日

台從何日來城,寓居何所,請先期示知。

三七

静安先生大鑒：

昨何君士驥來言，研究生備取二名，已蒙一律收録，今晨將遷移入校。爰檢新得石經碎片拓本數十種，及卣文影印本一紙，托其轉呈左右，不審已收到否？念念。專布，敬頌著安。

後學馬衡上言，九月八日

三八

静安先生大鑒：

昨讀惠書，敬承壹是。石經殘石内有十凷，爲今年春間衡所購定者。《小雅》一石亦在其内，其餘皆此次赴洛爲學校購得者。魏石經《尚書·無逸》及《春秋·僖公》一石中確有可補之殘字，據衡所檢得，約有十石，不審先生尚有發見否？近山西出有虎符八枚，估人謂出于大同，不知可信否。左右完具，聞已運至都中，將秘密以重價售之外人。衡未見原器，托人展轉録得其文。凡郡太守符三、護軍符五，估人以其有皇帝字樣，號稱秦符，日估不察，竟出價至五萬元，殊可哂也。今録奉一紙，請爲審定。衡疑此符爲劉石時物，但吐京一縣護軍上皆冠縣名。爲北魏廿一年所改，不知是北魏時物否？幸有以教之。專此，敬頌撰安。

後學馬衡上言，九月十四日

背縫	胸前	肋間
皇帝與遼西太守銅虎符第二	遼西太守	銅虎符右
	遼西太守	銅虎符左
皇帝與上黨太守銅虎符第三	上黨太守	銅虎符右
	上黨太守	銅虎符左
皇帝與博陵太守銅虎符第二	博陵太守	銅虎符右
	博陵太守	銅虎符左
皇帝與陽曲護軍銅虎符第三	陽曲護軍	銅虎符右
	陽曲護軍	銅虎符左

皇帝與吐京護軍銅虎符第三　吐京護軍　銅虎符右
吐京護軍　銅虎符左

皇帝與離石護軍銅虎符第一　離石護軍　銅虎符右
離石護軍　銅虎符左

皇帝與離石護軍銅虎符第三　同上　同上

皇帝與離石護軍銅虎符第四　同上　同上

三九

静安先生大鑒：

昨得復書，敬悉。魏石經殘字可補《尚書》者二石、《春秋》八石。兹再寄呈一分，以備補裝大幅。此碑《春秋》一面之下截石之剥落，皆成薄片，『河陽』一石、『冬月』一石皆然。『公復』『取如』二石，其情形相同，故敢决其爲此碑之殘石。先生所謂八凷者，或未數此二石耳。虎符八種昨已得見，原物確係隸書，形制與『宋高平太守』『凉酒泉太守』二符同而略長，簡之制亦同。鑿而不錯,『京』字上確爲『吐』字。詢其出土之地,祇知爲山西,未必即是大同。衡頗疑其爲平陽所出。『吐京』即西漢之『土軍』。《水經·河水篇》注云『胡漢』,譯言音爲訛變,則『吐京』之名未必即自魏始。況《魏書·地形志》,吐京縣凡三,一屬汾州吐京郡,一屬汾州北吐京郡,一屬武州吐京郡。《志》所謂『世祖名嶺西,太和廿一年改』,吐京者,未必即是汾州吐京郡之縣也。此符如果出於平陽,可斷定爲劉聰時物矣。惜估人展轉買得,不能詳悉,已托其探訪,不知能得切實答復否。聞此八符出土時皆在瓮中,與叔言先生所得之隋符同。假定製而未用,或此制既廢之而收回者,則每符有五,皆應同在一處,不應各存一符,而離石又獨存三也。此疑終不能明,幸先生有此教之。此頌撰安。

後學馬衡上言,九月十九日

四〇

静安先生大鑒:

昨得手書,敬悉一一。『若殷嗣』三字確爲《尚書·君奭》之文,而『惟家』二字未敢確定。

隸書之『』雖似『家』字之殘畫，而篆書無引筆，不似『家』字。蓋《君奭》第十二行『家』字與第十三行『惟』字并列，篆書之引筆其長相等也。『晋』二字，乃《春秋》第十五行『如京師』之『如』，及十六行『如晋』之『晋』也。尊古殘兵，衡亦見之，但出土之地不云陝西。衡問以是否易縣所出，彼亦漫應之，可知其非肯定之辭。京估買物往往隨口答應，殊不敢信。專此，敬頌撰安。

後學馬衡上言，九月廿七日

四一

静安先生大鑒：

久疏音問，惟興居勝常爲頌。衡前趨朝鮮參觀發掘古冢，見漆器甚夥，多爲西漢年號。聞博物館主任藤田君言，漆器照片曾由内藤君寄贈，先生想已早邀鑒及，暇當趨前聆教。如台從有入城時，千祈先示住址爲盼。又朝鮮京城大學校長、前博物館主任小田省吾君言，今春曾有朝鮮總督府古迹調查報告數册贈北大研究所，寄由先生轉交，不知先生收到此項報告否？乞示知爲感。此頌著安。

後學馬衡上言，十一月二日

四二

静安先生大鑒：

昨得惠書，敬承壹是。仿製銅斛尺當於廿六晨九時前携至該校。惟是否允許校外人聽講，抑另有入場券，届時徑訪馮君要求聽講，諒無不可。請示知。銅斛標本，已飭工仿製。諸尺尚無辦法。研究院章程，務祈見賜一份爲感。此頌著安。

後學馬衡上言，七月廿一日

四三

静安先生大鑒：

日前晤教甚快，歸途曾遇雨否？念念。明牙尺已還袁君，兹呈拓本三紙，乞察收。日來徹夜炮聲擾人清夢，尊處空曠，必更較清切也。專此，敬頌著安。

後學馬衡上言，八月一日

四四

静安先生大鑒：

日前得手書，承示《墨莊漫録》所記『縫繢法』，歲久斷絶，即難次序。其法爲先釘後寫，與後來之綫裝書不同。囑爲補入拙著，至感至佩。拙著中尚有應行修改者否？并乞賜教爲幸。尊著《觀堂集林》尚有存書否？頃有友人覓購，請寄二部并示價目，當代爲收取也。費神，容謝。敬頌著安。

後學馬衡上言，八月廿日

四五

静安先生大鑒：

昨奉惠書，敬承壹是。《無逸》兩石確未查出，承示至當。尚有一石，『不我郵□』四字相并，不知究係何經，敬祈指示爲禱。仿造新量已成，乞派妥人來取。發單一紙奉呈。此頌著安。

後學馬衡上言，八月廿六日

四六

静安先生大鑒：

前派人取嘉量時，適衡未在寓，後讀手書并收到洋十八元，敬悉。承惠尊著《元代史料校注》四册，感謝無既。『不我郵』一石，尊意以爲《君奭》之文，細審第四字類似『光』字，不知原石如何？原石或爲森玉所藏，未經剔治。然『棐』之爲『不』，終覺可疑。『不我』二字，亦不能謂絶非《春秋》，但衡已遍檢之，終不得要領也。近因古光閣集資彙拓各家所藏石經，擬將寒齋所有就所知者編一詳目。衡所查出者，或與先生所查互有出入，擬假先生釋文詳校一過，先生其許之乎？專布，敬頌著安。

後學馬衡上言，九月九日

四七

静安先生大鑒：

昨晤教爲快。今日摒擋一切，未及走辭。尊稿一册奉繳，石經四分奉贈，均請察收。專布，敬頌著安。

後學馬衡上言，一月十七日

馬其昶（一通）

靜安先生左右：

久不見，惟道履增勝爲慰。敬有啓者，敝邑汪生吟龍，文采斐然，實後來之秀。頃携其詩文稿一册，乞柯鳳老一言以介紹於公。鳳老欣然命筆，適册内夾有孫君名片一紙，鳳老遂誤以爲一人也。特此更正。汪生如趨謁，希即賜見爲荷。手此，敬頌台安，不具。

馬其昶啓事

馬裕藻(二通)

一

靜安先生左右:

久未晤,甚念。易寅邨先生今晨送來一函,囑呈先生,謹寄奉。易君大概未知先生移居郊外,故將此函囑藻轉致。惟易君此函交來較遲,藻又未克專差送上,恐今晚易君之約,先生不及走赴矣。叔平已回京,不日仍須赴洛,屆時或能發掘之目的也。此頌著安。

弟馬裕藻上,八月十七日

二

承借《高郵王氏韵譜稿》四十一本，連前借九本，共五十本，甚感甚感。先秦諸書及《淮南》《韵》均在前借九本中，請勿念。此上静安先生。

弟馬裕藻頓首，二月十二日

明義士（一通）

國維大教授先生左右：

不能作中文書信，歉甚。猶記一年前，吴先生宓招余到清華，得瞻風采，深引爲榮。坐間頗談及關於 An yang（安陽）鎮 Hsiao Tun（-en）村北所發見殷墟甲骨文字等等。余曾言余處獲有陶器數種，兹特攝成影片寄上，計十四五圖，惟影小而劣耳。其中大部分爲鬲式，從第一圖即可知彼等大小非一，外形亦互有不同。第六種質極粗陋，而第五種則頗精緻。第八種形較大，第四種衹有圓突出物以代足，頗低矮。第二、第七種皆大，足則雖短而粗，極堅牢。第一、四、六種邊緣均廣，第五、七、八種則不然。凡此數種均灰色陶土製，而雜以沙。余所欲問者爲此數種有中文已認定之名否？如有，乞詳告爲幸。第三圖上二件非在一處發現者，其較大者何名耶？有嘴，而前足彎曲如腿，而後一足則直立。其餘數種余亦不知其名，乞先生指教。第九灰色泥，不雜沙，面平滑。第十、十一形狀略相類。第十灰色，底圓；第十一紅，較大而較精緻。第十二底面有邊緣。第十三狀頗奇特，如軍人之盔，亦灰色泥質，竟有半寸厚。余處且有斷零之銅器，與 Tao T'ien 面極似。此件余希望能聚集碎片，使成整形，以便攝影。余不知此竟何物，疑不是盔，内部甚窄，不能容人頭部也。最似盛酒食器之蓋，然有一尺高，直徑六寸。至於此陶器（指第十三）則與此銅器頗類，余亦不能定爲何物，知其何用。祇觀其質甚粗，而體甚重耳。第十四則與先生面晤時曾談及者，祇一足而平，體雖重，能獨立不傾側。其柄手大者能執，所謂『柄』恐即指此足。邊極厚，向上漸尖薄，有泥假夾層，似到底而封，又似不封者。内部焦黑，似經火灼，頗疑是坩堝之類。然倘是，則火在何處燒？因此爲紅泥質，有鋸齒，與普通遽古陶器同，外部顏色完好，不見火迹也。既在殷墟發現，則與甲骨有互相參證處。此物是否即甲骨上□耶，此字見羅君第一編五卷三十三頁，羅君釋□爲炬，釋此字爲爕。抑此物爲□耶？第七卷七頁，十四頁，五卷三十八頁。一則爲火炬，一則爲酒杓。從其形式上，余疑此物爲執炬之手與火熱之油，或他液體。中間貯空氣之盞也。余復寄上銅骨器之影片，亦信爲殷墟之物。此余疑爲旗桿上金屬之部，在□、□、□等字中皆有之。□旁一小銅鈎似無用，亦無意義，除非假小旗形□仿繪其上。余常疑□字爲□。□在銅器上都作□，但往往又作□。濾伯敦、□父丁斝、□番君鬲，又在甲骨文字中往往可讀爲『作』，例如『□』，『□』，『□』

[illegible]』。在七卷三十八頁復有『[illegible]』。『[illegible]』字是否爲同一之字，在『[illegible]』『[illegible]』四卷十頁等處似合。在王襄書有兩句，頗可研究。簠室殷墟徵文地望四七有『[illegible]』與『[illegible]』，『[illegible]』『[illegible]』二字屢見，與《盤庚》中『于兹新邑』『懷兹新邑』屢見疑有關係。在《康誥》又有『作新大邑』句。凡此皆與[illegible]洹字相連。洹爲 An yang 之河，即繞殷故都之河流，則盤庚時或盤庚後某王之築都城。此等皆可爲參考之資料，先生以爲如何？

再，余作此書蓋特欲索先生在清華所講之講義。此種講義他處可得否？乞告。最近見中國科學文藝雜誌揭曉先生講學之大綱，種種學程均余平時對之極有興趣者，其中尤有興趣者爲：一、《書經章句》助動詞之比較研究；二、《詩經》單詞複詞研究；三、中國古禮祭祀考；四、《説文》部首研究；五、金石上所見地名考。此數種均余極喜研究者。余不能至清華在先生班上執弟子禮，實爲遺事。千萬乞告從何處可窺見先生之講義，至爲感禱。

末學弟子明義士敬上

再，吴先生宓處亦已去一函乞先生講稿。

CANADIAN PRESBYTERIAN MISSION,
NORTH HONAN, CHINA.

4.

REV. JAMES M. MENZIES, B.A.Sc., B.D. CHANGTEHO,

Is this the object pictured in the bones [illegible] This character occurs Vol 5. page 33. of Mr Lo's first collection. He interprets the ▽ as a 炬 The character he interprets 燮
Or is the object [illegible] Vol 7 page 7, page 14, Vol 5 page 38. The one is associated with a "torch" of fire the other with "ladelled wine". I should say that the construction of the vessel would seem to me to point to an air chamber between the hot burning oil or whatever was in it and the hand holding the torch.

I am also sending a drawing of an object of bronze and bone which I believe to be from the "Waste of Yin". It appears to me to be the metal point of a "colour staff" which carried the banner. It appears in the characters [illegible] [illegible] [illegible] etc. [illegible] The bit of bronze projecting at the side seems to have no use or meaning unless it is a false pennant pictured there [illegible]

I have been wondering about the character 㞢 which has always seemed to me the character 乍 which on the bronzes is generally 乍 but often occurs as 乍 遽伯敦 㞢 父丁斝 㞢 番君鬲 while the sentences on the bones seem all to give

繆荃孫（四通）

一

静安仁兄有道：

前奉手畢，并大著《蜀道難》一篇，酣暢淋漓，壓倒元白。適同人追悼匋齋，粘之壁間，樊山、石甫無不五體投地。弟只有一聯呈教。心海赴東陵叩謁德宗梓宫。昨仲綱到津，方知歸元尚未歸骨，專舊弁往資州，自至宜昌迎之。至珍藏之兩《石經》、三《華山》、兩《劉熊》《西樓貼》等到東洋否，鄂、滬均未出現。島田近在何處？所得元刻曲子可得見。授經東渡，羅香泉同行，能多寫未見書，亦是快事。東人能影能刻者尚有幾何，《古逸叢書》之風恐亦不得攀矣。朱古微在蘇州刻巾箱本詞，亦極精，可見尚未絶種。滬肆則不可問。舍親惲次遠在金陵刻書二册，先提板到滬印書，去洋紙、洋封面、洋絨，費事極矣，一笑。此上，敬請著安百益。

弟荃孫再拜

并候未組先生。前日一緘收到否？

荃挽聯：『悲哉蜀道難，石棧天梯，何人爲負文山首；盛矣耆英會，雲車風馬，下降仍觀松雪圖。』

仲綱正專人赴資尋埋首處。

二

即事

重睹升平五十年，欃槍驀地遍垓埏。信傳上谷馳鋃鶺，風急臺城墮紙鳶。攘臂愚氓團白甲，傷心妖讖改黄天。眼前多少蒼生泪，化作長河灌百川。

巧削〔一〕民脂募列營，誰知轉眼即翻城。達官但解騎猪竄，同輩猶聞走狗烹。同黨自相殘殺。

〔一〕原信『巧削』前有『浪擲』。

已結王環飛棹隊，漸通周寶後樓兵。棘門灞上真兒戲，都作狺狺反噬聲。

紛紛債帥盡登壇，廣輦金錢結衆歡。齊虜得官憑口舌，庸奴報國少心肝。大言不覺千夫辟，債事方知一死難。不降歐刀伸祖制，誰能隻手挽狂瀾。

詔徵豪傑濟時艱，淇水蘇門咫尺間。薄海歡呼安石起，强鄰屬望令公還。私心早已彰行路，大寶何堪付老奸。延壽重榮陳迹在，莫留遺恨到殷頑。

静庵仁兄教正。

荃孫初草，十九日

世事茫茫不可期，無端狼狽互扶持。投戈不問三軍泣，騰檄能教九鼎移。天象招摇占太史，家居撞壞惱孅兒。掃清六合談何易，静聽周王《大誓》辭。

朝野歡呼慶息烽，唐虞禪讓又重逢。代言已付劉京叔，勸進偏多阮嗣宗。莽莽河山空逐鹿，紛紛冠蓋競從龍。讕言甘受商於紿，忘（郤）［却］君恩十葉醲。

宣撫西南付重臣，可憐遍地盡黄巾。已開豻狴寛凶黨，更倚豺狼作護身。玉壘錦江都減色，瑶籤寶笈亦成塵。不降不走甘投死，大節觥觥只一人。

一軍夜半脱巾呼，駭象奔鯨遍四隅。縱寇豈能寬趙範，多財畢竟累齊奴。燭天烽火驚宫闕，列隊弓刀塞道塗。浩劫再逢剛一紀，令人肆口説遷都。

《咏史》又四律，再呈静庵道兄。

荃孫初草

三

讀《蜀石經》

少日從容注禮書，鄭君受業扶風時，已爲《三禮》學。暮年寫定在精廬。集思廣益人難及，采到烏程草木疏。鄭君卒於建安五年，距孫吴建國二十六年，元恪之書或成於少時，而鄭君得見之耶？

襄二春秋一卷全，全編起訖想當年。不知毋氏家財造，《文選》開雕孰後先？

補刻田侯善校訛，蜀唐諱字漸消磨。廿篇北宋《公羊傳》，我比河間見較多。

殘拓猶遺十九行，《穀梁》字體最飛揚。紙邊『廿四』分明認，石數由來記最詳。《穀梁》石邊有『廿四』二字，是記石數，前人無言及者，大約每紙皆有，翦裝時割弃耳。

荃孫近稿

四

靜庵仁兄大人閣下：

前奉手書，并讀太后挽辭，佩服之至。用典切實，用筆高華，與虞山《弔瞿稼軒》百均媲美矣。暇日讀經，必有撰著。前與菊生撰《詞曲源流考》，新名忘却，五字杜撰。想已交卷，未知已印行否？弟亦借秋枚《古學》催趕筆記，順治、康熙兩朝粗了，將來尚要補綴，易名另行，非持疢不能持久也。弟今年爲劉、張二君刻叢書，盛杏公又約撰編書目，刻無暇晷。樊山、子培邀入詩社，每月一二次，友朋之樂極歡。其奈枯腸搜索，不成樵唱。社中詩以子培、吴絅齋爲最，餘皆與弟等耳。樊山挽詞太艷，子培佳。弟以爲亡國遺恨與太平時不同，讀大作，方覺與鄙意吻合。草稿呈教，才短可憐。《古學》四期已出，日本尚有人看否？我輩苦心，日本人或知之，新黨便不知也。此復，敬請著安百益。

弟繆荃孫頓首，廿四日

木郇得善（一通）

避秦東海一仙區，又遇春風有感無？國運盛衰真命也，人生榮辱亦時乎。若非博雅曼公戴，即是高才舜水朱。茅屋邀君聊淺酌，瓶梅花底話江湖。

席上賦呈静安先生，儆請兩政。

木郇得善再拜

内藤虎次郎（二通）

一

静安先生大雅：

不相聞久矣。春間所賜大著，一再捧讀，多聞所未聞，獲益實大。弟游歐之役，頃方成裝，以七月六日上舟矣。臨發，豹軒博士有見送七律二首，君山、雨山諸友皆有和章，弟亦漫成二律。今謹呈覽，不知吾兄亦可賜和否？但弟不願吾兄拘於豹公原韵，只能爲弟作五七言長古一篇以壯行色，至禱至禱。釋印一篇附上，亦係倚裝率作，幸删正之。從此數月，雲濤萬里，通問惟艱，專希爲道保重。

弟虎頓首

七月九日在『伏見丸』舟中作此，明日當入滬付郵。弟本年内在英、法兩都，若能賜函，請寄倫敦日本大使館轉交弟可也。

不願神仙卧白雲，平生樸學愧方聞。争傳鹽澤墟中牘，快睹沙州石室文。三保星槎通貢利，八觀輪迹慨瓜分。歸來四庫重編日，欲把黄金鑄升君。

將赴歐洲，留别諸友，用豹軒博士見送詩韵。

征颿直破海天雲，日没犁鞬素所聞。縞紵曾欽僑札贈，源流要討向歆文。北望華蓋星躔粲，西極崑崙河水分。覘國元知非我事，期懷鉛槧報明君。

豹軒博士疊韵見示，再賡其韵。

虎

二

運兮茫茫自古今，枉從黄卷費研尋。萬邦此日同更始，四海三年遏八音。西極梯航思浦賀，美艦始來浦賀係癸丑年事。南朝風雅記山陰。且陪名士飲醇酒，可把長歌寄寸心。

內藤虎

溥儒（一通）

靜盦仁兄有道：

秋高景明，水木澄闊。九日園中置酒賦詩，若有清暇，乞辱臨，幸甚。

溥儒謹啓

北澗水入桑乾，時久雨泛濫，陰失經也

澗水捲山木，勢挾秋雨來。鬱鬱盤列風，陰氣凝不開。千崖争迴旋，喧豗如奔雷。合流驅巨川，一氣安可回。横衝蠮螉塞，直下燕王臺。白波蕩平土，蛟室何崔嵬。蒼茫破寒壩，連空白皚皚。天心亦何極，念此生民哀。

塞上馬二首

朔風吹邊馬，慘澹起拳毛。落日平沙中，獵獵悲風高。野曠莽無際，部伍夜度遼。運籌歸九重，天子亦瘁勞。昔日長安亂，駿骨栖蓬蒿。日暮烏啄瘡，蹄病安能逃。平原沙草寒，獨立鳴蕭蕭。

驊騮騁長路，悲鳴秋草黄。何年弃沙礫，雪斷青絲繮。天真度遼海，一戰禽名王。殺人重有礼，安在多夷傷。潼關忽破陷，虜騎方驕强。公侯别官舍，奔竄羽林郎。白骨縈蔓草，簡書馳道旁。胡兒控角弓，鞭撻求騰驤。五花盡憔悴，仰秣心蒼皇。蕭蕭代風鳴，回首思故鄉。

故園

亂後山河改，荒園萬木中。到家如逆旅，客泪散秋風。落月空梁白，寒花折檻紅。歸來對松竹，凋謝意無窮。

平原道中

郭行連岱嶽，山色俯青齊。瘦馬嘶邊雨，黄河遶大隄。野人收苜蓿，健婦把鋤犁。井里無炊火，終年斷鼓鼙。

九日

九日園中會，西風祇獨寒。登高望秋雨，霜葉未曾看。薜荔隨孤杖，茱萸挂小冠。關山感戎馬，東去路漫漫。

送客入秦

渭水東流入亂山，秦兵捲甲一時還。灞陵夜宿無人識，木落秋高出武關。

短歌行

燕山白頭老邊客，陰風冥冥朔寒塞。夜凉華蓋白城低，延秋門上無秋色。絶寒蒼茫兵火中，改邑傾城日蕭索。幾時狐兔成窟穴，庭廢烟荒草空碧。先帝宿街散霓旌，歸來貧痛非疇昔。自言彎弓入朔方，躍馬關山雪盈尺。今從燕市酒人居，潛行乞食無人識。城頭日暮紙鳥飛，城下遺民泪霑臆。

寄郭處士

近聞郭有道，高隱定如何。湘水思無極，湘雲愁更多。吟詩存甲子，晞髮對山河。我欲從君去，衡門向薜蘿。

寄龍子恕先生

先生南國彦，秋水帶衡門。晞髮秦民老，傳經漢道存。風霜臣節古，天地布衣尊。萬苑鷩君在，妻孥寄一村。

溥儒呈稿

耆齡（一通）

獨立圖敬乞題句，摺扇請書大作，拜禱拜禱。

靜安仁兄，弟耆齡頓首

橋川時雄（一通）

靜翁夫子大人座前：

叨侍文几，倍承清誨，不弃駘駑，感也奚如。日前晋謁崇階，聆教三次，曾奉聞大連滿鐵圖書館漢籍主任松崎鶴雄氏夙欽先生學德，久欲一瞻風采。今也該氏來京有日，所事已畢，亟擬恭候台端，親承教益。敢望先生不弃，示以賜見時期，以便偕與趨候。生屢擾左右，不勝惶恐，緣松崎氏乃敝國罕見之篤學者，情不能已，故敢冒瀆，尚希諒之是幸。此啓，并頌台綏。

弟時雄頓首

容庚（七通）

一

静安先生左右：

奉手示訂正拙稿之誤，至謝。查封泥中皆云『□□里坿城』，無作『□里附城』者。則十七簡之『掌尹官威臧里附城爵訢名』，蓋無可疑。推之十六簡，則『掌大尹官播威德子爵』，雖以『播威德』三字爲美名，不爲無據。庚前以《莽傳》封陳饒爲威德子，故以播爲人名，細思『大尹』之上加一『掌』字，與『威德子』之上加一『播』字，文義正同。則『威德子』即『播威德子』也。此復，敬頌新禧。

後學容庚再拜，正月四日

二

靜安先生左右：

前函寄後，檢『醴』字，觴仲多壺作『』，與戰狄鐘『』字偏旁相似。師遽尊作『』，與宅敦『』字相似。『豐』與『豊』聲韵不同，無爲一字之理，何其形之相類也？右戲仲□父作『鬲』，與鄭楙叔賓父作『壺』文句正同，『』當釋醴。前函倉卒，深悔孟浪，奉復書，謹此奉告。敬頌撰安，不宣。

後學容庚頓首，十月十五日

三

靜安先生左右：

前托斐雲兄送呈新莽嘉量影本，想達左右。其尺寸大小詳載《西清古鑒》中。馬叔平先生曾仿製一莽量尺，其容積尚未測定。庚下月底南歸，道經上海，欲訪王雪丞先生，一觀方謙受《綴遺齋彝器款識考釋》稿本。方氏考釋商器不無傅會，其所著録亦間有贋品，然此爲清代金石家通病。至於獨到之處，徐、劉諸人未能或先，攻苦數十年，似不宜聽其湮没。敢請左右作書紹介，俾見王氏商量印行，幸甚。此頌著安，不儩。

後學容庚再拜，十一月廿九日

四

静安先生左右：

釋『盨』爲簋，自宋以來，幾爲定論。究何所據，不能無疑。《説文》卷五『皿』部『盨』：『檳盨，負載器也，從皿，須聲。』『盨』字雖不見于經傳，而獨出于《説文》，與金文正合，亦可見許氏傳古之功。則『盨』正是盨，而不當釋簋也。黄仲弢釋『𣪕』爲簋，其説甚辨。查金文『𣪕』字凡數十見，或從『皀』，或從食，其意相同。獨陳侯因𬁣敦作『錞』，黄氏謂器以三環爲小足，二環爲耳，與今所見之毁絶無一同。齊侯膳𦎫作『[illegible]』，形與匜同。陳猷釜有

『』字，審其文義，似非器名。陳侯午敦作『』，齊侯敦銘十二字。作『』，此二器未知何狀。『毀』之宜釋『簋』或『』，幸先生正定之也。《説文》卷三『殳』部『』字，形與金文正同，或《經典》誤釋『毀』作『敦』。『』象用手持勺，以薦馨香，訓揉屈非本意。從殳則字形之小訛，簋或爲毀後起字耳。『簠』亦爲『匿』後起字。《左·哀十一年》傳胡簋之事，《韓敕碑》胡輦器用字皆作『胡』。昔人謂『胡』爲『』之訛，似尚可信。庚編金文，每字皆經腦海中盤旋而出，心所未安。雖服膺之師友，亦不敢苟同。然學力未充，謬誤多有。道吾過者是吾師，所望於先生者。如黄仲弢之跋《〈説文〉古籀補》，尊見所及，幸賜質言。苟有所知，無憚改作也。肅此，敬頌道安，不宣。

後學容庚頓首，十二月十九日

五

靜安先生左右：

金文中圖象文字，寓意至緐。如『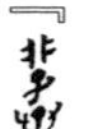』，先生謂象大人抱子置諸几側之形。舊釋『析子

孫』三字，固非，即『□』『□』諸文，皆所以旌武功。『□』象陳豕于屋下而祭，釋戈游及家，函義較狹，不如原義之廣，亦未爲得也。庚欲將拙著《金文編》中之圖象文字皆改入附録，略著其義，先生於意云何？再，庚欲作《金文中所見國名地名考》一篇。地理之學未嘗學問，賜示書目，俾資參考，幸甚幸甚。此請撰安，不儩。

後學容庚頓首，一月四日

六

静安先生左右：

奉覆書，敬謝指示。古器物銘通釋，庚嘗有意爲之，與羅先生商定：一《釋器》，二《釋國》，三《釋地》，四《釋人》，五《釋官氏》，六《釋禮制》，七《釋文字》。惟《禮制》一篇最難，雖有大著《殷周制度論》《明堂寢廟通考》諸篇可資采録，猶不敢輕率從事。故先擬從《釋國》《釋地》二篇入手，然取材於先生者正多也。《春秋》陳、蔡常并稱，陳國在今河南舊開封府以東，蔡國在今河南汝南上蔡、新蔡等地。彝器常出于河南，何獨有陳而無蔡？《三字石經》

『蔡』古文作『』，竊疑金文中釋『龙』字之『』即『蔡』字，侯即蔡侯，姬、姑即蔡姬、蔡姑。惜不知此數器是否出于蔡地，無從左證耳。專此，敬頌著安。

後學容庚頓首，一月九日

七

静安先生左右：

近欲作《金文虚助辭舉例》一篇，比較金文文法，迺知金文中『迺』『乃』二字絶不相混。迺，於是也；乃，汝之也。漢以後始以『迺』爲『乃』之古文。凡經傳中之『迺』字多混作『乃』，如《書·堯典》『乃命羲和』，《漢書·律曆志》仍作『迺』；《詩·公劉》『迺積迺倉』，《孟子》所引改作『乃』。而『乃』字亦有混作『迺』者，如《晏子春秋·外篇》『非迺子耶』，是金文無有也。且訓詁亦有誤釋者。《書·舜典》：『詢事考言，乃言厎可績。』『乃』當訓於是，而《傳》則訓汝。《爾雅》：『迺，乃也。』即此一字，可證其爲漢人之書，而非周公若孔子弟子所作矣。又《康誥》：『子弗祗服厥父事，大傷厥考心。于父不能字厥子，乃疾厥子。于弟弗念天顯，乃弗克恭厥兄。兄亦不念鞠子哀，大不友于弟。』『于』字疑皆『厥』字之誤。金文『厥』作，與『于』相近，故《傳》易相混。《傳》謂：『於爲人父，於爲人弟。』固失之。王引之《經傳釋詞》云：『言子之不孝，與父之不慈，與弟之不恭，兄之不友。』亦未爲得。若改作『厥』，則文從字順，無不可通也。《論語》『爲』改『惟』，『孝友于兄弟』亦然。惟《康誥》一文，何以有誤有不誤，亦一疑問。又『乃』金文作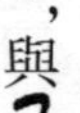，與亦相似，故經傳亦有誤『厥』爲『乃』者。如《書·無逸》『乃非民攸訓』，證以毛公鼎『厥非先告父厝』，『乃』當是『厥』。而《書·君奭》『迪惟前人光』，證以毛公鼎『迺唯是喪我國』，迪當是『迺』。質之先生，以爲何如？《國學季刊》第二卷第一期欲出一考古學專號，羅先生已有題跋數篇，命庚趨謁台端，欲得大作，以爲光寵。何時在寓，敬乞示復。此頌著安，不備。

後學容庚叩頭，二月初六日

商承祚（一通）

静安姻丈大人尊前敬肅者：

久違道範，無任依馳，敬維康强逢吉爲頌。侄客臘南歸，本擬開春往滬，親聆訓誨，猥以俗事，遂爾不果。正月中旬，已遄返津門，未嘗不神馳左右也。雪堂師去冬自滬歸來，云侄所輯《殷文類編》已代求序于長者，幸蒙俯允。雕蟲小技，或者得藉品題以重聲光，足徵長者獎勵後生，不惜咳唾，百拜感謝。此書削青已漸次工竣，計端節前必可出書。都下手民能刻篆文只數人，故剞劂較遲耳。序文能早賜下，尤所殷盼。兹將刻成者印出二紙，郵呈鈞覽，不審尚可用否？專肅，敬叩崇安。

姻愚侄商承祚謹頓首，正月廿九

神田喜一郎（九通）

一

静安先生道席：

久不奉大教，飢渴殊深。前日側聞台駕抵燕京，伏惟著祺增重，台候勝常爲祝。敝邦地大震，人心恟恟，實屬未曾有之事，但京都以海宇奥區，幸得平安，尤可欣慰也。兹將近刊《支那學雜誌》一册寄上左右，倘得電覽爲荷，伏願先生不遐弃此片片小册。倘惠賜大作，以光耀簡編，感荷之忱，何可言宣。溽暑既徂，秋氣稍爽，伏請撰安，不宣。

信暢再拜，陽九月十二日

二

静安先生道席：

久不奉大教，飢渴之情，莫可言宣。每憶鴻儀，念切葵日。近維文祉凝庥，台候勝常，爲祝爲祝。敝師内藤湖南博士，以慶應丙寅歲即同治五年。生，則明年將到華甲之壽。於是諸同人胥謀，近日設立内藤博士華甲紀念會，擬定左記各件：

一、懇願博士知友數十人，各將其近作學術研究論文一篇，捐諸紀念會。

一、紀念會將諸家所惠論文，薈萃排纂，以付排印，奉獻博士，兼寄呈海内外有名之學校圖書館。

一、諸家捐論文，以陽曆本年十月十五日爲限。

一、論文以研究學術者爲可，壽詩、壽序之類，則不歡迎。論文題目及長短，并隨作者之便。論文不須含頌壽之意。

伏惟先生與博士有舊，蓋非一日。願諒此意以見惠大作一篇，則不獨紀念會之幸，内藤博士之喜可知也。信暢特代紀念會同人專此奉懇，敬請著安，不宣。

神田信暢頓首，陽七月十六

三

静庵先生道席：

頃奉賜函，捧讀之下，伏承著祺增重，台候勝常，曷勝忭慶。信暢日前所懇湖南博士華甲祝賀紀念論文，幸見惠大作《虎思斡耳朵考》，感荷之忱，莫可言宣。擬明年一月印之，以呈湖南先生。想先生之喜，不惟獲百朋也。排印之成，亦當呈承一本，閣下伏請竢其日是荷。信暢近日作《永樂大典考》一篇，粗叙《大典》纂修之始末與傳來之緣起，亦擬敬呈湖南先生也。但信暢以寡聞淺見，疑竇百出，不能决者極多。亦以敝邦乏書，自不免考證之粗。别録其疑竇數事，以呈座右。倘先生憐信暢之陋，賜以大教，感荷莫任。北地寒早，伏請加餐珍攝是禱。謹泐數行，敬請鈞安，不宣。

神田信暢再拜頓首，陽十月十七

追申：去歲湖南先生游歐洲，信暢詩以送別，乃録别紙敬供電覽。倘蒙批正，幸也。

鄙人住址爲：日本京都市室町，今出川北，非出町。特兹注明，幸勿致誤。

七月廿日麗澤社同人會於鴨涯旗亭，奉送内藤湖南先生將游歐洲，席上漫賦小詩六首，聊以代餞：

松漠殘墟幾度過，當年意氣未蹉跎。星槎忽向歐洲去，剪破滄溟萬里波。

英京庋閣法京儲，萬軸琳瑯輕石渠。莫向此中忘歲月，淹留竟作武陵漁。

鑒别九流中壘班，人言淵博壓河間。將期四庫重編日，千萬奇書載得還。

聞嘗絶域輦負珉，六代雕鎸尤可珍。重拓沮渠殘石字，洹陽以後復何人。

海外嫏嬛嘷藝林，賞心名迹好相尋。虎頭妙畫推神品，一卷惟傳《女史箴》。

觀風采樂向天涯，嗟我此行難得隨。酒醒離亭殘雨暮，臨風還唱柳枝詞。

神田信暢再拜

敬請静安先生郢正。

四

静庵先生道席：

日前奉賜函，雒誦之下，伏承文祉增祥，著祺殊隆，曷勝忭慶。所蒙下問那珂博士《成吉斯汗實録》，係貳拾年前之出版，現時版既毁，是以頗爲罕觀。敝地書林無見一本，則鄙人既托人搜索東京書坊，想近日必得一本，郵致座右可期也，幸竢數日爲荷。大作《鞑靼考》刊成之日，伏請惠頒一本，先睹之快，恐有不可言宣者也。鄙人近日偶讀顧氏《日知録》，其卷十三有『名教』一條，引後魏宣武帝延昌四年詔，有『遠傍惠康，近準玄晏』之語。『玄晏』是爲皇甫謐，但惠康未詳何人，倘賜大教，幸甚。專兹乎此，謹請文安。

神田信暢頓首，陽四月初二

五

静庵先生道席：

向辱賜函，捧讀之下，伏承台候清勝，欣慰之至。且日前所仰教示後魏延昌四年詔『遠傍惠康』之語，忽賜明解，宿疑涣然冰釋，其快莫可言宣，至感至謝。弟去月以來，在東京蓋以任祕閣典校官也。是以弟日夜寢饋宋梨元棗之中，人間快事殆無過之。曩所承下問那珂博士《成吉斯汗實録》，自移居東京，百方搜索，遂獲一本，則别函送上，伏祈台收爲荷。謹兹肅泐，恭請文安。

信暢再拜，六月廿

追申：爾後通信，伏請賜左記之處：東京市 宫内省圖書寮。

六

靜安先生道席：

日前奉手教，并見惠大作《韃靼考》，雒頌迴環，敬佩曷已。《成吉斯汗實録》日前奉寄，想既蒙台收了。弟近日在祕閣發見舊鈔耶律文正《西游録》一册，其文與《庶齋老學叢談》所載者大異，蓋爲文正原本矣。卷末有『燕京中書侍郎宅刊行』一行，因知其爲自宋槧謄寫者。弟將排印公世，印出之日，當敬呈一本座右也。近日弟所懷抱疑蘊頗多，兹録其二三，倘賜教示，感荷無已。

一、明永樂中，李暹、陳誠二人屢奉命使西域。陳誠有《使西域記》之作，《明史·藝文志》著録爲三卷，然弟所見《學海類編》本爲一卷，卷數不同。蓋《學海類編》本係抄本，殆非完全。《明一統志》『撒馬兒罕』條引陳誠之書，其文不見于《學海》本，倍信《學海》本非完璧。弟是以搜索其完本，吴氏《拜經樓藏書記》獨録三卷本，是必完本，不知此本今日存否？

二、明洪武十八年，太祖製《大誥》一卷，以頒示民人，尋有《大誥續編》《三編》。其文往往見《會典》，不知全文載何書？伏請明示。

三、明清之書，往往有其封面署『本衙藏板』四字者，不知是何意？

自弟奉職祕閣以來，暇時將宋槧《通典》《太平御覽》二書二書皆見於島田《古文舊書考》。校通行諸本，異文可資考鏡者重見疊出，真不遑摟指。將撰校記數册，以餉世之讀二書者。伏請先生不我遐弃，幸助其業，何勝切望。炎熱如燬，伏禱加餐珍攝，不一。

信暢再拜，陽七月念一

七

静安先生道席：

屢奉尊札，敬誦再四。先生不以信暢之鄙陋，每賜教言，以匡不逮，使信暢有躬侍皋比之想。先生寬厚之度，不任感激之至。臨風仰企，葵心愈切。大作《蒙古史料校注》四種，考據精確，創獲疊見，洵爲不朽之盛事。此書并蒙惠貺，感荷之忱，莫可言宣。《聖武親征録》敝邦那珂通世博士曩有校注之作，視何願船、李仲約之書頗加增益。今拜讀大作，如未見那珂氏之書，不知然否？此書曩有刊本，現時頗爲不易獲，將來倘見待價之本，則當購獲拜呈也。《黑韃事略》尤爲難讀，敝邦有箭内博士尤用力於刼特掌故，亦有《〈黑韃事略〉校注》之作。去歲博士歸道山，其書未至刊行，爲可憾矣。大作屢言及『乣軍』，敝邦史家近日研究此事者有數人，於『乣』字原義尤致衆説紛紛，未見解決，不知高見如何？『乣』字古籍無所見，至《遼史》始有之，其音爲何？其義爲何？明太祖《大誥》正續二編，伏願現時爲信暢謄寫一本，感荷無已，至謝至謝。耶律文正《西游録》足本現在排印中，不日印出，不必弥久。印出之日，速敬呈座右不誤，幸祈曲諒是荷。蔣氏密韵樓之書，聞近日歸商務印書館。前年信暢在滬之時，屢由先生到其家，萬卷琳琅，猶髣髴于耳目之間，而今歸他家，聞之凄然，感慨不已耳。雪堂先生近狀如何？信暢久不通信，頗以爲意也。謹泐數行肅復，伏請撰安，不戬。

信暢頓首，陽九月初六

八

静安先生道席：

曩奉賜函，拜誦之下，何圖忽承令郎君之訃，哀痛曷已。去歲所仰高教，洪武《大誥》特蒙惠贈，弟喜出望外，感謝之忱，莫可言宣，至感至謝。但其寫字所費爲幾何？伏請隨便示之爲荷。尊跋捧讀數次，深服考證之精。《武臣大誥》行以俗語，可以考見當時口語爲如何。則此書可寶，不唯爲法制史料，爲貴國口語史料亦有絶大價值。弟行當研鑽其文義，發表一研究論文，以仰大教也。耶律文正《西游録》，排印纔了，但以弟跋文未成，現未至發表，大抵來月上旬恐竣此役也。兹有樣本一葉附呈，伏請竢數日爲荷。别函呈上六槧《全相平話》景本，原本乃敝國内閣文庫所藏，亦可以爲元時口語史料也。弟前月以來，以事歸洛，昨再抵東京，始得捧誦賜函。急泐數行，聊以言謝，恭請文安。

弟信暢再拜頓首，陽二月十五

九

静安先生有道：

日前奉鈞函，雒誦環迴。伏承德躬清健，台候勝常，欣慰曷已。弟前月以末，以家嚴之病稍篤，賜暇在於京都私邸，竟不遑奉覆。稽緩之罪，伏禱曲諒爲荷。《西游録》一書排印竣功，以及累高明，幸莫吝垂教爲荷。弟近日有《陳誠奉使西域考略》一篇，現在排印。排印竣功，亦當仰教也。謹泐數行，并請文安。

則别包奉呈五部，以請惠存耳。排印本尾有鄙跋，匆卒操翰，或恐文義晦澀，考證亦疏略，

神田喜一郎再拜，陽五月十三日

沈紘（一通）

静安吾兄惠鑒：

承寄一函兩片，同時收到。行篋無詩詞一本，課餘岑寂，得讀古人名作而喜矣。况尊作意境爲古人所未有，重以手録親緘、百驛而致者乎？上次賜書并《人間詞甲稿》，早經祇領。憶曾即日作復，此函未達，則爲書郵所誤矣。此次裁答稽遲，因臨考稍忙之故。今考已過，其校生除呈明緩考外，逐人面試二次，故考期綿亘一月，取者爲三分之一，亦足見考格之寬也。叔韞先生諒已回京。表已修好，擬仍托丁君帶歸。趙頌南現在海牙充專使隨員，以後大爲可派，爲和館二等譯譯官。餘容續布。敬請禮安。

弟紘頓首，六月六日

沈兼士(三通)

一

靜安先生大鑒：

昨讀致叔平先生書,敬悉壹切。大著《五代監本考》收到,謝謝,當由本期《國學季刊》登出。兹檢上研究所國學門章程四紙,由叔平先生轉寄,祈察入爲荷。北京教育經費風潮現在已將告一段落,陽十月初當可開學。先生如有研究題目須提出者,請便擲下,不勝盼禱之至。敬候撰安。

沈兼士謹上

二

静庵先生左右：

前此研究所中各事，多由叔平兄轉達，致久未通訊，歉悚歉悚。昨叔平兄由滬回京，藉承起居佳勝，著述日增，忻慰之至。并由叔平兄轉述，先生今年滬事稍閑，或能來京一游，聞之不勝歡喜。尚望將豫定北上之期便中示及，用慰同人欽遲之意。北大蔡鶴廎先生雖暫離校，校務仍由各部主任負責維持。《國學季刊》第二期本月中旬可以出版，惟同人學問淺薄，尚懇先生不弃，隨時指導。第三期中尤盼能以大作賜登，俾增聲價，不知先生肯諒而允之否？孟蘋先生所刊尊集何時可以出版？沈子培先生遺稿前聞孟劬兄言，已由先生儋任整理，不審何時可以竣事？敬念敬念。尊處前寄交陳援庵兄之稿件已經交去，援庵兄囑弟先爲代達謝意。肅請撰安。

兼士謹拜啓

翰怡先生晤時祈爲致意。前曾寄一信，不知收到否？懇便代問。又啓。

三

静安先生著席：

北京大學研究所國學門同人謹訂於本月九日星期日午後二時，在後門内漢花園本校第一院開會歡迎先生，務祈光臨賜教，不勝欣企之至。敬請撰安。

沈兼士拜啓，六月四日

附：致羅振玉（一通）

雪堂先生侍右：

兹送上《史學雜誌》一册，内有《莫利遜文庫展覽會陳列品目録》，請查閱。敬請晚安。静安先生并候。

兼士拜啓

附：致馬衡（一通）

叔平先生大鑒：

昨承轉到静安先生不受脩金之函，敬悉一一。本校現正組織《國學季刊》，須賴静安先生指導之處正多，又研究所國學門下學年擬懇静安先生提示一二題目，俾研究生通信請業。校中每月致送百金，聊供郵貲而已，不是言束脩也。尚望吾兄婉達此意於静安先生，請其俯答北大同人懽迎之款忱，賜予收納，不勝盼荷。頃晤蔡孑民先生，言及此事，孑民先生主張亦於弟同，并囑吾兄致意于静安先生。專此，復請著安。

弟沈兼士啓

新《國學季刊》行將付印，静安先生如有近作賜登，不勝歡迎之至。又及。

附：致馬幼漁（一通）

幼漁兄鑒：

前承靜安先生面允，代爲修改伊鳳閣博士《西夏國書略説》。兹將原稿送請費神轉交靜安先生。想已移入織染局新居矣。此請著安。

弟沈兼士拜啓，六，廿九

沈焜（一通）

同社静安文學、芷甡太守入直南齋，詩以送别，即希教正。

峨峨天門開，蒲車徵兩賢。窮則共汐社，達則同木天。魯生習禮樂，漢守輕刀犍。各自懔丹衷，啓沃儲皇前。東井耀奎璧，北郊整鞍鞭。祖餞竭罌筍，班生勝登仙。慨今時勢亟，宵旰殷憂煎。九閽伺豺虎，三殿窺鷹鸇。燎火迫眉睫，奚暇求經筵。此行亦殆矣，此志終毅然。陸賈儒生流，而以安漢傳。允文書生耳，大事敢擔肩。斡地即無術，補天或有權。一髮繫千鈞，往哉君勉旃。

癸亥孟夏沈焜拜稿

王國維友朋尺牘

下

尹偉傑 整理

鳳凰出版社

尺海 第一輯 · 主編 丁小明

二

静安先生大鑒：

啓者，結束《通志》，事賴衆擎，責實課功，須有斷限，庶不致仍蹈遷延。致來昨議會，擬自本年九月起，排匀功課，分主分任，按目纂述，務存體要。每月須有成績若干卷，多少隨事實詳略定之。雖難刻求，亦當覈實。憑卷發薪，無卷者，即將應得薪資扣留主處，俟成卷補發。每半年由主任彙齊各卷，公同閲看，以示區别。杭、滬兩處，臨時擇一適宜之處，或住宅，或公所，總期於便。現在應照單分配各事，即請吴、金二公主持，就杭、滬兩處分。再杭委事，已屬林君同莊就近接洽，小事則周君左季任之。專此布達，順請撰安。

愚弟沈曾植頓首，九月一日

三

静安先生尊兄左右：

接奉手書，瞚經再月，屢思作覆，畏難中止。病夫心理不完，大哲學家必能懸照也。晨起神思略清，覆讀來書一過，粗略作答，幸希教示。舊志於前朝事實誠多疏略，然如地理人物補遺則易，經政各門補遺則難。先事圖惟，苦無善法，不知公意若何？姑舉一事言之。如《南齊·陸慧曉傳》中有論西陵牛埭税一事，此於六朝賦税、東州彫敝具有關係。然其沿革頗不易言，其等比又不能具述，僅録舊文而無所闡發，亦不足饜閲者之心。諒公部署必有精思，儻可先示數紙否？若山川諸門，宋元舊志自可據所見者儘量補之，有徵則詳，無徵蓋闕，著之簡端，標爲義例，無不可也。如慮卷帙太繁，則去其與明志同者，更張太甚，似無此慮。列舉六事，所謂讀一省之志不可不知一省之事者，此固讀書之士心所同然。常氏《華陽》早開兹例，粤西前事見許通人，第猶病其兵事偏詳，他端未稱。今擬仿史表例爲大事表，以舉其綱；此間分撰國朝大事表，前事表尚無擔任者。仿紀事本末爲大事録，以詳其目。近代事如浙東義兵、湖州史案之類，前人記載事迹綦詳，非有專篇，不能委備。以古準今，则裘甫、方臘之骚亂，建炎、德祐之播遷，皆以紀事本末體叙之，亦《國語》《越紐》之遺意也。以上月初書。學術源流，非一篇所能該舉，《儒林》《文苑》《理學》諸傳，或叙於前，或論於後，皆足以闡宗述绪，索隱表微。其顯學鉅儒，實有關於一代風氣者，仍集其同氣同聲、門人弟子彙爲專傳，其傳體仿竹汀先生所爲學傳例。鋪陳學術，不厭加詳，如竹垞、梨洲，相如、子雲例。雖專卷不妨。至如紹興古器、復齋收藏、書板書柵，儘可於『雜識』中分類收之。越窑、剡紙、湖筆、紹酒，則叙諸『土物産考叙』之中。其畸零無歸者，仍可歸諸『雜識』。竊意如此等比。吾公心得最多，現在儘可著手爲『雜識』，將來『物産考叙』，仍煩大筆稍加增損，即可入書。公意以爲何如？『風俗』别『四禮』『節物』爲兩事，前後書之。影響於『釋道』附後類，火葬其一也。其特别情形，古事如吃菜事魔，近事金錢會匪之類，别以專篇，在古爲考，在今爲記。不可以少數奸民遽誣全邑。海鹽戲劇，似亦入『雜識』，始得發揮盡致。吾意此『雜識』成，他日乃可單行，程度或與《夢溪筆談》相當，不僅《中吴紀聞》而已。大雅君子，亦有樂於此乎？昨復奉後書，稽慢罪甚。努力書此，殊不盡意。惟盼覆教，幸甚。肅請著安。

曾植頓首，十一月廿七日

四

志稿紬讀一過，明辨精確，即此已增輝《越紐》，再加充拓，益復詳博，欽佩何已。『雜識』分類，雲南《阮志》似已有之，可知吾輩思念所及果當於理，古今自然暗合也。公有目疾，細書過勞，或能傭一書人，由局貼一書記生費，月十二元。如何？肅泐，再請著安。

植頓首，臘前三日

五

承詢字母古學，自唐以後，陳氏《切韵考》已得會通。第六朝與隨唐似不能絶無異同，兩漢與隨唐則顯有異同。凡在後世爲類隔者，在前世皆音和也。《釋名》純是雙聲，且爲音和之雙聲。昔嘗以此證漢與隨唐同異，過此以往，未易可言，然循此以往，亦非必無可言者。公神智濬發，善能創通條理。兹説若何，請教之。

六

紈扇塗壞奉繳，愧愧。昨枉過，適有遠客，未得祗迓，甚思一談，兩管不能并下地爲之也。小詩有拋磚之望。此請靜盦先生著安。

弟植頓首

七

公詩境清澂沈摯，兼而有之，愈改愈佳，此非淺學所能喻也。趙卷荷題，存此節目，亦異時畫史故實。覆上靜盦先生道安。

植

八

購件秘不出名，或恐别生枝節，故仍實告善化。回信奉覽，仍請發還。訂十一往觀何如？希覆。静安先生著安。

植

九

明晚五鐘奉約過敝齋小酌，爲孟劬作餞，務懇早臨，已商强邨。都一之局移至敝齋矣。泐請静安仁兄先生著安。

植

一〇

昨羅世兄來，見有車在門，遽去。不知渠寓何處？甚盼其早或晚來談也。云公有微恙，尤深馳繫。專此，奉候靜盦先生台安。

植

一一

有畫數件，待公審訂，有暇請過我一談。靜庵先生。

寐上

一二

瞿信奉覽，請過我同檢點。静庵先生。

植

一三

昨奉示，因來客不斷，至晚纔得拆讀。叔韞分照價爲二，似有用意，鄙見仍分列爲宜，但去照前單一語可耳。請酌易之。静庵先生。

植

一四

昨奉懇書件，詩或過長，請即代删數語。後款『庶三先生方伯屬題嘉興△』，合否，并希代爲酌定。一山言，前途即晚欲行，告以隨後寄去矣。此請静盦先生大安。

植頓首

一五

頭眩數數，日昨始略愈。今日往訪雪堂何如？公來同行最佳。候示。此請静盦先生台安。

植

一六

有要語，即刻請過我一談。靜庵先生。

植

一七

昨晨忽發寒熱，眩不能起，至晚十鐘乃定。台從偕富岡君來時，正在呻吟時，失迓爲罪，千萬代致不安。奉去書四種，茶、腿二色，希費清風，飭紀轉送。書件容體力復元，稍遲繳上。此請靜安先生道兄著安。

植頓首

一八

雪堂來滬，喜出望外。弟今午甫歸，連日頭眩足弱，頗疑與飲料不净有關也。明日台從能枉過，偕往一訪如何？復請静盦先生仁兄台安。

弟植頓首

書收到。

一九

先集印成，奉承一部，另一包寄奉叔言。詩箋明晨送上，登舟想在明晚也。示覆爲盼。肅請静菴先生著安。

植

二〇

手教并各件均奉。雪堂處希於信中先道謝，另紙繳還。夢後不堪再説矣。静盦先生

午安。

植

二一

昨與宗演談教義綱常忠孝。頗暢。夢殷來信，諄屬擊發内藤，渠自杭歸，能再談否？鄙意請

公先以左語密叩之，另紙。若微有意，即可以鄙意約一密談，似亦一法。請酌。

兩恕

一二二

石刻二種，藉公轉致湖南。扇詩頗有微旨，不知渠能尋繹否？試以意略示之，何如？北語云有動機，桑山一紙，并希代致。静盦先生。

名心叩

沅尗北京住址不能知，故作舍弟信。

一二三

午前有禾客以王江涇所出璧來，請枉駕一觀，或爲鄗作緣如何？尚有石器數品，殆巫臣未至吴前物耶。《七經考》文章歸鄴架。俚句并寫呈索和。即請静盦先生道兄著安。

寐叩

新愁來與舊愁居，今月誰言古月如。亂後束身歸净土，精亡倩友讀奇書。三年淹尚覲朝集，九死心真費懺除。落木無[邊]天不盡，曉乘陽燄覽扶輿。

二四

示敬悉。改詹何日，請公面訂，示知可也。此請静菴先生晚安。

植

二五

昨復泄瀉，困卧一日，駕臨失迓爲悵。《新元史》目録及《西域諸王傳》，乞檢付一讀。此請静安先生仁兄著安。

植頓首

二六

《新元史》二百二十卷一下，請檢借一讀。此請靜盦先生台安。

植頓首。王老爺

二七

薄晚歸來，聞雪堂已返，何其速也。航期恐亦必速，乞示知爲盼。亟思一面。此請靜翁仁兄大人著安。

弟植頓首，廿五日

二八

感冒數日，一汗而愈，甚疲劇也。清詞容細讀。吴卷繳上，上比文、仇，下程丁、陳，亦畫人一大關鍵，達者論之。此請静翁仁兄大人午安。

植

二九

清詞拜讀，公真重光再世，向來總覺《飲水》未是。千年來無此作矣。止此已足獨步一代，不必再多，亦不能再多。卷尾識語尤爲悽絶，幼時授詩，至此數章，輒覺窗前風悲日慘，吾儕淪鋪有前定耶。尊恙未痊，殊爲繫念。報載四方，弟服第一方而愈，似避風、稍服凉散輕劑爲宜。去年歲杪，檢得舊詞二十餘首，録出呈教，不知有可存者否？與公有仙凡之隔，然惟真仙或能度凡人耳。此請静菴先生晚安。

植頓首

三〇

長井江先生以《説文》談漢《易》，今日真绝學也。謹介紹與公一談，病暑不能同謁爲歉。

此請静菴仁兄大人台安。

弟植頓首

三二

寒雨兼旬，霖而不霰，甚奇事也。久未晤教，新著復得幾何？覆雪堂書，請便中附寄。此請静翁仁兄大人著安。

弟植頓首

抑庵大慶如知之，希見告。

三三

叔言寓所乞開示。北風不敢出，晤時希先代候。唐人樂書，不知有可借否？比者思考所得，大都陳氏已得之，從前讀此書，殆如未讀也。此請静盦仁兄大人台安。

植頓首

三三

春寒湮鬱，懷抱不堪。賤辰乃不樂人知，不意無端泄漏。大篇度不敢當，然名理雅意，固所忻迓。名畫則藉光蓬蓽，事過仍當奉歸清閟耳。手泐鳴謝。覆請静庵仁兄大人台安。

弟植頓首

三四

《〈和林三碑〉跋》抄出奉覽，此稿可留尊齋，不必見還。又元碑有《三靈侯碑》，極荒誕，鄙亦曾費考索，不知伯尼君有説否？静盦道兄先生。

植頓首

三五

不晤近一星期，正思馳詢起居，札來，果抱微疴，心靈誠不隔乎？弟昨亦草一《〈穆天子傳〉書後》，録奉教正，不知有可存者否？閲後請教示一二。大作留細讀，或亦繼作。電氣脚墊有用否？此請静盦仁兄大人台安。

植頓首

三六

手教誦悉，小别悵然。鄙近感冒纏綿，涉歷旬餘未解，所謂無藥可醫老者也。火車勞頓心神，亦當善自節養。《回鶻碑》稿，暫留數日，録副繳還。此請静菴仁兄大人台安。

植頓首

叔韞希代候，沽上新齋何名？

三七

靜安先生閣下：

敬啓者，《浙省續志》經一再展限，現距截止之期約九個月。同人從事多年，自應如期結束。尊處所纂『補遺』『考異』各門，務希先期整理，届時彙交敝處，以便勒成全志。其有稿本繁多，需人鈔録之處，乞發人清繕，由局給資。專此奉布，敬請台安。

沈曾植頓首

三八

允假鈔件，專价走領，乞檢付爲荷。此請靜庵先生著安。

植頓首

三九

病暍二日，今晨頭目略清。《訪書餘録》送覽。君楚住處，希告僕人。此請静安先生晨安。

植頓首

四〇

磁器五件送上，請轉呈法家一鑒。爲郎窑[一]價值若干？能消洋莊否？種費清神，統容晤謝。此請静盦仁兄大人台安。

植頓首

〔一〕原件此處衍『爲郎窑』。

四一

手教并瓷五件均收到。覆請静盦先生晨安。

植頓首

四二

蔣卷尚未題，兹先送閲。實録保存，事誠不易，顧則同具，以《四库》、二藏例之。孟劬之言，鄙直贊同，第册數不知若干耳。肅覆静庵先生台安。

植頓首

四三

致叔韞書請附寄。扇面一包，尊處能代寄否？乞示。此請靜盦先生午安。

植頓首

抑安病想全愈矣。

四四

快雪時晴，南風送暖，晨起心神頗爽。書一册收到，《三傳同異》與李鶚相類，頗可思繹。經疏蜀本，殆可定論。此請靜盦先生刻安。

植頓首

四五

叔韞信一緘，敬求附寄。忽忽未能盡意也。静菴先生午安。

植頓首，王大人

四六

客去而時已晏，看帖甚疲，不及趨陪矣。泐上静庵先生。

植頓首。王老爺

送都益處。

附：瞿鴻禨致沈曾植（二通）

一

手教及叔藴兄書，并以示黄夫人，感二公之高誼，足以風厲末俗矣。允售各件，準於明日檢呈尊處。其餘各件，遵須後命，請即轉復爲荷。敬候起居。乙厂道兄坐下。

弟禨頓首

來信奉繳單，留檢續呈。

二

黄氏書畫與羅公已定議者，共十有四件，并原單奉上，乞察收見復。其款亦請由尊處便中轉給可也。此頌乙厂道兄頤安。

弟禨頓首

黄夫人親往返仲昭所兩次始檢齊，亦良苦已。

升允（一通）

靜安老友足下：

年前奉到來函并大集一部，流覽一過，深服精博。善乎君之言曰：『考證之文多，致用之文少。』僕以爲非實有致用之本領者，必不能爲此言。以君之年之才之學，他日必能充實光輝，以補斯集所未備，則尤爲盡善盡美矣。新年又承分惠廉泉，却之不恭，受則滋愧。耳目昏，不能作字，命兒子代書致謝。此候時祉。

升允頓首

狩野直喜（五通）

一

靜安先生有道：

客歲奉别後，未能修書問候，抱歉何似。敬審道履安泰，爲慰爲頌。爰接華翰，并荷惠貺大著三種，謝甚謝甚。直喜尤短於史學，安足評先生之書，但覺辨晰疑似，補正脱漏，考據之密，遠出洪、李諸人上矣，莫任佩服。已將别册轉致湖南矣。桑原刻下養病於大學醫院，擬待其少閑，傳達雅意。彼病與湖南前年所患同，但較輕，醫言内科已足，不必施手術，願勿勞尊懷耳。兹敬表謝忱，順頌道安，伏惟亮照，不備。

弟狩野直喜頓首，九月二十日

二

静安先生有道：

久失問候，殊違素懷。春間荷貺大著《觀堂集林》一部，莫名感佩。原擬奉書伸謝意，遲稽至今，負罪多矣。詎再接雲箋，感甚愧甚。敬審比來道履康和，爲慰爲頌。承《論語皇疏》原本自序與《集解》序并在卷一之首，及《論語義疏》第一一行乃後人所加，自是不易之論，應函致尊意，使再板之日乃行改正也，謝謝。鳳孫先生年望八旬，著書不倦，有衛武之風，欽仰殊甚。乞執事相會之日代致鄙意，以爲至荷。湖南教授以月之初六發往歐美諸國，想明年春間回來，行篋中多齎英法圖書館所藏中國舊鈔照片矣。專覆鳴謝，敬請道安，不宣。

弟狩野直喜頓首，七月念九

三

静安先生有道：

昨裁鄙札，奉送左右，想已賜覽矣。雪翁書喜今日得之於敝學書架内，蓋校隸不慎偶忘轉達之所致，伏祈莫以爲念。專肅，即乞道安，伏惟照亮，不備。

狩野直喜頓首，十二月十七

四

静安先生有道：

睽違多年，馳神孔亟，重逢握臂，足慰渴想，幸甚幸甚。此次文化會議議論紛紛，果如弟所料，不甚高興，但至津見雪翁，至京見先生，聊足以自償耳。近聞北方戰禍亦起，爲之憂念。張顛、馮蹶於弟，風馬牛而已，即爲世道人心謀，張勝猶可，馮勝斷不可。前車之覆似宜儆戒，何如何如。弟回國後，公私紛冗，未能奉書左右，恐悚殊甚，幸勿深咎。專上，順請撰安，伏惟亮察，不備。

狩野直喜頓首，十一月念三

敬領漢魏石經拓本，謝謝。聞洛陽新出漢石經數片，未知真否？即并奉教。

喜又白

五

靜安先生有道：

茲接手教，敬審貴國皇帝出宫至潛邸，旋移入敝國公使館，由芳澤公使多方防衛，得以無事，莫任慶賀。此次奇變實非意料所及，凡大逆之徒即外人如弟等者猶欲得而甘心，何如貴國人以爲當然之事而不怪也？人心風俗之變，可發浩嘆。謹悉貴曆十月九日，執事忠義憤發，憂勞間關，與雪堂諸公務持大局之狀，殊深感佩。夫風雨雞鳴，詩人美君子不改其度，况辱屬至交，豈任敬仰。雪翁書弟未收入，不勝詫異。無乃郵局譏察非常，以致拆開擲去乎？請以此事轉達雪翁爲幸。專覆，敬候道安，不盡。

直喜頓首，臘月十五日

松浦嘉三郎（一通）

静安先生閣下鈞鑒：

久違雅範，時切遐思。敬啓者，敝業師京都大學教授内藤虎次郎博士適於今春喜逢六秩還曆，敝同人等既念師貢獻學界之勛勞，復感教導後進之高誼，爰議乘斯佳會，舉行慶賀，并擬醵集賀儀，聊充慶典，及作記念論文出版之用。素稔閣下與敝業師有相識之雅，倘荷贊同，曷勝榮幸。敬希付款，當爲轉達厚意也。專此謹達，順頌文安，不宣。

松浦嘉三郎頓首，二月初四

孫德謙（六通）

一

静安仁兄大人閣下：

不通音問，行一年矣。國事如此，真堪浩嘆。去秋江浙戰争，蘇地倖免遭殃。惟弟則以次子荒唐，賤眷避難來滬，而彼則將家中一切物件盡以歸之他人，化爲烏有。即弟所藏書籍，節縮所得，雖不能多，而儲有十數箱，皆烟消霧滅，殊可恨也。然弟正當亂離之際，内外交憂，寫定《太史公書義法》，都五十篇，其中創獲甚多，實則人自不善瀆耳。已繕有清本，俟時局稍平静，即擬付刊。今以目録奉塵宏覽，尚希海政爲幸。聞公就清華國學院之聘，考古之學得公爲之主持，發揮光大，豈不可慶！吴雨僧兄與弟爲新知，情意極相契，自謂中學未能深造，持屬一言之介，請公不厭提命，爲彼所至願。呈上拙著《六朝麗指》及《劉向校讎學纂微》，祈惠存。此二書東方學者頗加贊許。彼都文部大臣江木千之并爲進呈其攝政太子，而《大東文化》評弟爲『中國碩學一人』，且謂弟之學派近西洋知識分類學。弟全無憑藉，能爲異邦人研究學派，亦足自豪矣。專肅，敬請撰安，不宣。

弟孫德謙頓首，乙丑元旦書

二

静安先生大人執事：

昨孟劬來，在翰兄處笑談，直至十鐘散，甚快。今日翰兄請公晚膳，亦可暢叙矣，何樂如之。聞翰兄言，子勤已由園中辭謝，此却子勤之選也。惟此席虚懸，願承其乏，公能爲弟謀之乎？浙局自六月後脩年不送，弟所進無多，實有竭蹶之虞。弟近年得肝病後精神不能振作，又家用浩繁，須任其責，不能稍作退步。故每一念及，覺意興毫無。萬一蒙鼎力，可以成緒，感銘無既矣。又妙在一無事事，如同乾饌，于弟身子尤宜。問作文字，弟則不懼。此次即可報效壽文一篇，公或即借此層説入，何如？但事須秘密，切勿張揚最好。與當途説話，出公之意，不著痕迹，尤爲得訣。弟于公無事不復，承公愛我，故敢奉求所有。孟蘋等處，皆不必言及。事之成否，都不可知也。公今日祈早臨，先到弟處略商，甚盼之。拜懇。敬請道安。此信閲後付丙爲幸。

弟孫德謙頓首

三

静庵仁兄大人閣下：

承借《草窗韵語》，因取《吴興備志》檢閲其『經籍徵』。閔元衢按語云：『胡元瑞《詩藪》謂見公瑾集「於余比部處，鈔本也，題曰《草窗》」，中甚有工語，不類晚宋諸人詩咏」，《琵琶》一首尤可觀。』今觀集中却有《琵琶》一章，則所謂鈔本者，即從此本出也。但閔氏是據《詩藪》爲説，胡元瑞記係明人，不敢臆决，公試一考之。然《草窗》此集固見之記載，何以藏書家竟絶無著録？亦可異已。孟蘋得此法物，繪爲《密韵樓圖》，屬弟紀其事。有《備志》，足添資料矣。

敬請撰安。

原書奉趙之，檢存。

弟孫德謙頓首

四

静庵先生大人閣下：

回蘇經旬，昨始來滬。賤軀服藥四劑，尚不能復元。以年近殘臘，館事必待結束，無可遲滯，然亦苦矣。培老《乙卯稿》及拙著《舉例》均出版，奉上各三册：一分奉贈，二分祈轉贈叔藴先生及富岡君爲荷。夔笙昨來縱談，意欲邀公與弟至彼處一敘。但弟初到，塵事叢集，尚未與定時日也。此上，敬請著安。

弟孫德謙頓首

五

今日在孟劬處叙譚，并有審言在座，請公即往彼處爲盼。即在孟劬家晚餐，無容客氣也。弟本擬詣府同行，緣疲倦不能周到也。乞恕我爲幸。敬請王老爺即静庵道兄大人著安。

弟孫德謙頓首，大通路吴興里

六

吾輩以曲局之故，杜門不出，遂致咫尺天涯，無由談藝，良可嘆恨。奉上乙老詩卷樣本一册，原稾諒在尊處，即祈校讎，校後仍交弟爲荷。近有所造述否？論學失得，不妨以書牘往還也。敬請王老爺静庵仁兄大人著安。

弟孫德謙頓首，大通路吴興里

譚祖任（一通）

靜安先生有道：

日前奉達，輶褻增慚，罪甚。前以素紙求書，茲遵命闌以烏絲送上。此紙尚能受墨，似非新製。即祈俯予速藻，至感。祇頌台綏。

祖任頓首，七，八

唐蘭（八通）

一

静安徵君先生大人閣下：

古學蔑弃久矣，先生上索甲龜先文，下及詞曲。或鈎深索隱，扶絶存殘；或協龢宫羽，從容風雅。盛業不朽，服膺久矣。蘭少年愚妄，以爲孔子之學始於《詩》《書》，究於《易》，所謂十五志學，五十知天命也。學《詩》《書》，則當多識詁訓前言也，故頗留意小學，於《爾雅》《蒼頡》《方言》《説文》《釋名》《字林》《玉篇》皆有校本。又爲《説文注》，擬卅卷，成二卷。於甲龜金文亦頗有著論，已略舉之，自羞於羅先生尗藴矣。先生以爲可教，則教之也。謹先具書左右。謹候夏安。

生唐蘭白

如蒙賜復，請寄浙江加興項家漾。七月八日以後寄無錫國學專脩館。

尊刊《切韵》或是《唐均》，已忘之矣，惟非蔣氏之《唐均》。於何處發行耶？可不見示？蘭甚欲得之也。

二

静安徵君鄉先生大人杖席：

前日飫郇厨，領盛誨，謝謝。來錫數日，未甚看書，今日披大著《禮器説》《不嬰敦蓋考》閲一過，穿閲經史，甚佩甚佩。簠齋手書《劉氏款識》敦類『不嬰𣪘』下，云即虢季子伯之御蓋，陳誤讀『不嬰馭』爲句，故有此説。然謂白氏即子伯，則或可据也。子白與不嬰疑是同時人，故《竹書紀年》夷王七年，虢公帥師伐太原之戎至于俞泉，獲馬千匹，《後漢·西羌傳》注引《紀年》同。是即𣪘銘之『廣伐西俞』也。虢公史佚其名，殆即爲般者矣。金文凡因某事而作某器者，輒云『用乍宝△』，而盤文無之者，蓋伐戎之明年，夷王即陟，而此盤作于十二年，則在厲王時，相去十三年故也。大著以白氏爲不嬰之君，以侯氏爲比，確甚。又疑爲不嬰之父，則似非也。虢姬姓，不娶母族姬姓。又按『厰允』之『允』，銘兩見，作。此非『允』字，從女從允明白，字書雖無，讀當與『允』『狁』同。尊釋則但作『允』。敬就管見所及，疏請教正。

蘭窮處里閈，比年稍事經學，已爲群衆所弃。及治許學，同志更稀。近治金文，則即向之同志亦視爲支离，無與語者矣，鬱之者甚。故一遇羅先生、先生，輒傾吐所一得而無怍，正欲求益之也。惟弗吝，深幸深幸。《切均》佳甚，第二種於校《説文》之業所得更多，即第一条『東』字云『春方也』便足補今本之缺葉，昔閲《集均》即疑當有此句，今得此可信矣。每一披閲，輒思大惠也。日本《萬象名義》空海撰。《字鏡》昌住。《倭名類聚抄》《外典抄》具平。《净土三部經音義》，信瑞。聞皆唐宋時書，度於《説文》當存大益也，蘭爲《説文》學略分三端：一爲校勘，一爲訓釋，一爲字體，校勘一類已采書，而餘種頗多前人未及，如古本《玉篇》《唐均》《切均》之類皆是。不識其書有覓處否？倘賜代覓，若有覓處，其值若干，如輕而易舉，萬懇賜示。感甚感甚，其值當隨繳上。匆匆不備，秋凉，敬問文安。

後學唐蘭敬上，不莊

金文『』即《説文》『𣪘』，，亦《説文》𣪘。蘭别有説，他日寫奉。

無錫學前國學專脩館

哭陳虚若一首　請政

豈能無涕泪，已是盡交期。秦地兵多苦，吴山草長時。誰云有斯〔二〕，吾道獨傷兹。惻惻荒村裏，茫茫何所之。

三

静庵先生左右：

日者쯴接教言，慰甚。歸浹旬，略治《説文》，無甚得。蔣氏《唐均》疑即孫愐本，其廿麥『鎘』注云『陸入格均』，《廣均》廿一陌格下有鎘。則於陸氏原次已有移易，非長孫本矣。又《唐均》之名，當非起於孫氏，顔氏《匡謬正俗》六『榷』字一条引《玉篇》《唐均》，《正俗》奏於永徽時，當高宗時也。又《唐均序》反復推之，下篇必非孫作，能知汝陽侯元青吉成爲何人，即易知也。先生能考之否？

〔二〕原件即闕一字。

《説文·奭》云：『燕召公名，《史篇》名醜。』『醜』當作『奭』。《眀部》：『讀若書卷之卷。』古文以爲『醜』字下即次『奭』字，古文句蓋當在『奭』下。《華嶽頌》『親惟旦奭』，《魏元敬墓誌》『旦奭受害』，奭皆作奭，可證也。《周書·顧命》首言『大保奭後』，又言『伯相』，王肅云：『召公爲二伯，相王室。』《僞孔》從之。蘭疑相是召公字，相、奭名字相應，先生以爲何如？唐寫本如有此篇，并乞一檢『奭』字從皕從眀也。七曆皆能推矣，來年當先立鈐，然後治之。今閱鐘，似可從歲月中得一線索，或能有裨史事也。登閉敦，清卿《集古録釋文賸稿》云拟刪，豈以其僞邪？然不似僞，則何故邪？頌『反入堇』，『』字阮釋寵，則金文固自有『』『』之字。或云章，然《董美人誌》『竜章鳳采』，以『竜』爲『龍』，又似『』實『龍』字也。疑不能決，惟教之。敬賀春喜。

後學唐蘭拜

四

静安先生大人左右：

前日過擾，不安之至。蘭所言《魄考》中誤字，今謹条列，祈改正。第四頁第四行『己丑朔』當作

『乙丑朔』，第六行『六月己亥朔』當爲『五月乙巳朔』，如以六月朔逆推五月晦，則當爲『六月乙亥朔』。唯蘭于是篇頗多疑義，唯教之。馬、許皆從賈逵學，逵從歆學，『霸』解不當分歧，一也。《後漢·志》蔡邕曰：『須以弦望晦朔光魄虧滿可得而見者。』蔡治今文，而以光與魄對言，則亦以魄爲無光之質也。許以『魄然』釋霸，以未盛之明釋朏，亦似對文。且一月之三日不應有霸、朏二名，二也。吴縣潘氏齊侯鎛『惟王五月初吉丁亥』，薛氏《款識》齊侯鐘『惟王五月戊寅』，戊寅先於丁亥九日，假設戊寅爲朔，則丁亥是十日。今世自一日至十日皆加『初』字，疑即本『初吉』之名，不僅限一至八日爲初吉也，三也。曆法始于黄帝，見於《堯典》，閏法必亦備具。若置閏於歲末，則『以殷中春』等皆不能正，必非是也。卜辭所以言十三月者，推曆正四時，則當定閏在何月，通常則并閏月計之。如閏四月爲五月，則其年十二月稱十三月矣。周金文亦有言十三月者，不僅殷也，以曆推之，皆不至十二月。四也。《太誓序》與《武成》皆古文，説似不當歧。爲二鄭君注《書》用《乾鑿度》曆，故破《召誥》二月、三月爲一月、二月。今以其術推之，則《武成》一月壬辰爲三日，癸巳爲四日，《書序》戊午爲廿九日，《武成》二月甲子爲六日，皆與《三統曆》同。唯四月無庚戌，辛亥、乙卯當破作三日爾。《乾鑿度》近殷曆，與《三統》合，似不當過疑《三統》爲無據，五也。史遷以一月戊午爲十一年十二月，以曆推是十二月廿八日，九年則誤也。『曶鼎』三節，首節即云『元年六月既望乙亥』，以曆推之，西周諸王元年皆無『閏四月』，則四月當居次年乃合，六也。古以朔、望對稱，而金器概不見『朔』字，疑即以『霸』當『朔』。䩗伯晨鼎之『䩗』即『霸』字省，亦即『朔』字從『革』旁與『屰』旁誤耳。人君告朔，告一月之革也，七也。蘭以末學陋識，妄致疑議，佳理董之。頃返里作《〈孝經鄭注〉正義》一卷，於『法服』五章定爲殷制，自謂頗得鄭意。他日寫定後，擬求正之。超辰似亦非難，唯尚無暇詳究之。《集林》出版，蘭擬預定一部。專此，敬請著安。

後學唐蘭拜手

短言苦徵

金風泣蟪蛄，風薄不成聲。曉霜催別葉，欲下獨沾冰。安得迴羲馭，歲序常玄陰。

録祈教正。

若如《孝經·搜神契》云：『三日成魄，八日成光。』則歆説固非，先生一月四分之説亦似未確，當更詳考也。

五

静安徵君先生大人几杖：

得賜簡，敬悉。承惠借《文存》，感激之至。蘭近治金文，範圍較廣，擬分纂《古籀統釋》《燔餘類考》二種。《統釋》，全本《説文》。奇字附後，『□』『乎』等各附本字，不見『若』『呼』下。《類考》擬分三門：『句讀』『讀若』『徵經』『韵徵』爲一門，『禮類』『官制』『宮室』『車制』『冕服』『人名』『氏族』『史事』『曆類』『地理』爲一門，『禮器考』『軍器考』此以吉金器形考之。『吉金史及目録』爲一門。方抄集考釋作長編。此書若成，於三代文獻似當不無少益，未知先生以爲然否？

蘭記問疏陋，亏尊著，妄致疑義，先生不以爲瀆而教誨之，感荷不已。

《乾鑿度曆》用元蔀首，月法日法并與《三統》不同，而所推月日則甚近，諸曆皆相近。故前函引之。共和前年數則《三統》自有之，唯確不不可必耳。蘭竊謂古曆既亡，苟欲推之，必立定法，然後以經傳所見月日合之：合之而準，即其法是也；而不準，即其法非也。此中却不可勉强。七曆所出雖晚，然并用此法，而杜征西爲長曆遷就傳文，以推月日，則視古曆爲無法，恐違治曆明時之意，心所未安。且待開歲，當盡究七曆，一絜其長短，刻下苦無暇也。蘭近著《卦變發微》一篇，由《繫辭》『剛柔相推而生變化』諸文，悟出乾坤相推而生十二消息，六子相推而生三十雜卦，八卦相宅而生十六游歸，合之經文而盡通，蓋三千年來未有知者。荀、虞曲説皆可糾正，亦一大快事也。

歲將單矣，十九或二十當返里，便過上海，當携以就正也。雪堂先生頃聞在申，未審何日首北，蘭得及見之不？如相晤，乞具道蘭飢渴也。專此，肅請著安。

鄉後學唐蘭敬白，十一日

六

靜安先生大人左右敬啓者：

違教久，輒憶前請益之時，殊縈懷抱也。近聞方治《公羊》，蘭亦稍習其書，未知可不鄙愚魯，有所啓迪否？奉上敝館講演集一册，中有拙作《名學》一篇，萬望教之爲禱。未悉尊寓，特請羅先生轉致。此後如蒙時錫教言，則固末學所馨香以祝也。專此，敬請著安。

鄉後學唐蘭白

蘭於專脩舘固已卒業，頃在無錫羊腰灣無錫中學任教務，陰曆二十歸里。嘉興項家巷。

七

静安先生大人左右敬啓者：

海上一别，忽已年餘。去臘仍乞羅先生轉上一緘，并附敝館《講演集》一册，想均達記室矣。拙作《名學》一篇，深懲近人以詭辯爲名學之失，惟學力不深，文筆鈍拙，似無足取。苟蒙教之，則幸甚矣。

正月杪，以羅先生之介，來津主周立之觀察處教其二子。至時曾在哲嗣在山兄處一候起居，而雜事怱怱，未遑通牋啓也。頃承羅先生命，臨王仁煦《切韵》有裴務齋加字，大内本景照。付石印。顧考王、裴生平，迄不可知。因思左右精熟各史，未知能有見詔否？此本於韵學至有關係。十五均，又上平聲，目下具存吕静、夏候該等五書異同。平聲二卷，而卷目相連。『陽』『唐』升在『江』下，又祇一百九。未知左右曾見之否？前承示《式古堂彙考》《唐均序》，知亦至有關係，後聞曾作一跋，甚懸懸，思一讀，未識可寫示否？作《韵英》者確是元廷堅，作『陳』者乃陳王友元庭堅之誤。庭堅事實詳《太平廣記·鳥類》，退食餘暇，幸一檢之，似可補《韵學》餘論之未備也。

尊著《五聲説》推本戴、段、江、孔諸説，陰陽之分，確實有據。惟謂《聲類》《韻集》當爲陽一陰四，則竊有二疑焉：一、吕静韵目見於王仁煦《切均》，所載上平聲異同，此法言原本所有。則《切均》正承李、吕之舊，略有損益，必無古、指三代音。今韵之大異。二、宫商角徵羽必與四聲無涉，此謂非即四聲，非謂了無關係也。亦與古韵無關也。所謂與四聲無涉者，四聲起於齊、梁之際，蓋有顯證。《陸厥傳》：『汝南周顒善識聲韵，爲文皆用宫商，以平、上、去、入爲四聲，以此制韵。』《周顒傳》：『顒始著《四聲切均》，行於時。』《沈約傳》：『梁武帝問周捨何謂四聲，捨曰：「天子聖哲是也。」』（捨即順子）《談藪》（引見《廣記》二百四十一）：『梁高祖問重公曰：「天子聞在外有四聲，何者爲是？」重公曰：「天保寺刹。」』……劉孝倬曰：「何如道天子萬福。」』梁鍾嶸《詩品》曰：『至平、上、去、入，則余病未能。』蘭按，據此諸文，可推知四聲實起於齊，時人猶未能識，故梁武帝《清暑殿聯句》猶以去入通押（見顧寧人《音論》）也。《四聲切均》者，即謂以四聲制韵。又葛洪有《字苑》，而《和名類聚抄》引《四聲字苑》，然未必一書也。而五音則盛自魏晋，其原本已不同。陸雲爲文，已用李登之韵，見雲集《與兄機書》。豈有梁武時人而猶不識宫商？則是梁武所問四聲決非宫商可知。四聲之説，當時本有兩途，尊著謂專爲文用，則似太狹。若周顒之著《四聲切均》，固明是用以辨音也。且五聲之來久矣，《大師職》曰：『文之以五聲，宫商角徵羽。』《詩序》曰：『聲成文，謂之音。』注謂：『宫商角祉羽。』是五聲成音者實樂之曲折，即聲調矣。是以《詩·頌》之不用韵，三百篇有無均，無不協宫商。以其用宫商也。西人詩不用韵者，必有節奏，我國白話詩去均并去節奏，則徒成話柄耳。鍾嶸曰：『古曰詩頌，皆被之金竹，故非調五音無以諧會。若「置酒高堂上」「明月照高樓」，爲韵之首，故三祖之詞，文或不工，而韵入歌唱，此重音韵之義也。』蘭按：此亦誤以韵爲聲。與世之言宮商異矣。今既不備管弦，亦何取於聲律耶？是則五聲之自樂出，而非即韵，斷無可疑。蓋雜比曰音，單出曰聲，此爲一類，本出於樂，即八音也，即後世之雙聲也；在六書曰聲，合樂曰韵，此爲一類，本出於動物，如言語。即後世之疊均也。聲、均判然兩途，自宋而下，動稱古音，其實并是古韵。此説似違前人，然實非誤。幸細詳之，如有人先已言者，尤望見告。左右疑陽一陰四之韵即是五聲，殆亦由此而誤。然尊説故是未定，不足爲疵病也。

竊觀尊著於隋唐韵書考析精矣，而於隋以前之本原未有辨説。蘭昔常疑叔然始制反音，以爲必不能馮空杜撰，二字一聲不足爲反語，根據本字自反，則偶然相遇耳。及讀《漢・藝文志》『歌詩家』，内有《河南周歌詩》七篇，《河南周歌聲曲折》七篇，《周謡歌詩》七十五篇，《周謡歌詩聲曲折》七十五篇，恍然知聲學之所出。蓋以聲合歌詩，則某字屬某聲，謂宮商。較然明矣。又漢五行家亦傳聲學，京房吹律定姓，晋嵇康集中《釋張遼叔難宅無吉凶攝生論》。曰：『地之吉凶有若禽虎，不得宮姓則無害，商則爲灾也。』又曰『人姓有五音，五行有相生』云云。《五行大義》未知有關此説否，行槖無此書，不能一檢，爲恨。《南齊・輿服志》伏曼容善識姓聲，不復旁假吹律，能識遠代之官商。周顒駁之曰：『三代姓音，古無前記，裁音配尚，起自曼容。』蘭按，周説非也，據嵇説，蓋當時確有此學。而《漢志》『五行家』有《五音定名》十五卷，《白虎通易》《是類謀》《大戴禮》并言《吹律定名》。觀其名曰『定名』，又多至十五卷，則似非但述定名之法，而必且以五音配定一切之名也。自許叔重作《説文解字》述形聲綦詳，而韵學粗具。郭氏《古今字指》、此疑即詁釋《漢志》一卷之古今字者。指即指意，此書亦一卷也。張揖《古今字詁》疑亦詁古今字耳。衛宏《古文官書》等亦有益韵學，蓋漢人所稱古文多有假借，然可据以知疊均字也，故諸書引《聲類》《均集》多稱『某字古文某』『某字或某字』也。聲韵兩學基礎并具。而當時儒先并有究心，『讀爲』『讀若』『長言』『短言』『楚語』『齊語』『舌腹』『舌頭』，迭有發明，於是孫氏起而總兩學之軌，集一代之成，而反切之學興矣。當時鄭、服、王肅并從其説，李登《聲類》蓋亦起于此時。考釋文引《聲類》有『庚韵』，《陸雲集》引李氏云『雪與列韵』，則其書似當以五聲爲經，以均爲緯，不分四聲。其書一萬一千五百二十字，較《説文》一萬五百十六字僅多一千四字耳。然則均學之出於《説文》，蓋信而有徵也。鄭君遵用許説，孫氏當亦用之。《均集》則承李，或小變動耳。似但訓義變動。由是而至齊梁王融、周顒、范曄、謝朓、謝莊諸人，始倡四聲制韵之説，聲韵之學爲之大變。蓋五聲與四聲之別，較之西樂，至爲明晰。五音者音階也，如1、2、3之類，比較之高低聲也；橫行。四聲者音名也，如c、d、e、f等，截然之高低聲也。直行。於中樂似十二律，此不析爲十二者，與樂上異矣。一析呼等，則較十二律更細。自是聲韵之組織漸密，而韵書則并合五聲爲一部，五聲之義，唐人尚明之，至鄭漁仲謂古人知直有四聲，不知横有七音。又徐景安以四聲配五音，後人多從之，其實皆誤也。而分隸於四聲矣。既又析五音爲七音，而印度聲學傳入，則七音之中又析爲卅六字母，四聲之中又析呼等，而法言以下一派韵書興矣。

隋以前聲韵學之原大約如此。擬更籀繹而作一説，敬先陳概略，伫候教正。幸恕其僭妄，賜以辨正，切禱切禱。頃方校《經典釋文分類》，如孫音、鄭音、徐音、劉音等各歸一類。索其分類之法與變嬗之迹。又校慧琳《音義》，昨閲尊著，述治法與拙見合，竊引以自喜也。以索《韵英》等聲韵之學。俟有所獲，當再臚陳也。近讀《殷契》，略有新得，并考其地名，亦有眉目。書詞已冗，故不復陳。五月間至京，當更奉謁。近校《水經》，新得幾何？專此，敬請道安。

後學唐蘭白，三月四夕

通信處：天津英界達文波路 25 號周公館唐立庵

《周金文存》本擬帶趨，行篋不便，留待下次至時當帶來也。

八

靜安前輩先生大人左右：

久闕問候，時復馳思，似承謦咳也。自去年來嬰於塵网，學業日退，殆無寸狀足陳左右者，唯小學尚未盡蕪耳。近著《切均疏証》，脱稿後當呈政。昨聞主講清華，衷懷勃勃，頗欲乘此獲聆教訓，惜勢有不能，徒懷懊喪耳。

同學有王蘧常者，字瑗仲，與蘭同里，今年二十六歲，平昔留意史學，著《商書》若干卷，詩文稿八卷，又輯《清藝文志》及《歷代群籍源流考》等。其人舊從沈子培翁受詩學及書法，與蘭同畢業於無錫國學專修館，近任無錫中學高中部教員、無錫國學專修館教員，兼任浙江教育廳顧問。夙日仰慕先生學術至深，本欲報名與試，以人事挂誤，竟至愆期，而明歲又以種種關係萬難求學。乃以蘭曾辱一日之知，囑代轉詢左右，可否設法通融，許其補考入學，或由浙江教育廳咨送，以慰其向往之忱。蘭以其志甚篤，故爲函請，望即賜以可否爲禱。餘别詳。肅此，敬請教安。

後學唐蘭再拜

回示請寄天津英界達文波路四十號周寓唐立庵。

藤田豐八（二通）

一

靜安先生閣下：

前奉手諭，因不詳高寓所在，迄不奉答。荏苒數月，頃又辱教示，多謝多謝。聞閣下編纂《學術叢編》，述作日多，望印成之速，不獨弟也。弟入今年有二三小著而不足見。刻下從事於《大月氏考》，但不知何日能脱稿。又《〈島夷誌略〉校注》尚須改訂，閑中忙事如此耳。劇曲脚色如旦如末，弟想可以梵言解之，不日發表問世。閣下有別所見否？此請道安。

弟豐八再拜。四月六日

二

静安先生閣下：

頃接台教及高著二部，偶病腸胃，不能即覆，多罪多罪。二三日來病勢稍衰，即將高著一部轉交白鳥博士，竊欽精進不已，東方學界亦不憂無人也。白鳥博士近業多載在《東學報》中，震灾之際，燒失略盡，當采訪奉呈也。仰臥作此書，不能盡意。此請道安。

弟豐八頓首，九月二十七日

再，東京帝國大學文科所發行《史學雜誌》委員托弟轉請閣下，將近業一篇寄與該誌。閣下能容此請否？

豐八又拜

附：致羅振玉（一通）

赤蘊先生大人閣下：

頃接先生所托實相寺君之手教一函及大著八册，拜受之下如獲拱璧。加賜尊照一葉，多年渴想一朝頓消，但憾教中所及，何慘可悲，不覺泪之濕襟也。特如君楚兄之喪，非先生之言，弟將不信之。是不唯爲先生吊之，實爲東洋學界吊之。弟前年喪父，爾來杜門，不多外交。所往來者，同學之二三子。時有述作，而小論碎議，無所發明，又時於早稻田大學講外域史，而草率塞責耳。獨羡先生逢難而志愈堅，垂老而氣愈鋭，著書等身，名布四海。天之禍於先生雖大，而福於先生又亦不少。是亦可以慰也。弟期明年一游錦地，面慰先生，但如願否不可必耳。言不盡意，即請台安。

弟豐八頓首，八月二十日

嫂夫人安否？內子屬致意問候。

王秉恩（三通）

一

靜菴先生經席：

違教兼旬，至念。貴邑周松靄先生春著有《西夏書》十五卷，如尊藏有之，擬借抄何如？有友新撰西夏史，須徵引此書也。孟頻兄藏書最富，有此否？專上，即請著安。

弟秉恩頓首，八月廿三日

二

靜安先生史席：

前月杪、本月十七先後奉到手教，敬悉壹是。猥承垂注鄙狀，爲之道地，厚誼殷秦，已爲銜結。近譒豹直清嚴，龍顔有喜，納忠陳喜，啓既閎深，遈企喬雲，以忻以頌。昨得前函，即詣一山寓所商榷，備陳拙見。大旨以避地在滬，硜硜自守，不欲虛糜，友朋傀遺，且學識何克媲迹東軒，倘有文字之穫，編輯之事自可效力云云。一山則云，前本有繼續撰輯《學》《藝》兩編，并有令小子同任此事之議，且竢姬君南提商議再定，因此未即作復。玆得次函，亦即送一山閱看，是否如此办理，抑尚有他法，得復後再行。奉聞贍贇義都護代爲陳謝，恕未另函。小子夏遭無妄之灾，五月中在友人處譚久，出門忽然昏暈倒地，當即扶起與歸，延醫服藥，旋愈。嗣於六月廿二夕睡起飲茶，忽又暈跌，茶爐湯大燙，傷頭及耳頸左部甚劇。當經西醫療治半月，始痊。惟内證係因用心過度，肝陽上升，服藥數十帖，今始愈八九。據醫者云，須静養多時，始可霍然。遠承錦注，縷聞年來家事均由小子屏當，病即因之。本在窘鄉，又添此醫藥之費，加以江浙事起，百物昂貴，真有不可終日者也。三天清暇，僎述想益宏博。高郵遺籍想已理董就緒，可以付梓否？望略示端倪，以慰渴想，盼盼。方子聽年丈綴遺軒彝器款識，日前陳君承修，號未聽明。來滬，面商合印办法，弟處衹須付裝。岱雲信來，即可以全書寄先。俾與陳君、馬君合印，亦快事也。專復，敬請撰安。

弟功秉恩頓首，小子侍叩，八月十八日

三

静安先生經席：

十三晨奉十二手教并抄函領悉。已照録一分，仍付郵奉繳，祈察入爲荷。專復，即請撰安

弟秉恩頓首，六月十三日

附：前日子經兄來，言松心先生已奉特旨懋勤殿行走，聞之距躍三百。數年以來禱祀求之，今始得邀天鑒。前數年即與公言之，未識有憶鄙言否？鍾未即躋保傅之領，而隨時可以請見則一也，可爲國家得人慶，爲聖上輔導得人賀。此固年來第一快心事。松心先生於新舊中西政治學術實能洞鑒源流正變、是非得失，非甘盤舊學所能企及。聖上年來頗偏于西與新，左右可以進言者，舊已飫聞厭聞，新則瞢然，非有融貫中西、溝通新舊學識、忠藎不貳之臣，隨時啓發補救而又善於言詞，不易得動天聰也。松心先生足以勝任愉快。若此非黄諛之虚言，實命懷蘄望之真誠。公以爲如何？聞鳳孫太史亦入書房，蘇堪薦散原來京，拔弟運數可相慶也。

弟子拜

附：王秉恩致况周頤（一通）

昨晤王靜庵先生，言及王文簡公引之與陳恭甫書札借去在印。弟歸來檢查，經錢冲甫借去，須日内取回，再行送與靜翁付印，望代致意，祈速代達勿遲，費神，謝謝。免靜翁徒勞往反也。銅爐有確音否？天晴，何日同看緑櫻，定期示復，何如？夔笙道兄。

弟恩頓首，三月朔

王國華（三通）

一

静哥鑒：

來書早悉。邵伯炯致省長函，據計印光書云并未收到。此事本爲計君主持，即不得介紹書，亦可做到。現在尚未發表，大約弟總可在被選派之列。此次同往者有六人，年底可以出發。弟擬在美一年，如尚有餘款，再往歐洲。弟媳年來多病，近又患身熱乳脹，幸賴血清連鎖狀及葡萄狀注射，尚未潰散，現在逐漸可恢復也。清華研究院尚未開課，兄想可作他事也。潛侄未來，究擬返南否？匆此，即請近安。

弟華啓，四月初二日

二

静哥：

前由海寧寄上一書，想可收閱。弟到此已六日，浙省政變後，欲實行黨教育，省立學校校長俱已易人，此間爲一女子。弟不願再蟬聯，他事亦難謀得，而弟亦不欲多方接洽。新校長尚未接手也。杭城罷工，時有所聞，此爲新政府政策使然也。現聞南京將入黨軍之手，北方恐又起恐慌。弟日内即擬返里，上半年大約在家讀書，下半年再行設法。第恐時局不安寧，諸事停頓，不知能免株守否？潘宅聞尚在沪，沪杭路客車恐不日即通，通後可以返里也。清華下學期如有管理圖書助理或英文助教等職，不知能設法安置否？海寧現無駐兵，地方秩序如舊，弟日内即須回家。此上，并希百祺。

弟華啓，二月十八日

三

静哥鑒：

日前接化明信，知寓中安好，慰甚。弟因學校招生事，日前到校，廿五日可以開課。兹接舊生屠頌竟嘉興新塍人。來訊云，其父瑩襄欲徵求哥題《梅隱圖》，不知有時可以應求否？南方本年大熱，兼瘟疫猖獗，現雖已秋凉，病未大減，但田稻尚佳耳。海寧夏間病疫尚未曼延，惟因年老中暑者頗多，欣禛叔初六中暑，于六月廿九逝世，開喪定在百日。弟謹備挽聯一對，録于下：

居官廿載，歷宰江寧、贛榆、上海諸大邦，聽獄訟，植人材，遺愛遍東南，每引爲吾宗光寵。

度曲半生，酷好則誠、丹邱、昉思等傑作，晰宫商，酌音律，清韵澈雲漢，群疑是塵世神仙。

此聯或可適用也。父塋缺少墓碑，弟意不如乘今年八十冥壽建立。如荷同意，望作誌銘，托叔言先生一書寄來，在南方舉辦也。匆此，即請福安。徵題《梅隱圖》紙，一并寄奉。

弟華上，七月二十日

王季烈（一通）

靜安仁兄大人閣下：

經年闊别，桑海屢更。頃到申，趨叩不值，爲悵。叔藴先生東寓何處，便乞示知。弟現寓静安寺路七十七號黄宅，跑馬廳對過張家浜。擬初七旋里。蘇舍在十全街一百四十七號。專此，即頌著安。

弟王季烈頓首

王蘧常（一通）

六月十一日嘉興王蘧常再拜上静安先生大人閣下：

蘧少溺於紛華靡麗之學，又分志於所謂泰西格致之學者有年。年十五，始拜沈寐師門下，苦學詩及文，諷《太史公書》《文選》，卒業於是，稍稍知文章流别，概然有述古之意。寐翁又授以段氏《説文注》，曰『通此可以讀古書矣』，於是始漸知有訓故之學。寐師又常稱先生暨羅參事，以爲吾國之兩學者，當世莫之與京。又謂每日曾與先生言音學，漏三下不能休，已而説大通，相視撫掌大笑，以爲極天下之至快也。於是想望先生與羅先生不能已。其後寐師壽，得見先生序言，乃竊記之。嗣後見先生文，未嘗不竊録之也。壬戌，寐師薨，由錫哭於滬邸，於西廳竊望見先生與羅先生風采，識之詳，不敢面，爲徘徊者久。嗣後常訊兩公踪迹。初聞先生館海上，繼聞入南書房，未嘗不色喜。去秋紇干雎噪，變起倉皇，又未嘗不惴惴於蒲輪所駐也。

蘧生已二十有五年，彷徨岐路，百無一成，稍知文字，實自寐師始。寐師亡而蘧失所主，居常頫卬四顧，不能自已。今年春，供職於錫山、武林兩地，緬懷先師期望之意，私欲撰《三代史》一書，得見先生之《殷先公先王考》及羅參事《殷虚書契考釋》諸書，遂先有商史之纂。惟孤陋寡聞，不通大旨，常以不獲從先生與羅先生游爲恨。今夏，聞京畿有清華研究院之設，友人交書約往。方謂一二逐時者之所倡，漫不爲意，繼知先生實主彼院，而爲期已過，懊喪累日。明歲，又以他事牽掣，萬難就試。久擬奉書左右，嗣以蘧與先生曾無一日之雅，遂郵一紙以周旋。有迹近於冒者，爲婁作婁輟。今復不能自已，先生亦或不以其冒而恕之乎？竊聞崑侖之下有盲者，終日捫籥索家，以爲是知昆侖矣，不知曾不出於昆侖方丈之間。雖然，如有相者，則固未嘗不可使知昆侖之大也。今蘧實類於是，先生其亦能辱相之，以知昆侖之大乎？惟先生命之，幸甚幸甚。履歷另紙附陳，乞察。專此，敬請鈞安。

王蘧常再拜

王蘧常，年二十五歲，浙江嘉興人。浙江第二中學校畢業生，江蘇無錫國學專脩館畢業生，江蘇無錫中學高中部文科教員，無錫國學專脩館教員，浙江教育廳諮議。

再啓者：前曾托友人唐立厂先作書爲導，想達貴院。如限於規律，不能破格，如由浙江教育廳保送，作爲過渡，不知能蒙賜準不？儻荷鈞裁，俾得厠一席，飫先生之餘膏賸馥，不勝私幸。然非所敢望也，唯先生教之。翹首神馳，不勝屏營待命之至。

蘧常再拜

王文燾（四通）

一

静安先生大人史席：

月前奉讀華翰，敬悉。正擬肅柬奉候，今晨閲報，載昨晨禁籞有祝融之災，匕鬯震驚。同時潛邸亦兆焚如，報紙電傳，真象未睹。惟聞我皇上深宵指揮，外人聽命，始克撲滅，足徵神武英勇出自天授，中興之期指顧間耳。據報云，爲電綫走火。文燾往歲在粤開辦電力公司，深悉凡屬電綫，未能久用，多則五年，少則三載，必須更换。若房屋深邃陰濕，綫未明裝，尤恐鼠蟲齧損。宫庭高大，北地乾燥，陰濕自可無慮，惟歷年既久，蟲鼠或恐不免。典守者是宜時爲省察，如綫外樹膠少有損裂，即宜速换。如遇雨期，尤爲可慮。先生如晤執事者，不妨告之。西人工藝固屬精巧，然必時爲修理，方能歷久不敝，此又不獨電鐙爲然也。家君閲報後當即偕古老同詣貴陽尚書處，合詞函請内大臣代奏，恭請聖安。文燾去冬恭逢大婚，曾蒙御賞春條，本擬附名，惟文燾職位稍卑，未敢列入，因思先生日侍講筵，必知聖躬曾否受驚，用特專函敬問。區區微忱，不敢上陳，敬求示知。俾悉當時情形，稍舒鄙懷耳。火爲離象，主文明，同時并火，重光之兆，可爲預卜。承示新出石經，又見三方，倘可尋覓，狠求代各覓一紙。近聞金陵亦有一方，爲一宦洛陽者所有，已托人往覓，倘可多得，當以一分奉上。文燾正撰《魏石經圖考》，倘此四石俱蒦，可望蕆事，敬當繕呈，敬祈指誨。故亟欲一睹此三殘石文字。先生如已蒦得拓本，可否景撫一紙先惠？《益稷》行款，尤爲新穎。方今聖道西行，歐人崇尚中學。月前《時報》載留德學生函，稱德人上自政客，下至走卒，莫不手執辜譯四書五經高聲朗誦。故二千餘年貍土之石經亦一一出現，聖道大昌恐不待五稔矣。此間教會學堂放暑假時，主教切告學生暑假中務須自修，中學下期開學將變更學程，有讀經一課矣。此則近今所聞者，謹以附聞。專此，敬請道安。

後學王文燾謹狀，五月望日

家君命筆致候。

二

靜安先生大人閣下：

都城小住，暢聆教益，契文匋款并荷鴻題，頓爲增價。祇以匆匆遄歸，未獲走辭，至謝至悵。匋款文燾尚有四册，擬由郵呈，奉求續題也。近惟侍從南齋，校書天禄。釋周室中興之器，撰聖朝雅頌之章。翹企喬輝，曷勝忭祝。燾杜門侍親，乏善足陳，日惟摩挲金石，鑽孯圖史。惜長者在北，每有闕疑，無從就正，爲至慊耳。昨聞趙尗孺云，内廷散盤近已尋蒦，其友某君得有拓本，伊已蒦覩云。旋晤徐積餘，亦云金鞏伯得有一紙，聞有原盤照片，上有當日命趙太常秉冲審釋，有『太常臣』字款之題釋。此次尋得後，聞又奉命先生與馬叔平、徐森玉兩君再審釋之説，聞聽之餘，不勝忻慰。此盤貢入天府，外間傳説紛紜，有謂罹圓明之劫灰者，有謂阿雨窗匿而未呈者，所以《西清續鑒》《寧壽鑒古》等書俱未著録。今本尚存禁籞，數千年至寶，自有鬼神呵護。祈示詳情，亦吉金中之佳話也。敬懇設法代覓一紙，并懇賜題於上，將爲世守之寶。文燾海上栖遲，學識淺陋，深羡馬、徐二君之遭際，得瞻天府奇珍，引領北望，不禁神馳。專肅奉懇，敬請撰祺，鵠盼環雲。

家君命筆致候。

後學王文燾頓首，四月廿六日

三

魏正始三體石經《萅秋·文公》殘字[一]分兩段景撫。

右《萅秋》殘字，爲文公九年、十年、十一年三年經文。見存古文全字二十八，曼患者四，半字一。小篆全字三十二，半字二。分書全字二十八，半字三。又只存一畫者一。計其得全字八十八，曼患者四，半字六，又一畫者一。以今本校之，每行二十字，行款文字悉合，與新出土大張者爲别一石，此在其後。静安先生未獲此拓，囑橅一通，因并記字數於後。

華陽王文燾識

[一] 影摹原件見文後。

魏正始三體石經春秋文公殘字 分四段 景樵

上段 上七字下八字

一行

二行

三行 言

四行 北 震 震 震

五行 曹 曹 巷 巷 巷

六行 日 楚 楚 楚 殺 殺 殺

七行
一
盟
于
八行
年
春
九行
來
朝
十行
狄
于
下段
接上段
一行
二行
殼
及
三行
人
救

仿唐人行卷式

四行 冬冬冬楚楚楚子

五行 公公公十

六行 其其其大大天大

七行 沖沖栗栗冬冬

八行 楚楚楚子子子伐伐

九行 公公公子子子述遂

十行 鹹鹹鹹十十

四

魏正始三體石經《尚書·多士篇》殘字〔一〕分兩段景橅。

右正始三體石經《尚書·多士篇》殘石，見存十一行，計得古文四十四字，小篆四十八字又三半字，分書四十字又四半字，共全字一百三十二，半字七。自『在今後嗣王』句起，至『予一人惟聽用德』句『惟』字止，每行全文當係二十字，《三體》合計全碑每行六十字。今以覆岳本校之，行款多合，惟二行得二十一字，今本必有一衍文。又九行『王曰繇』句，今本無此三字。以八行『予惟時其遷居西爾』句『西』字起，至十行『殷革夏命』句上一字止，兩行應得四十字，今本只三十五字。再以『王曰繇』三字合計之，尚少二字。而『王曰繇』句，『王』字與八行『爾』字相比。以今本讀之，『西爾』句下爲『非我一人奉德不康寧時惟天命無違朕不敢有後』，正二十字，則『後』字應與『爾』字相比。此刻『王』字上尚存分書『後』字之下半，是『王曰繇』

〔一〕影摹原件見文後。

句正上接『朕不敢有後』句也，審矣，則又多一字。按洪氏《隸釋》，漢石經殘字亦有《多士篇》文，爰取讀之，其首行即此行文，爲『時惟天命元朕不敢』，有八字，無『無違』二字，而爲一『元』字。今據以排比之，則適合矣。惟惜漢石經『有』字下亦缺佚，『王曰繇』句下尚少三字，無從是正矣。餘行字數俱合，字與今本異者：二行『厥逸』，『逸』今作『泆』，三行『惟天弗畀』，『弗』今作『不』；四行『辤于罰』，『辤』今作『辭』耳。靜安先生未得此拓，囑命景樵，因并録識語，敬祈誨正。

宣統十五年孟夏，華陽王文燾識于杶蔭宧

王文燾

魏正始三體石經尚書多士篇殘字

分四段景樵

上段 上下各八字

一行 在今今今後

二行 家家誕誕誕淫淫淫

三行 大大喪喪喪惟惟惟

四行 辭辭于于于罰罰罰

五行 有有命命命曰曰曰

六行 適適予予予其其其

七行　乃即亏亏于𣪘殷殷

八行　西西西尒爾爾

九行　文王王王

十行　又殷

下段　連上段讀

一行　嗣嗣王王王誕誕

二行　厥厥厥逸逸逸[illegible][illegible]

三行　天天天弗弗弗畀畀

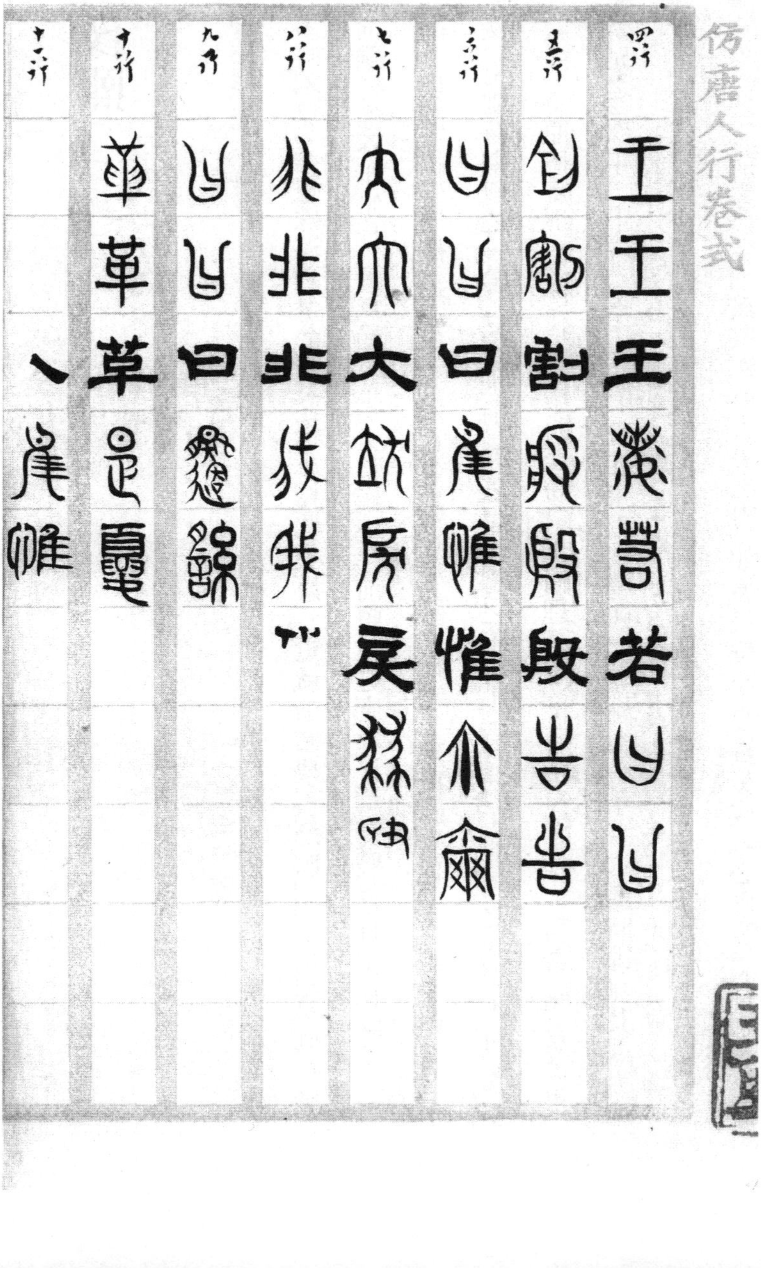
仿唐人行卷式
四行 王 若
五行 割 般
六行 曰 惟
七行 大 戾
八行 非
九行 曰
十行 草
十一行 入

王豫熙（一通）

静安賢侄孫先生青及：

多時不見，結想殊深。維於哲安得悉在北安好。近就清華學校之聘，刻已出京赴校矣。安化祠雖經豫逐年脩葺，而氣局太小，又將傾圮。前曾與健庵及兒輩看過，近日正在動工。殿宇加高二尺餘，稍事恢擴，約費千五六百金，當令兒輩分任之。現擬將安化王稟殉難始末及正史原文、封恤時期叙述一篇，立石祠前，亦表彰先德之不可少者。此事非屬之我賢不可，萬望即日叙次，將原稿寄下，以便付刻，至盼至盼。至脩理祠宇，五月可以工竣。再者，趙君萬里，爲鑒齋兄之孫，年二十歲，文采斐然，現在東南大學國文系肄業。十一二歲時即見其肆力讀書，近於詞章、經術、小學均有門徑，爲吴瞿安諸君所深賞。現因東南學校風潮，頗思北游，欲就學於我賢。此優秀分子，爲家鄉所不可多得，如能長侍左右，日後成就必可觀。且趙君小楷諸好而速，曾見其以課餘時間盡二十黄昏抄《莊子》一部，可謂勤矣。日後抄寫文字、檢查書籍，亦著席間一極快樂之友生也。專此奉達，并盼好音，即頌文祉。

乙丑閏四月廿九日，八十一叟豫熙敬上

吴昌綬（六十九通）

一

昨借得史忠定《鄮峰真隱漫録》，有樂府四卷，前二卷題曰『大曲備紀』，大都舞曲。聲容節奏，似爲罕見。後二卷詞亦甚佳。頃方飭人趕鈔。公有暇，今日下午過我一觀，何如？人間先生。

弟綬叩，二十日

二

李瀚《蒙求》卷端李良《進表》，是國子司業陸善經代，誤見《蒙求》卷首。

《醫心方》引陸善經《字林》。此尚是補修吕忱書。

《日本見在書目》：『《孟子》七卷，陸善經注；《列子》八卷，陸善經注。』據此，則陸事可考者尚多。

弟見《日本見在書目》，向未細看。疑其借隋唐志以欺人，頗有痕迹，不知前人曾道及否，尊見以爲然否？容面談。

三

都中刻工有能仿宋者，曰宛平英静齋，見《國學萃編》第廿九期中《石間集》尾。古散來書如此，請代訪之。

四

外定盦年譜稿樣，亦求兩公賜閲一過。其陋可哂，其誠可矜，祇爲邦賢存一二故事，無學派意見於其間也。編定《龔集》二十四卷，另日呈閱。其未定者，一有所待，因尚有未見之文；一限於力也。亦即此意。封面之後，尚有杏孫書札一通，弟又附數語，日内當刻成，請三五日内鑒正付還，以便刷印。急欲告蕆以竣，同人訂補有大謬處，請指示，至感至感。

五

公同鄉汪嘯蘇先生紹華，弟之業師也。十餘年不通音問，未知尚在否，公曾識之否？《皕宋樓書目》等皆撿過。弟得晤再奉約一晤。

六

考陸善經事之書：弟一要查其何處人，弟似記是常州人。《兩唐書》志傳、《全唐文》《全唐詩》《萬姓統譜》《經典釋文》卷首、本朝人輯《字林》者、《小學考》。

陸君竟是孔祭酒一流人，弟固疑之，荒經蔑古之咎也。

七

《初學集》弟六十一卷有《毛子晋墓志》，公能爲覔抄一本否？弟有詩無文，今日坊肆送來一本，似殘缺，價昂未收。忽繙目次記此事。

八

《清真年譜》如撰成，實弟廿年未了之願，亦同郡後來之責也。鄙意遺著無多，幸一并輯成。以各傳居前，雜説次之，有謬誤者即隨文糾正。爲弟一卷，分年列表爲弟二卷，遺文另作一卷，似應在前。尊見如何？韞公處，《杭州先哲遺集》可即往撿。

九

格紙二種，送存尊處。朱韞所得元人詞，即請覔寫手代録，潤貲照繳。公《詞話》能多作百十條否？當并大稿代爲印行也。静兄閣下。甘遯叩上。廿六。

一〇

静兄大人閣下：

今日承顧，適他出未歸。蒙賜抄詞目，感感。弟當照録一過，補其未備。曾有函向古微索尊著及《後邨詞》，尚未寄到。弟小病初愈，手頭雜事極多，未易清理。如晤韞老，乞爲致念。天氣漸涼，當可謀小叙也。此謝，即請台安。

弟昌綬頓首，七月杪

一一

連日碌碌，又小恙。惠示，未即作答，罪甚。沈君欲刻詞，當以曾見著録者爲佳，如《南唐二主詞》見《直齋書録解題》，今以重刻侯本奉上。又《王周士詞》見阮文達《經進書目》，向無刻本，今以傳鈔樊榭手寫本奉上。至弟所聚雖多，大率未經校讎，暫難付刊。鄙藏未携來京，明人詞手頭無之，只有《玉樊堂》一册，抄手太劣，不知可審正否？孟載《眉庵詞》、季迪《扣舷集》《青田詞》及弇州、升庵、湘真，若盡刻之，亦佳事也。《四部稿》可借鈔，餘皆未見。朱氏書目尚須重定，不足觀也。此上静安先生。

弟綬頓首，初九

一二

尊著融會群言，斷制精審，且發攄盡致，實有裨古學之書。公於斯事，洵偁絶詣，非淺陋所敢獻疑。惟愚見求稍删易新名詞，更爲雅贍。狂妄之論，幸垂恕。人間先生。

弟綬叩，廿一日

一三

日本書目求即代檢。送上《張約齋詞》并《全芳備祖》，似可補出不少。惟《蘭陵王·荷花》一首，原缺三句，《詞綜》因之，無從采補，此種校出請即付抄。又《向薌林詞》亦祈校出。將來竟定名爲『唐宋金元二百四十家詞』，與公各存一分何如？人間先生王老爺。

綬叩頓首

唐只《二主》《陽春》，若不并入，又似挂漏。能得《金荃》復出最妙，今世行《金匳集》不足據。

一四

手示拜悉。《後邨》《姑溪》二册奉繳。沈君刻書大妙，惟宜各自爲計，弟不願附驥也。公初一或初二午後倘有暇，弟二點後必在家，辱公回里，恕不客氣，竟望惠臨。求顧一談，有件面陳。此上静兄閣下。

弟綬頓首，廿九，閱畢付丙

一五

静安我兄閣下：

弟自前月廿六發熱，胸膈積暑，有兩星期未出門，承顧失迓，罪甚。昨賓瑞臣、劉仲魯約十刹海作古書會，勉强赴之，又遭大風雨，人極不適。俟稍安，當趍叩道歉。尊論極是。《杜壽域》尚須細考，其中《折紅梅》一詞乃吳感所作。公謂此人必嫻音律，能唱各人詞，洵然。《湖山類稿》已抄出奉閲，有遺詞，乞補入。餘面談。此請道安。

小弟昌綬頓首，十七

《全芳備祖》自伯夔所阻，迄未抄畢，《翰墨全書》《群書截江綱》尚有可抄，祈共留意。

一六

《全芳備祖》抄出詞四册，并原書卌二册，昨蒙許爲代閲，祇期大段無訛，勞所旁注，不必拘泥。閲畢可交還授經也。此上静兄大人。王老爺。

弟綬頓首，初八

一七

靜安先生閣下：

弟二十日擬往新保安雞鳴山礦一爲查看，約三四日方歸，星期之約祇好展至廿八。敬求我兄先將毛、王及拙輯詞名寫出，能稍依時代更妙，凡輯本皆去之，行次略寬，不書卷數，俾可次第補填。此事非公大力不可。弟實愧孤陋，竟題曰『雙照樓所收宋金元人詞目』，每種下注某刻某抄。本思將弟所有盡呈兄處，因有數十種爲授經取去，在家在學堂，一時難撿，非面與公談不能盡詳其來歷也。將來亦爲尊著之一。幸賜垂意。

弟綬頓首，十八夕

一八

尊著刻成，深代欣慰。惟就中稍有誤字及改補處，從容圖之可也。君直處遵即代致。伯希和所攫各物，聞印本每分約七十元。昨絅齋在此托留一分，弟要一分，其餘友人當屬自往商訂。執事有暇，蓋過我作半日之叙？手謝，敬請静安吾兄道安。

昌綬頓首，初六日

一九

《曲録》感感。印價務請示下照繳。此上静兄大人。

弟綬叩，初十

二〇

静兄閣下：

前一星期預備往礦山察閱，乃以大風阻行，并失尊約，歉歉。昨韞公來談，托爲轉致，想垂炤《詞目》，曾屬草否？明日弟須往東城，又不克相商，奈何。弟意欲求公先作一稿，祇書詞名，不加卷數，以便補填。在弟舊目外者，可補於後，只分朝代，不分次序，但以毛、王已刻居前，有別本即注於下，未知可否？求裁奪，感感。此請台安。

弟綬頓首，廿七

此紙便於寫目録，附上少許，乞查入。

二二

手示快讀。柳詞經大校，精審無倫。又垂示勞跋，俾得成編，盛德閎業，感佩感佩。《文學通論》亟求落墨。通人之旨，迥殊凡近，有裨晚季學人，暇幸顧我，一聆緒論。《古泉彙考》分在綬處只二册，因須録劉燕庭題記，復還授經，容録畢送上。伯夔家遭鬱攸圖書浩劫，走與授經咸受影響，刻尚未得確音。不知能餘萬一否，言之慨嘆。人間先生閣下。

弟綬叩，初八

烟卷十包、皮酒四瓶附上。公於皮酒似相宜，如要，來取可也。

二二

手示拜悉。弟雖不往城外及梁格莊，而各事有須調度者，連日亦不得閑。上星期有愆尊約，歉歉。夔一處容詢之。《南唐二主詞》論定極當，祈作一跋，此外所得可作補遺。《姑溪詞》請公改補。弟於汲古所刻，均思有以易之，可易者約三十餘家。正擬作一目録，備記各本異同，此亦一家也。夢窗詞誠如尊論，惟詞體至此已數百年，天真之後，不能免人事；性靈之中，不能不講功夫，能深入乃能顯出。則夢窗超然獨異，非西麓、玉田一輩比矣。白石近疏瘦，夢窗近綿麗，友人中鄭尗問與古微分學之。古微學詞在我後，則成佛在後、升天在先者，其專摯不可及。此二人洵畏友，然亦各有流弊，專意振朱、厲、郭之頽風，又不欲强附常州流派，遂成此面目，走故從而斂手。走之尊夢窗者，正所以儆古微。此説甚長，容面陳之。静庵先生鑒。匆次，語不檢拾，恕之。

昌綬叩頭，十五

一三

頃惠顧，弟適倦卧，因便下燥澀，人甚疲困，失迓歉歉。《梅苑》誠如精鑒，其中缺字，按之曹本，皆係後添，亦一謬也。《吟咏》一首雖多出，而實與《望梅》互錯。惟有數處被妄人依曹本擅改，如『人人』改『才人』之類，可恨。『温陵』一印，似真而可疑。小重山館胡篴江乃嘉慶間海鹽錢夢廬之婿。此書似從浙中來，公是否欲留之？如不留，弟擬畀以卅元，不知肯易否，姑爲交與試之，如不敷再找補，費神，感感。若公要留，好在同一收下也。另寫一紙奉呈。静翁先生。

弟綬頓首

一四

昨弟歸，適公去，相違片刻，悵悵。大曲抄出一本，不得其句律，正在重録奉呈，兹將原底先送閲。明日下午能來談否？静兄閣下。王老爺。

彦雲書容轉交。

弟綬頓首，十二

二五

《説海》廿三册照收。檢《教坊記》，曲名之後有大曲名，刊本雜入曲名内，未提行。《踏金蓮》以下數之，凡四十有六。竊疑《唐志》四十六曲之語不爲無因，後來云四十曲，或舉成數，或宋時有所減省，乞再考之。書二册附還，小詞并政。人間先生。

弟綬叩，初三

二六

《史忠定詞》略校一過，句讀謬誤甚多，誤字亦未能正，求公細閲改定。尚須飭人重録，擬集一二十家付印，并求賜跋爲叩。人間先生。

綬叩，廿一晚

二七

覆讀尊製，爲斯道起衰，綿至之思，高渾之筆，傾佩曷已。竊不自量，妄有吹求，想不爲罪。望早日加之研削，寫定一本，弟願代刊，何如？格紙《山谷詞》附上。又鄭尗問詞寫本、刻本三册，請鑒。《姑溪詞》俟録出再繳。《平園近體樂府》毛本大謬，今附上，公可校入汲古本也。《山谷詞》亦祈校對。《琴趣》亦舊本，蓋依勞本所注，别鈔一目存之？人間先生。

弟綬叩，廿一日

《汲古目》中所注原幾卷？弟處無此目。共有幾處？幸爲記出。

二八

二十星期，想公暇，弟欲携《花間》《草堂》各本求撰考證，惟未知是日有人作古書會否？

若無此集，準於三鐘趨前，面罄一切。敬請静翁我兄大人台安。

弟綬頓首，十八

二九

多日未晤教言。大著必已付寫，拙序尚難交卷，愧悚何似。日來忽頭目眩暈，稍作憩息。有人托覓《全唐詩》精印本，公游廠肆之便，求代物色。倘有《佩文齋書畫譜》，亦希垂意，至叩至叩。人間先生。

弟綬頓首，廿五夕

《方回詞補遺》俟寫成即送覽，并求題記。

三〇

《昌平山水記》《香研居詞麈》撿得奉繳。《送袁樹五》諸作洵堪噴飯，彦雲『越女』『如花』

二語及後闋前半甚愜，餘亦平平。此册愈看愈奇。走所謂今世文字有極好極劣二派，何至一謬乃爾，可嘆可嘆。人間先生。

遯叩，十一日

族叔子修見貽新刻《杭州藝文志》，有詞無曲，而元明人中不乏製曲名家，公盍來一閲，將曲部另補一卷，爲吾鄉勝事。

三一

敝路開車禮柬，各署未能多送。兹奉上二分，乞分致韞公爲荷。静兄。

甘遯上，十四

三二

景元槧《此山樂府》送閲，批點皆依原本。此山詞絶佳，元人中不可多得。陳衆仲迂謬臭穢，無惡不備，只好割去，不能羼厠也。《此山》一册九月間當付印，尚有元槧《松雪》一卷可與相配。弟擬專尋舊鈔舊刊、有式可據者以付排印。授經處書云有二册，且云將與瑞翁易書，俟易成即奉上。人間先生。

甘遯上，十三

三三

於《夷堅志》中尋得巫山神女《惜奴嬌》大曲九闋，公如未見，必爲大喜，便中蓋來共讀。弟意世存宋代大曲多不傳，存者有限，至元已絶竟，當全爲鈔出，未知尚有何處可尋？人間先生侍右。

弟遯頓首，初九

三四

昨適有小事，赴路局一行，知兄與韞公欲枉顧，失迓歉甚。《夢窗詞札記》皆在滬，與古散録存，未遑訂補，後跋一篇亦弟作也。夢窗事實不過如此，若再搜得，尤感。迨刊成，弟已北來。古散持示去問，謂其校寫未善，大有問言，遂廢然度閣。此古散來信云。然不謂市中遽有傳本，可勝慚恧也。細看實不好，若走在南，必不任其如是，古微獨學無友，難怪其簡率也。公寓目所及，幸爲修改，將寄示古散，重加正定也。《陽春白雪》頗可愛，不知公何處得來，可代覓一册否？盧疏齋曲本不傳，見選集者凡若干闋，擬合其文詩詞彙輯。《天下同文》《元文類》、顧俠君《元詩選》，此外見於何處，乞留意。弟補出二詞，授經昨來，見之謂：『如是，則非《天下同文》本相。』其説良是，已汰之，當别成一編也。除夜無事率書，敬叩人間先生新喜。

甘遯再拜

見韞師，千乞致意。弟擬在家歇息數日，有便可來談。

三五

榮蔄襄校，欣賀欣賀。弟廿七移居甘石橋東斜街轉北穿堂門内。與舊居不遠，即在直北，仍依皇城根。新屋較寬，月初當治，尊奉約兄與韞公惠臨。不知何日進場，共需幾日。伯希和處，已將拙輯交鞏伯送去，聞廿八已行，果否？所印各件，先睹爲快，并有友擬多印一二分。頃䌹齋來函，亦欲得全分。未知交何處影照。公與韞師有新發明之説，似可合前目改訂。弟亦思附綴數言也。敬上人間先生道安。

弟甘遯頓首，廿九

三六

静安先生：

久未上書，至念。尊示收悉。授經近日暫往天津，須回來方移榻敝寓。正文事了無眉目，吃虧不淺。繆小翁寄售之書，與弟重習録板。此授經誤交正文者。另有數書，正向索取。不知公與韞公有寄件否？授經代韞公欲讓弟數書，當交帶呈韞公。承購唐人寫經，感謝。均此不另。承購龔札，至感，已代購經卷殘帙。日來匆匆，一切俟授經歸時代陳。夏劍臣代小坡刻《清真詞》，弟不以爲然。此事惟公考之最詳最確，兹寄上，求公隨筆糾其謬誤。至所引各書，無一古刻，專以毛本、王本《詞萃》《詞律》爲言，可謂托體不尊矣。歐公二詞已成，尚未印來。今接刻

《放翁》《酒邊》，并授經所讓，及《蘆川》、元本《草堂》《鳳林草堂》，大約有十二大册，須明年或可望成。此請道安。

弟綬啓，十月卅日

三七

示悉。《天下同文》《盧疏齋》外，均在元人《草堂詩餘》中，有原已入選者，有爲樊榭所補者。惟秦刻大誤，如『古荼蘼』『新荷葉』乃是對句，秦刻不知，誤『古』爲『乍』，遂不可句讀。他皆類是。不知顧刻《鳳林》本何如？其詞皆甚佳，精鑒佩佩。且俟君直跋來，若未詳盡，尚須求公作跋。楊刻《天籟集》即半唐所繙祖本，弟未之見。《周此山全集》容抄畢奉呈。宋元説部、集部，俟熱河四庫書到學部，必可盡見。静兄。

甘遯，廿九

三八

静安先生鑒：

曾兩寄書與授兄、韞兄，未得復，不知達到否？弟一切如常，惟俗冗。自寓冰窖胡同後，省每日二次乘車，而午後轉無暇也。陶子麟已通問。《歐詞》二種，日前寄二百元，屬其速刻。舊曆秋間可成。《尗問詞》一册亦交龍華齋，刻將成。兹請韞公先書『樵風樂府』四字，附上紙式，能即日見賜，尤感。自諸公行後，弟與文字隔越萬里，遥想海東譚藝之雅，能無神往。繆小翁亦久未通信矣。手此，即請道安。

弟綬頓首

三九

人間先生：

正盼念間，接讀手告，欣慰無似。諸公得寶，弟則昏冗日甚，奈何。伯羲祭酒遺書僅收一

《五代史》，宗文書院刻究是元本否，求爲一考。《琬琰集》迄未見，極欲得之。《玉臺新咏》、明抄《鐵網珊瑚》《人物志》，又《牧齋書目》李南澗抄校。及四庫校抄原本數種，《酒邊詞》亦購到。俟歐公二詞刻竣，即當續刊。藝風老人病起，有書云『爲我景抄《蘆川詞》』，合之《放翁》，已有五種，聊自娛耳。《尗問詞》刻成，專候韞師書『樵風樂府』四篆字。恐前寄式樣遺失，今再寄一紙，務求敦促寫示，至叩至叩。日來甚忙，不克詳陳。敬問旅祺，不一一。尗蘊、授經二公均此，恕不另緘。

綬上，九月二日

如得舊刻、佳鈔詞，求公爲垂意，雖極昂不靳費，候示即行寄值，至禱至禱。

四〇

刻《雍熙樂府》《草堂詩餘》之荆聚，原來是一内監，公想早知之。公有《雍熙樂府》全本否？弟搜括老譚所有各卷，尚多缺葉。大約全書二十卷，有三十餘册。尊詞不自刻，何妨寄弟刻之。公等居近山水間，欣羡不置。弟在南口五閲月，又歸西城，深悲薄福。今年濕甚，病大作（原件

下缺）

四一

王老爺。顧談甚快。求假《新唐書》，一拾辛氏事，或將《舊唐》并付下，閲後即繳。静兄大人。

弟綬頓首，初八

四二

後邨《最高樓》詞有云：『且緘了、湇夫三妹口，更袖了、坡公三制手。』此篇慬《大全集》有之，『三妹』字如何舛誤？『湇夫』是否范祖禹？公能撿其出處否，盼盼。人間先生。

綬上

四三

漚尹寄來《後邨詞》五卷，弟意可將新刻本裁開粘綴，詞名仍低二格，題目仍作雙行，求公審定。節後即商付刻，何如？《薰習録》已成大半，惟刻詞須另定版式，乞籌之。此上人間先生。

弟綬頓首，初八日

卷中空闕甚多，如毛本或《閩詞抄》，所有未便據補，只能仍之。

四四

聞公目疾未愈，日前托卡韞代爲致候，日來已安好否？念不可言。弟畏熱不出門，未獲走叩。南中者來書甚寥寥，可恨可恨，只得秋間專人往取。楝亭刻本《都城紀勝》附奉采閲。《麐楥詞》刻成，送去五本，乞爲分致朋好。敬叩静兄大人痊安。

弟綬頓首，廿八日

《薫習録》首册居然寄到，已寫樣彙付刊工。

四五

《宋大曲考》細讀一過，略有獻疑，得暇乞顧我一商。《提要》云毛西河《詞話》紀曲文漸變戲劇諸説，公曾見之否？弟欲得此卷及陳霆《渚山堂》、方成培《香研居》、蔣劒人《芬陀利室》各詞話，公至廠肆，幸爲物色。又丁某《聽秋聲館詞話》四册亦可收，弟昔均有之。又廠肆有《西泠詞萃》否？因弟手頭無《簫臺公餘詞》《無弦琴譜》。人間先生道安。

弟綬頓首，廿六

四六

日前所商拙輯詞目之名，反覆思之，竟無善法。擬於首行直題曰『雙照樓詞目』，次行署名，三行以下爲序。書分三卷，其式如下：

詞目一，別集上，或云五代宋人別集；詞目二，金元人別集；詞目三，總集。如零章碎義無可歸宿，或另爲附録一卷於後。詞話、詞韵寥寥，决計去之，或附總集後。何如？每詞之下，各著其來處，似不嫌攘美。乞兄爲更籌之，倘有善法，必遵改也。日内擬先做出十餘家，求兄審定。注語不少，隨文互見。如《樂章》《白石》皆最難做者，因始終未有定本。宋本《酒邊集》校以《樂府雅詞》，悉合，真可貴重。拙校太草草，有不應改處，公爲正之。

四七

示悉。《錦鞴》一闋，承爲檢得出處。《湖上》一闋，重撿侯本，云出《瓊花集》，此明人輯者，弟有《别下齋叢書》本。覆視，果有之。方回佚詞已得來歷，惟如《粹編》《瓊花集》均明人所編，意必另有出處，姑照録之，再尋祖本，何如？尊著二十前必繳上，惟拙序苦思未能寫出，俟晤再商。人間先生左右。

綬頓首，十五

四八

李上交《近事會元》，公有其書否？偶見《畿輔藝文志》謂有『樂曲』一類，幸考之。藝風云，曾以《花草稡編》與《歷代詩餘》對勘，或有或無，絶非同出一源，此言果否？《清真遺事》小跋即當交卷。人間先生。

弟綬上，十一日

四九

昨在古書會，座無車公，爲之悵悵。授經新得明萬曆本《花庵詞選》廿卷，甚佳，合以嘉靖本《花間》《草堂》，倘得合以石印，豈非大快。公暇蓋來一閱。忽見《花庵》評魏華父詞，謂《雀山集》皆壽詞之得體者，乃知竹垞但見此語，而未窺本集也。此上人間先生。

綬頓首，十五日

五〇

近爲俗冗，婁次失迓。今日約呂幼舲在十刹海小叙，恐路遠，遂未拉公作陪。散時尚早，與藝風諸君同至圖書館一覽。弟注意《溧水縣誌》，自往尋之。初謂無此，及往撿，果有四厚册，乃康熙十五年重修。知縣事者有周邦彦，《名宦傳》中有小傳十餘行。又有文一篇、似爲瑞竹等類。詩二篇。名勝各類，或尚有文字。匆匆翻過，想全書必尚可蒐采。藝風先生雖許付胥鈔示，恐未能完備，最好請公得暇親往一看，自行抄寫，必大裨清真掌故。或俟尗韞先生去時偕往，此事請詢韞師便悉。若不果行，則弟出月覓一暇日往抄亦可。静安先生。

弟綬頓首，廿九日

五一

近日碌碌，久未與公一談。兩示拜悉。韞公歸來，乞先道候。勞鈔《盤洲集》題字，曾入

《碎金》卷中。定庵自刻詩，弟亦有之，若得《己亥雜詩》及詞最妙，或所刻内典諸書，尤足珍也。頃從南中購來丁氏刻《杭州往哲遺書》，公如要，可來撿閲。《湖山類稿》亦在其中。陳定宇詞，極盼極盼。暇擬約公與韞兄小酌，容再奉訂。此請人間先生道安。

昌綬叩頭，十七日

《天下同文》戲以活本印出，居然可觀。附上十册，乞分與韞兄爲荷。勞跋亦付印矣。

五二

《曲録》一部中有缺葉，送請換付，并望代印十部，由弟繳價，以寄友人，爲公廣不朽之傳業。想允可。弟得暇當以朱筆爲校讀一過，俾可修改。人間先生。

弟綬再拜

作《紅樓夢曲》之高蘭墅，名鶚，乾嘉間翰林，《紅樓夢》『沁芳亭』後各卷有人云亦高作。

五三

卡韞兄處《説纂》共若干册，《青樓集》一册在弟處。求公便中代借一觀。歲闌無可消遣，手頭又無一書，徐刻《太平樂府》及《夢窗》新刻本，尊處有之，亦求暫假。敬叩静安先生年喜。王老爺。

弟綬頓首，廿六

五四

《梅苑》二本，弟擬留之，送上銀洋三十元，乞轉付。此書首既缺葉，中又多誤，特以舊抄存之耳。静翁先生。

綬上，廿九

五五

漚尹寄到尊詞，來函極道佩仰，謂頗有疏蕩之致，然志不離於方罫者。又附上《半唐定稿》一册，後有新刻《賸稿》，均祈察收。大雀自定《樵風樂府》祗百十餘闋，當先刻成五卷，再以未刻詞續之。亟欲刊成，以慰其志。敬上人間先生。

甘遯叩頭，重九日

五六

南中取到書無多，然有陸氏叢書。等公暇，蓋過一閱。此上人間先生。新廉子。王老爺。

弟綬頓首，二十日

五七

忽思林黛玉之父是兩淮運使，而曹雪芹之父是兩淮鹽政，豈曹藉林自喻耶？此説有人考及否？又怡紅院、悼紅軒必有緣故，敢質方雅教之。人間先生。甘遯上。

曹是做書之主人翁，林是書中之主人翁，豈曹假以自述歟？如是立説，則向來一切臬砌冤案皆可了結。因舊時以曹在局外而爲此書，不免疑議。若即曹即林，一切冰釋矣。

五八

連日未晤，爲念。授經送來日本金澤唐本《文選》，絶奇，想公在韞兄處已寓目。弟細加整理，凡得十七卷，名曰『集注』，小字本同，其正文與善注、五臣注互有出入。有完有闕，全書分百廿卷，祇存七分之一。李善、五臣注與今略同，而虚字極多，知今本曾經删節。中有小字半卷，比大字者注語尤詳。別有所謂『鈔曰』者，有稱『音決』者，有稱『陸善經本』者。此三種，中土所無，弟當爲詳校，仍須求助於高明也。公往韞兄處，能代檢日本書目二三種暫假，尤感。《隋唐志》亦希一查。弟無書可翻，奈何。静兄大人。

弟遯頓首，初四

五九

昨顧談甚快。《酒邊集》草草校出一本，請公爲之復勘尊藏，亦可傳校一底本也。宋本精審處多，亦有一二誤字，比毛刻則遠勝矣。弟所校太粗率，授經《六十家詞》多經校過，將來當以公所校與之傳寫。此請人間先生道安。

弟綬頓首，初八

六〇

静安、未言、授經兄同鑒：兩月以來，未得示言，極深馳繫。近狀如何，至盼好音。弟凡百如常，但塵冗耳。手問旅祺。

弟昌綬謹啓，八月廿一日

六一

鏡裏踟躇覽鬢華，塵中躑躅送年涯。朝於貰酒官仍隱，病榻攤書旅即家。燈吐穗，窖移花，鳳城春色幾分賒。不知筋力新來懶，笑對西山看曉霞。

己酉歲除，偶成小詞，檢夢窗癸卯除夜之作，用韵巧合，因亦以《思佳客》名之。

庚戌元日，甘遯志

六二

我本天公蟣蝨臣，萬人海裏著吟身。戰寒酒力禁持夜，俠座花光供養春。簪勝巧，換符新，幾家簫鼓動城闉。衆中乞與清閑法，障面車輪九陌塵。

庚戌元日再賦《鷓鴣天》，呈人間先生正和。

弟昌綬

六三

奉讀尊著，螯然有當於心，欽卬無似。《詞話》倆美稼軒，與鄙意正同。南渡以後詞家針縷日密，天真日鬨，賴此一派，能自樹立。如于湖、履齋、石湖、南澗，其胸襟氣象固非邨學究所能知，亦非江湖文士所能辨也。惟《夢窗》四卷，尚祈更一審之。《南唐二主詞》乃汲古寫定未刻之本，中多附注，尚是宋人之舊，侯刻即出此本。似當據以爲主，《全唐詩》不甚可信。再取他書校補。南詞本同出一源，今以呈覽。輯本詞二册，讀竟附繳。尗韞先生賜書封面，乞先致謝。星期午後如暇，必趨前聆教。惟恐爲事阻，如三鐘不來，請公勿候。弟所抄《小山小令》在南中，此間有一巾箱本，容向友人詢之，不知在手頭否？翰文各書，大約伯揆、授經取去，弟未携歸也。此請人間先生道安。

弟甘遯頓首，初四

六四

頃爲公思得一法，專蒐五代唐宋元人詞之遺佚者。凡有集者不采，見於《花間》《尊前》《草堂》《鳳林書院》諸選者亦不采，以元人選本爲斷。譬如孫淵如輯《續古文苑》，既不收本集，并不收《文選》《文苑英華》。如此則路徑較窄，於古人甚有功，兼廣異聞，但須別輯詞家故事爲一書，仿計、厲《紀事》例，如何？石刻諸詞，弟當助力，雜家小説，全恃博徵。静兄大人。

弟遯頓首，十九

六五

復示敬承。《花草粹編》本授經十六來此，求代借閲，既送去，甚妙。弟謂此是《歷代詩餘》底本，若欲重刻，不如覓金孝廉校注江寧圖書館有之。爲是，刻此無謂。公以一夕之功寫定新著付鈔，甚佩。弟所諍皆虛字，小小抵牾，特連夕搆思，作一跋尾，未成，荒落可愧。餘再面罄。

静安我兄。

弟綬叩，十九夕

六六

《昌平山水記》求付一觀。初十午後，彦雲及舍表弟沈研裔約作廠肆之游，弟當於兩鐘至清祕閣南紙鋪。不識我公能同往否？人間先生。

弟綬叩，初九

六七

《花草粹編》思之十餘年，公竟購得，欣賀欣賀。東山佚詞，幸即撿之。《宋史》照收。鄦林生元豐八年，卒年六十八，可爲作譜矣。人間先生。

綬上，初十日

尗韞《草堂詩餘》及公另收一本，便中見假一查。

六八

《詞録》之成，非藉手雅材，不克集事，弟當盡括所存爲助。《大聲集》輯本奉上，未審尚可增補否？凡輯本可彙刊一帙，如公之《後村》、鶴亭之《冠柳》、吕幼舲之《東萊先生詞》吕本中。弟尚有數種也。萬俟多新聲，田爲附之，求公諟正爲荷。外，格紙請轉乞叔韞兄寫『麐楥詞』三字，日前面交之紙，恐忘却也。敬上静庵先生台安。

弟昌綬頓首，初一

六九

《美人鏡》草草拓一紙，乞携與韞師鑒之。鄙意字皆小篆，不能甚古，但不審何以如此措詞，似戰國至漢初人口氣，抑有他説耶？此鏡實極精美，弟深愧孤陋，究曾見有此種字否耶？望韞師示我。

六朝人不應如此説法。《先妃本紀》刻刻在心，弟欲沿藝風《秦淮話舊》之例，作《蘇臺話舊》一書，約可得十卷。少小隨宦，蘇臺故事最熟，有吴中人所不及者，久思一一述之。西施事實大約唐以前書無不有之，難得細心人一爲搜撿，盡注出處，勒爲長編。將來編成二卷，以冠《蘇臺話舊》，豈不大佳，静師能助我否？明板書目亦至要事，匆匆不及上兩公書，乞道罪。

徐森玉（一通）

静庵先生左右：

前奉手教，適赴昌平，今晨始返京，遲答爲罪。《雙溪醉隱集》鈔雖及半，頃盧君信之，亦托傳寫此書。公已購得《知服齋叢書》，或將鈔本歸盧君，亦可俟畢工後，仍聽尊意去留也。叔平兄在磁州獲得後趙建武四年泰武殿前猿戲絞柱石題字，極精。已囑叔平以墨本寄呈審定。肅覆，敬請道安。

徐鴻寶再拜，五月廿日

楊鍾義（二通）

一

静菴仁兄大人閣下：

頃間明玖同年來寓，開有應拜各處往址一紙，乞檢入。廿五日公如得暇，可相約同往，或琴從惠臨鄙寓同行，抑弟趨詣，均可。并望酌定時刻，兼借尊紀執貼也。此頌台安。

弟義頓首，廿三日午刻

二

長至次晋安先生韵

心在猶欣影未徂，重陰短晷感羈孤。風瀟雨晦連昏旦，地闢天開信有無。泥濘自然甘塞向，冰嬉幾歲罷張弧。朱弓赤矢方稱瑞，猶有東人頌跋胡。

前詩率筆，不足言和。復誦來章，佩極。

羲上

易培基（一通）

靜菴先生左右：

久未見，亟念。今日午後六時，恭治菲酌，敬望惠臨。并約鳳孫、奐彬、尗海諸君矣。席設南鑼鼓巷井兒胡同七號敝宅，務乞早臨爲感。此問道安。

易培基再拜，八月十七辰

應奎（四通）

一

十七日去西陵，工程事曲折本多，而承攬其事者事前接洽似又簡率。惠顧，失迎候，罪甚罪甚。還件敬收。貞老來信否？東京有無寄印圖籍？至爲馳繫。一震之威，舉世同凛。進領教言，未值，悵然。留呈静公先生道安。

名正肅

二

頃得一山轉來金息侯信，御筆親書『碩學孤忠』四字。上二字其隱文乎？下『忠』則昭顯矣。未謚之謚，天聰如見。久承廑注，果副淵懷，即以奉告。黄門文如《兩都賦》，無有能低昂之者，觀止嘆服。庸陋未足以形容高深，俟後命詣謝。静庵先生著安。

應奎謹啓

季申得禹九信，謂以乙師恤典，雪老、晴初與師傅争論正切。

三

昨函遺雪老信，今并封老世兄師韓信仝上。前日王病翁來，云晴初致陳筱帥信有遺摺初三上之説。京津消息亦祈隨時示知爲感。即請静安先生道安。

應奎叩

四

黄門墓誌承先生成美，慈護感激涕零，受賜實深。報德愧淺，請公勿辭爲幸。專叩静安先生著安。

應奎謹啓

雪老書附呈。

大稿成後，即交前途，不屬謝石尚書，公文原無差別，謝書浙中有精鑒者。此事惟愬先生一人。

袁勵準（九通）

一

靜庵仁兄大人閣下：

徑懇者，弟去冬所得毛公鼎拓本册頁一紙，刻已另備舊紙，裁成册頁，請叔言先生書鼎銘。以周戚潤筆。又備數紙，擬懇吾兄分録阮、徐、吴子苾、吴愙齋各家釋文，請多録數家，以資印證。末葉請録大著《釋文》，擬以舊墨潤筆，緩日隨册頁同呈。匯爲巨帙，蔚爲大觀。但界細烏絲直格應用幾分寬者方爲合宜，請示知爲叩。即頌道祺。

弟袁勵準頓首，候回示

二

丙寅元日感賦

南都水火事猶新，侍從無多感積薪。至竟道銷窮甲戌，還思祚復衍庚申。年來瑣尾悲中露，夢裏朝元愴令辰。惻惻輕陰疑日暮，瓊花黯澹不成春。

靜安仁兄大人吟正，并希和章。請勿拘原均尤感。弟袁勵準初稿。

三

本月初六日午前，倫貝子之弟侗後齋將軍屬代約至崇效寺看牡丹并午餐，祈早臨爲荷。即頌靜安仁兄刻佳。

弟準頓首，初四

四

日前承賜書《毛公鼎釋文》，詳審精密，如獲環寶。惟字數太多，補呈二紙，殊滋愧耳。兹續懇者，弟所摹《耶律文正像》，已請同直諸公各録詩一首，請吾兄録樊彬一詩。兹將襯格褙於右側下方，并捲有原詩稿紙。能請格外費神，今日即賜一揮，約百餘字。尤感。緣明日瑞宸住班，擬携入内也。虚白齋箋宜用濃墨，方有墨彩。惟請吾兄所書一詩，字格太小，又復能事而受迫促，益滋愧也。一切統容晤謝。敬請静安仁兄大人早安。

弟準頓首

『康强逢吉春』條，弟已補書交朱慕方，明日可携歸也。

五

兩奉手書，得悉一切。承題散氏盤，屢瀆至感。明尺屬尊古精拓，呈上，希察入。十七晨謹煮茗恭候，該尺儘可携去一展覽也。散盤題本祈携下，至叩。即上静安仁兄閣下。

弟準頓首

六

静安仁兄大人閣下：

車站一别，積想甚深。徑懇者，前允賜題《散盤釋文》大稿，無厭瀆清，悚息殊深。兹將賜本左方裁下寄杭，請絅齋録舊題；再將右方裁下，界出暗格，請撥冗賜題釋文，尤足爲此盤生色也。瑣瀆清神，不安之至。敬請台安。

弟勵準頓首

七

敬安仁兄大人閣下：

本月十一日，爲楊琴老六十正壽。兹覓得舊高麗牋，裝作九幅，内廷同事各賦一詩，請日内先將詩擬就，初八日午後裝齊，祈飭价携一元二角到敝寓來取爲荷。即頌台安。

弟袁勵準頓首

八

手示敬悉。前送去暗格紙一張，求題《散盤考據》。弟所以界暗格者，欲免不能整齊之弊，如嫌字數不能核算，祈台駕入城時將大稿及暗格紙携交弟處。弟當另備紙條，將大稿字數排齊，作一底本寄上，决無不整齊之弊。弟素長於排算字數，前合題之《耶律像》即經弟手排，故能整齊乃爾，無庸鰓鰓過慮也。但再三之瀆，不勝悚息，希諒之。然此爲亦非公莫屬也。手復，敬請静安仁兄大人刻安。

弟準頓首

九

手示敬悉。頃賞下，明晨須入内，衹謝賞，并可照單携給。另紙希轉致芷老。順候静安仁兄台祺。

弟準頓首

惲毓珂（一通）

芷姓、静安兩先生奉召入直南齋，不日北上。於其行也，詩以贈之。風雲假擾之迹，友朋離索之感，蓋不敢形諸楮墨也：

聯步趨中禁，先朝本近臣。幾年爲異客，今日又王人。樓蜃迷滄海，宫鶯囀暮春。衣冠循漢臘，猶勝義熙民。

啓沃原非易，端居格聖心。考工資象譯，泮水絶鴞音。寶録千秋鏡，薰弦五柱琴。北門新學士，長念受恩深。

南蘭惲毓珂初稿

章鴻釗(一通)

敬庵先生大鑒:

一别十餘載,思胡可支。回憶曩在滬瀆肄業時,朝夕過從,迭聞教益,此情此境,胡可再得耶。頗思修簡,有所諮承,蹉跎至今,彌自悚歉。去年遇叔言師,信詢起居,藉知一二。今在君兄自滬歸,又爲弟言,益爲之懷想不置。兹奉上拙著《石雅》《三靈解》各一册,伏希教正,幸甚幸甚。我公著述日富,如蒙有所賜教,俾識指歸,尤所願也。敬頌撰安,不一一。

弟制章鴻釗頓首,二月十三日

章　棖（五通）

一

靜菴先生台鑒：

久未通問，念念。公在清華，得教育英才之樂，聊以爲慰。有第三院學生湖南人齊希潞，號博緣，年廿零，奉志行，學問何如，性情脾氣何如？有友爲小弟執柯，務乞詳示爲盼。弟自去春大病之後，精力日遜，唯有杜門養息而已，無一快意事可言。沕請著安。

弟棖頓首，三月十五日

現寓法界拉都路三百六十號福壽廬。

二

前日所談事，令親處已去信否？劉祭故文附呈台閲。泐請著安。静菴先生鑒。

弟榎頓首

三

静安先生台鑒：

大喜欣慰之至，敬賀敬賀。敝同年金息侯前次信來，稱台從如上渠處，可以下榻。因公回海寧，未及轉達。頃又得其十五日信，稱王、楊二君均久無北上之信，内廷諸公頗爲盼望，屬轉致意等語，敬以奉聞。祗請喜安。

弟榎頓首，十八日

四

静菴先生台鑒：

奉廿四日惠教敬悉。内殿論思，嘉猷崇楙，主以爲至。前械尊即交寄杭州。小泉已到館，月薪五十元，編六書説，即以奉聞。益請台安。

弟棖頓首，四月廿七日

五

静菴先生鑒：

久病承枉存，尚未答謝，感歉感歉。賤軀漸好，猶未復原，故不敢多出門。前次大風雨，書室皆漏，從尊處借閲之羅叔耘同年信忘未送，遂亦被濕損。今特寄繳。泐請著安，餘容晤談。

弟棖頓首，七月廿五

張美翊（一通）

静老先生有道：

別來正深馳繫，忽奉手翰，藉諗佳想安善爲頌。毛公鼎第一重器，拓片且索重值。承囑轉問周君，弟明知敝鄉多金者不能爲此豪舉。茲接復函奉覽。雪堂爲京旗振事，晤談數次，惻然仁者之言，老年進德，洵可佩服，却未暇問及鼎事。鄙意不如請雪老設法告徐東海，索性用國債證券數十萬購存國子監，與石鼓并存周代古物。民國本來負債億兆，何必惜此區區。幸便中商之雪老，以爲何如？復問道祺。

愚弟張美翊頓首，十七夕

附：周鴻孫致張美翊（一通）

讓三老伯大人閣下：

敬啓者。接展手翰，拜悉種切。承抄示王静老函，述及有毛公鼎懸值待沽。其器之寶貴，洵如静老所云，歷來均爲金石名家珍藏，方之寶玉、大弓，誠蔑以過。撫懷舊之蓄念，發思古之幽情。失之東隅，至爲可惜。但侄蠡測滋慚，管窺囿見。莫釋雲靁之文，敢辨球鏄之刻。鑄鎔邃古，力與心違。尚祈婉復静老，曷勝感佩。至敝處搜集，僅同燕石，誠難與語大雅之林，容日後再行奉覽。專肅布歉，敬頌台祺。

鄉愚侄周鴻孫謹啓，十一月既望

張爾田（一百三十六通）

一

靜葊我兄執事：

得惠書，以病目未及答。尊文嶾朗條達，自是學人佳構，弟頗喜之。弟文未免太鬧狡獪，當其下筆，殊不自知。然因此反爲世人所推。生平之學，竟爲之掩，可謂不值。海内交游雖廣，能知弟之學者，惟兄與益葊耳。所寄尊文，小部在益葊處，竟未交來。倘出先能，再以全部賜我，尤感也。陳君重遠，提唱孔教甚力，其太夫人七月十二壽辰，擬徵海内能文者爲母壽，囑爲介紹，事略再奉上。渠擬將來刻一書。如肯爲作詩文，隨時可交，不急急也。此頌著安。

小弟爾田頓首

二

靜荐我兄惠鑒：

久未得君書，豈爲著書勤恁無暇耶？弟入秋以來多病，館課餘閑，但瀏覽内典，聊以養心。人年四十，已長進不多，又處此不悦學之邦，無良師益友爲之觀摩，其不進而退也宜矣。都門一班老輩，大抵冢中枯骨，其高者比之游魂爲變，惟桐城馬通伯尚不失爲儒者，其所造述雖未深，皆粹然有君子之養，然近亦退而學佛矣。而大學堂方不惜出其魔力，摧殘學術，後生小子，趍之若狂。不及三十年，中國將無一學者，可斷言也。共和不過七年，而江湖日下已如此。我輩不幸而讀書，又不幸而有智慧，其所感痛苦，較凡民殆尤無央數。伏處蓬蓽者或未之知，一涉世則立見矣，奈何奈何！近有一事差可喜：大學堂教員胡適所作《墨子哲學》，其根本繆點，弟前函已言之。前月，夏穗卿以其書屬爲審定，弟即草一書，洋洋數百言，痛駁其誤。一日穗卿函約過談，云有好音相告。急往，則胡君適於昨日來，穗卿當面出鄙書大斥之矣。晚間飲席有林琹南，弟偶述及此事，琹南急出席握余手曰：『雖與君初交，今日之事，不可不一握手！』嗟乎，自大學爲陳獨秀、胡適輩一班人盤踞，專創妖言，蹈溺後進，有識者殆無不切齒，亦可見怨毒之於人深也。兄不來此，真有先見。望便轉告益蕣，以爲笑樂。吴瞿庵在校，彼輩已議其太舊。以瞿庵之雅俗共賞而尚以爲舊，若使彼之教育普及全國，則我輩之不受坑也，蓋已僅矣。言念前途，不寒而慄。古微丈聞游西湖，近日歸未？培老想常晤。弟歸計尚未决，居停主派赴日本，家中無人代爲照料，不能不需其歸再作行計也。此間天氣已凉，滬海何如？得暇乞常示音問。專此，敬頌著祺，不一一。

小弟爾田頓首

三

静蕣我兄有道：

損書知動定清佳爲慰。尊詞循誦，頗有黝栗之色，故當佳作。并世詞流，夔笙要爲一作手，彊邨終覺努力，不如其自然耳。弟本多病，近又感流行病，委頓兩星期始霍然。此間天氣早寒，已重裘圍爐，蜷伏一室。温燖經史，閲宋人經説數種，雖不及近儒精湛，然亦有近儒不能及處。擬取通志堂所刻遍閲一過，必當另闢一徑也。近晤馬君夷初，其人新治小學，頗有心思，惜尚未成家。居停主赴日本，至今未歸。弟須其歸，方定返南之計，但恐今年不能遽歸。得便望常示音問。敬承著安，不一一。

弟爾田頓首

四

静菴我兄惠鑒：

久不得書，正深馳繫，忽郵到詩柬，發函伸紙，如親故人言笑。詩意沉鷙，於近日魚龍曼衍之局，可謂妙肖。適有友人在座，讀之亦深喟也。弟至日亦有小詩二律，寫上采覽。

近爲馆役所牽，不能潛心素業。大學堂有馬君彝初，其人者頗可談，與之研討竺典，饒有興味。渠欲得尊著一二種讀之，惜弟行篋未曾带來也。浩吾云在滬曾晤兄一次。弟擬舊曆年终返滬，現在滬寓已移貝勒路同益里二弄九號矣。知念附聞。此頌著安，不一一。

弟爾田頓首

五

靜蓀我兄大人惠鑒：

得報書并新詩三章，諷咏不能去口。并世能爲玉溪派詩者，兄得其典實深穩，君直得其感愴清峭，若弟所作，未免傷於華。近頗思以沈鬱藥之，惜積軸不足以驅使耳。兄謂生平讀詩不多，大抵此事非我輩所尊，譬猶鼷鼠飲河，但取滿腹，然學問深則出語自然異人，正無取乎多讀詩。若近日號爲詩家者，集部書滿架，全不知向學問中求之，枵腹而貌古人，其不流爲白話詩幾何！弟嘗謂經史根柢之學不講，則詩文一道必日趍於斷港絶潢，今已兆其端矣。弟爲館役所牽，意緒闊落，非復往時。然竊自念故國已矣，惟修史自效，庶酬萬一。幸《后妃傳》已告成，差足正野乘之誣。近爲《刑法志》，於宣統末争新律者，耆録尤不敢苟。國可亡，史不可亡，或者稍存正義於幾希，此亦窮而在下者之責也。

比閲市，以廿餅金買得明程刻《論衡》一部，同時又見一通津草堂本。擬取兩本與日本刻、鄂刻對校一過。此書謬誤太多，非勘一善本，殆難讀誦。曾見君直藏宋刻殘本數卷。兄生平亦見有佳槧否？仲任兩漢通人，其書亦自開户牖。曩撰《史微》，頗有意準之。今老矣，猶嗜之不厭。談助之學，得無爲兄所哂耶。

弟歲暮本擬南旋，與諸故人聚首。惟弟之歸必須先與館中交涉，薪水照寄，方能坦然就道。若不得當，首途當又從緩矣。去歲莅館，薪水已爲扣去半年，今故不能再蹈此復轍也。乙老明歲七十，兄等皆有嘉篇，弟亦當在獻言之列，惟邇來文思奇澀，心如眢井，奈何奈何。益葊嗣馆何時？想常晤談。古微丈有西河之痛，聞意興索然，爲聘山諸公拉游湖上，久未得隻字，殊念念也。專肅，敬頌著祺，不一一。

小弟爾田頓首

《續聲均考》是否即《唐均後考》瀚怡擬刊之叢書者？竊謂兄此後所著，自以刻木板爲宜。若哈園排印本，久必散佚。即此一端，足見新者易敝而舊者能久也。

六

静葊我兄惠鑒：

前肅報緘，當邀察及。數月前，弟因梁君殉清，曾與陳君重遠一書論之。不幸海上諸公見者大加訾謷。此事雖微，而關於弟一生志行則甚大。兄知我者，敢一陳之。

梁君之死，其志誠可嘉，但吾人持論，當爲後世標準，則必當繩之以經誼。所謂賢者俯而就之，不肖者跂而企之。考六經，以事死君難者蓋有之矣，未聞以殉君見褒者也。崔杼弒齊君，晏嬰赴之。人問嬰：『死乎？』曰：『君非爲己而死，吾安得死之。』逢丑父與齊君易位，以詐晉師。以後儒論之，忠莫如丑父，而董仲舒謂丑父當服上刑。且父子，至親也，不勝喪而死，比之不孝。夫婦，至親也，公叔文伯死，婦人自殺於房者四人，其母敬姜不以爲然。夫以父子、夫婦之親，聖者尚不忍責人以死，况君臣之以義合者乎？

君不能私天下爲己有，臣亦不能私君爲己有。此非弟之言，黄梨洲已先我言之矣。君之定詁，本有廣狹二義。《廣雅》：『乾、官、元、首、主、上、伯、子、男、卿、大夫、令、長、龍、嫡、郎、將、日、正，君也。』此已不局於帝王，故士之妻稱女君，而學者亦可稱君子。若以狹義言之，嫡安得儗帝？而學者以太子自居，亦嫌非分矣。凡弟所發明者，皆古之誼。古之誼不行於今也蓋久。昔汪容甫作《女子許嫁而壻死從死及守志議》，見笑當時。弟今亦以此論得罪清議。立言不慎，千古同慨。

雖然，弟之爲此言也，蓋亦有以。彼辛亥之役，豈辛亥所能告厥成功哉。彼以二十年之功，披其枝而顛覆其根本，始有今日之效。今欲興復之，必須先扶其根，而後徐理其枝葉。爲培本計，非昌孔教不可。昌孔教，非先以國教立之礎不可。國教一定，則上可握教育之權，下可改造輿論。以五十年爲期，我身雖不及見，我子孫必有幸丁其時者，則我列祖列宗在天之靈慰矣。而當兹國教未定，欲委蛇以達此希望，則又不能不濟以權道。《春秋》重反經，大《易》貴隨時，《禮》以義起，《詩》《書》無達詁，從變從宜，六經誠證，較然明白。弟於故國，位在四品，不可謂卑；天澤大義，寧不素講？顧乃不忍老死空山，僕僕焉冒不韙而爲之，亦以弟所處之時，非梨洲、亭林之時耳。故弟之言論，其見於重遠處者，皆弟之策略，而非弟之學術。弟誠不敢愛惜名譽，而欲爲天下播此一粒種子。七載以還，長圖大念者何心？草間偷活者何事？每一根觸，未嘗不仰天椎胸，泣盡而繼之以血也。而今已矣，既不見諒於新，且不見諒於舊，吾倡焉而無人和，吾導焉而無人相，則吾之道其終窮矣乎！

益蓴勉我少説話，亟感良箴，此後當學金人之三緘其口。但願世人謂此物愚，此物不識字，則是我生獲忠肅之謚也。不勝猥瀆，聊復爲兄一吐心膈。知我而外，望勿示人。裁書布臆，臨題黯然。專肅，敬頌著祺，不一一。

小弟張爾田頓首

七

靜蓀我兄大鑒：

得惠書，敬悉壹是。梁君事本不必論，以弟言既出，有關於弟人格之處，故與兄私論之耳。培丈相知最深，當必無異議。聞渠已遷居，是否威海衛路，門牌幾號，兄知之否？便望示及。歲暮不能遽歸。弟所纂《刑志》，已半年未交卷，緣此書預定四卷，成則頓成，不能論葉數零繳。現館中新章，每月必須有工課，否則扣薪。弟已在例外，故必須俟成後或先交一卷，方能請假作歸計也。實則弟歸滬亦無所事事，而史料此間爲多，反不能握筆矣。益蓀想常晤，明春何時到館？鳳老《元史》已裒然成書，廠市書坊多有賣者，惟購者不多耳。此復，敬頌著安，不一一。

弟爾田頓首

八

静蓀我兄惠鑒：

昨晚奉報書，當復一械，想早察入。頃又得益蓀書，知培丈確已遷居威海衛路，惟門牌第幾則益蓀忘却。弟刻有致培丈一書，擬付郵，恐失遺，而敝寓僕人新換，又恐送誤。兹特寄上尊處，祈代封飭人送去爲荷，拜托拜托。益蓀云二十二返蘇。近君直嫁女在滬，想常晤談。餘詳前函，不贅。專此，敬頌年祺，不一一。

小弟爾田頓首

九

奉書極慰。弟前書，因讀書偶有所感，故不覺爲知己一傾吐之。亭林不云乎，『既以明道救世，則於當今之通患而未嘗專指其人者，亦遂不敢以辟也』。雖然，此言也，不欲令一般普通者聞之，聞之轉傷於薄，唯我與兄默喻可耳。世變滔滔，殆無可爲。我輩事業，惟有著書，但使滄海中留此一粟，則異日不患無發生之用，是即所以報先民者也。拙扇蒙書就，感甚，用特遣一力走領。餘容面談。此頌静蓀我兄大人著祺。

弟爾田頓首

中古學術，實以三種合成：曰政，曰教，曰學。自古儒者，於此多有所偏重，惟亭林一以貫之，度越諸子，實在於此。今人多諱言孔子爲宗教，不知六經非無教，特所謂教者，譬如鹽然，已調和於百味之内，若欲於百味分析出之，此必不能。不能而强爲之，適足見笑於人。然因此遂謂百味無需乎鹽，甚或呰仁義、裂彝倫，則又與於淡食無異。人未有淡食可以長久者，此今之學者所以衰茶不及古人也。雖然，此亦有由。中國學術，本係政、教、學三者合成，教其精神，學其血脉，而政譬則軀殼也。自政變以來，軀殼亡矣。軀殼亡，精神始無所麗。既無精神，則血脉又安能灌輸？故今日所謂考據之學、詞章之學，以及目録、校勘一切之學，雖有爲之者，循此以往，亦不過待時而盡耳。嗚呼！世變至此，書契以來所未有也。人之一生，有始有壯有究，人類之一期亦然，意者其殆鄰於究乎！世既滔滔，天仍夢夢；亭林不作，吾安適歸。弟懷此意久矣，聊復爲兄一發之。

爾田又啓

一〇

不面已積，思詣兄晤言，又懶出門。近讀亭林集，頗有所感。夫所謂遺民者，大抵皆古人最傷心之事。上焉者不能爲夏臣，靡下焉又不能爲翟義。身老矣，道既不行，不得已托於遺之一塗，猶且曰『仁以爲任』，猶且曰『君子之道，死而後已』。彼其心固不蘄乎後人之稱之也，然而後之人讀其遺書，眷然流涕，未嘗不慨想其爲人。若今之遺民，則皆無所事事者。叙杯酒，通慶吊，陽陽焉如平時。及其著之篇章，乃反有許多門面語。亭林言，大江以南，昔之號爲魁梧丈夫，改形换骨，日益不似亭林。所謂不似者，改形换骨耳。改形换骨，予人以共見，尚不失爲魁梧丈夫也。若今之所謂不似者，則不在形而在神，不在骨而［在］髓。使亭林見之，其累欷又不知何如也。嗟乎！古之處亂世者，靡哲不愚；而今之處亂世者，靡愚不哲。吾獨奈之何。亭林詩用典極精，然亦有小誤者。《劉諫議祠》詩：『自古國亡緣宦者，可憐身死尚書生。』唐代制科，不論已仕未仕，蕡對策時已擢進士第，其後歷秘書郎，終司户參軍，是蕡早釋褐，非書生也，未識徐注如何。便面一枚送上，祈惠書敦煌詩詞。敬承静萶我兄大人著安。

弟爾田頓首

二

損書及詩，知敦煌叢殘一一考出，快慰生平。兄之精勇，真不可及。內典關於摩尼教者，《大毗婆沙論》有其二事。一事云此西方有蔑戾車，此云邊地。名曰『目迦』，立如是論：父母衰者，及遭痼疾，若能殺者，得福無罪。又一事云，西方目迦立如是論：母女姊妹及兒妻等，於彼行欲，悉無有罪。此二事皆絶可笑。《俱舍論》亦有此文，云波剌私作如是説：父母老病，若令命終，得免困苦，便生勝福。又云波剌私贊於母等，行非梵行。波剌私即波斯異譯。證以慧超《往五天竺傳》，波斯此種惡俗即起於祆教。目迦、慕闍對音相準，向疑目迦即摩尼，今知爲摩尼教僧名，亦猶佛教之苾芻矣。摩尼實爲邪教最古者，《正理》《顯宗》諸論駁斥彼教中義尚多有之，其非明指，不具録。聞叔言參事有《摩尼教源流考》綦詳，尊藏倘有，乞假一觀。《鳳歸雲》耆卿有兩闋，調各不同，其一闋略近唐詞，而亦小異。前以扇索乙老書，乙老見之喜，囑各依唐調和一章，然至今尚未首唱也。近讀《國語》，深愛其懿，可想見三古文化。擬以餘晷再孯覈《左傳》。國朝治《左氏傳》者，唯汪容甫《釋疑》一篇堪称傑出，惜其《述義》未成。梁氏、劉氏皆非其儔。恨架上鮮藏書，我輩爲學，譬之小販，但乏資本耳，一笑。得暇當趍候一觀尊著。益蒣想晤談，弟已數日未面矣。此頌静蒣我兄大人撰安。

弟爾田頓首

一二

閉户清修，耽味葉典，讀古德書，多漸悔從前所得粗牻。佛之根源全在《十八部》。居士而探賾毘曇，當以弟爲始矣。前日函培老處，談藝殊暢。培老於樂律近又有所得，云可補正西河、次仲。弟此學膚淺，惜無從贊一辭也。《少室山房筆叢》買得一部，閱之，似不脱升庵諸人習氣。大抵學不難在博而在精，同輩中博雅者固不乏，而弟獨服兄者，以其精也。世變雲詭，令人憶庚子年。弟自近歲即注意北校，今諗矣。尊著《明堂考》頃有所繙檢，乞假我一閱。此頌静蒣我兄著安。

弟爾田頓首

一三

明堂之説紛如聚訟，兄所考近情理，與《吕覽》合。即揆之考工，亦無扺牾。前陳君重遠書來，欲爲孔會建堂，仿明堂式，大旨亦遵《月令》，屬爲覆覈。頗疑四周既建四室，中央太室與四室相距必有天井，此天井何以古人未之言？閲兄書，知太室即四室之廣廷，上覆重屋，與四室相合。前疑涣然，當舉似陳君也。

能仁教義實源於婆羅門，凡經中名辭，尚多沿其舊。《四韋陀經》英有譯本，宇文周時達磨流支亦曾翻譯，名《婆羅門天文》暨《五明論》，今不傳。藏中有《金剛針論》，雖係攻駁《婆羅門經》之書，略可見其教義。惟弟所欲知者，實泛佛以前《勝論》《數論》諸書及佛以後傳派。勝宗有《十句義論》，而《數論》不度此土，至佛以後傳派，則以説一切有部及經部爲最大。有部書略備，經部《毘婆沙》，元奘至西域尚見之，今則祇《成實》《俱舍》二論。而鳩摩羅多暨同出諸師著述多不傳，《成實》已是經部志義，《俱舍》則但取經部評量有宗，皆不足窺其全也。往治六藝，深恨西京今文家説多亡於漢魏之際。今治佛學，亦同此慨。弟生平爲學，喜探原成一統系。此但體例上之不同，至所用考索之方法，一遵國朝諸老，無所出、無所入也。世變日亟，閉門商榷舊學，亦殊自得其樂。尊著一册奉上，祈檢收。何時能過我劇談否？此頌静莽我兄大人撰安。

羅叔言先生所刊《唐三藏取經小説》能假我一閲，以消永晝，尤感。

小弟爾田頓首

一四

明堂須作模型，當轉告重遠。弟來時其地初始經度，在西城面大街，地名靈境，面積宏敞。不數月，闈門樓已建成。此君毅力殊不可及。世衰道危，留此碩果以待後來，庶幾亡而不亡，然亦僅矣。毘曇有二：一佛自説毘曇，一佛敕弟子舍利弗所説毘曇。今所傳毘曇，皆舍利弗支流也。佛自説毘曇，嘉祥大師云盛傳西域，不度震旦。讀《攝論·綱要分》，云：『《阿毘達磨大乘經》中，薄伽梵前已能善入大乘菩薩，爲顯大乘體大故説。』阿毘達磨，即毘曇異譯。知無著此論，正爲決擇佛説毘曇而作。凡大乘法相，即從佛説毘曇出，安慧所糅雜《集論》即其一種，而《瑜伽師地論》實無異佛説毘曇之大毘婆沙也。大抵弟子所説，後人别之爲論，而佛説則尊之爲經。是佛説毘曇有雜於衆經之中者，如《解深密》《密嚴》等經，皆其族類，則雖謂佛説毘曇已度此土也可。由此可知，大乘二派，馬鳴、龍樹所弘者爲方等，無著、天親所弘者爲佛説毘曇。大乘非僞，亦其一證。此皆古德所及細判者。因兄書云能仁教義出於毘曇，故聊復一陳。《唐三藏取經詩話》一册已閲竣奉還，祈檢入。專此，敬頌静葊我兄大人著安。

弟爾田頓首

一五

連雨悶損，下帷不出，久未晤談，爲悵。重遠書來，索兄所著《明堂考》。前書係刊雪堂叢刻中，恐難拆寄，未識另有副本否。如無副墨，兄倘有暇，可否代繪一圖，附以簡要之説明？我輩考索三代禮制，大半冥搜，每苦不能見諸綿蕴，藉此存一稽古之成績，亦美譚也。弟告陳君，明堂建成，當詳爲一考，刊之於石，以昭覈實，大要又非宏撰不可矣。其工程預算十餘萬，重遠擬以畢生營之。『既克有定，靡人弗勝』，雖老矣，猶願樂觀其成焉。叔蕴所刊《穀梁》麋信注，如在案頭，能假我一繙否？此頌静莽我兄大人著安。

弟爾田頓首

一六

損書知動履違爽。前在培老處即聞之，嗣晤哈園姬公，云兄病已愈，故未奉候，歉歉。脚氣爲中國古病，今惟日本尚流行此病，殆不宜於江南卑濕之地，以轉地療養最宜。何時北行，望示知。鄙意路中須世兄同行照應較妥。送上新印白紙《玉溪年譜》一部，倘見叔藴先生，希代呈正。如行期尚缓，弟明日午後當過訪也。此頌静安我兄大人道安。

弟爾田頓首

一七

檿信《穀梁解》收到。雖於大誼無所甄明，簡當似過范書也。薄寒牽引宿疾，連雨兼旬，病乃不斟，亂离瘼矣。纖兒側豎，蝓及四方，國之大事，而孩童焉比謀。我輩何知，但有頽涕耳。近來每覽古籍，輒悲從中來，亦殊不自覺。我樂也，無知乎；我寐也，無吪乎。龔生夭年，光伯槁死，恐爲其續，如何如何。寫上小詩，聊以代面。《明堂考圖》兄有興則爲之，不急急也。肅頌靜莽我兄大人著安，不一一。

弟爾田狀

一八

頃葉浩吾來談，甚暢。今日下午五鐘，約在小花園古渝軒一叙，請兄作陪，千萬勿却爲盼。此頌靜莽我兄大人刻安。王老爺升。

弟爾田頓首

一九

昨聚極懽。叔藴先生所録敦煌書目，祈假一覽，擬鈔其中關於内典者。培老唱刻全藏，弟建議於藏外另編『輯佚』一門。凡敦煌逸典，其全者入藏，其殘闕不完者即歸此類。而古德逸書，亦可賫輯。培老頗韙之。明日五鐘赴隘堪約，容再暢談。此上，敬承静庵我兄大人起居。

弟爾田頓首

二〇

不晤又數日。敦煌書目兩册，已課舍甥録出，原本奉上，乞檢存。孟蘋委編《畫記》，弟於此道實門外，不敢以未學欺人。今擬决然辭去，兄謂如何。人生最悲者，絶所望而身之窮、飢不與焉。啓多聞於來學，待一治於後王，古之人所以自慰者安在？此亭林諸公所未遭者，而吾輩遭之矣。士處今日，最下者當爲亭林，即又不然，彼當一往不受人憐，然而難矣。小詩兩章，附呈采覽。何時得暇再詣談，不一一。此頌静庵我兄大人著安。

弟爾田頓首

二一

明日十一日下午六鐘，約欣木、夔笙在寓便餐，請兄届時惠臨，藉以暢談，勿却爲盼。大學又有書來勸駕，詞意更殷，萬難再却。孟蘋事已丐益菴爲我婉辭矣。弟大約十八日即須俶装。小詞一章，附呈和政。此上静菴我兄。

弟爾田頓首

二二

静庵我兄有道：

接惠書，敬悉。《〈文選〉集注》多載公孫羅等古説，聞之狂憙。天津售書處是否叔藴先生所開，坐落何處？便望詳示，當托此間書估往購也。弟每日授課之暇，又須編講義，筆舌互用，殊以爲苦。近因上海學潮牽連罷課，弟得藉此休養，亦云幸事。然大多數生徒頗不以此舉爲然，其中好學者仍擬逢課期相率到弟寓中講授。聞上海波詭雲譎，頗呈奇觀，此間則尚無何等動作也。北校派别極嚴，新舊至不相聞問。弟所授係舊學方面，故所往來者亦舊學爲多。弟又簡於人事，授課畢，歸則閉户讀書，或到史馆。樂數晨夕者，不過瞿安輩一二人而已，差覺清静。

夔笙事大約暑假前難成事實。然學生中頗歡迎，至有向弟詢其進止者，尚不至絶望，當從緩爲圖之耳。益莽常晤，想興致依然。彼所著《六朝駢文話》一册，頗可爲講演時啓發之資，見時祈爲我代索寄來，能從速尤妙。緣每日講兩點鐘，預備資料殊覺枯窘，得此可以助我思索不淺也。孟蘋未抵京，聞到漢口，又返滬五香室，想時時歡聚，亦念及都門尚有一客耶。此頌著安，不一一。

弟爾田頓首

一三三

静莽我兄大人惠鑒：頃接天津今是園寄到尊札，誦悉壹是。《〈文選〉集注》已先由此間書客向津購得矣。價洋與所示相同，約十一元有奇。近來編講義，得此參考，裨助良多。陸善經注《文選》，向所未聞，善經著書多見於日本，現書目《唐書·藝文志》則不著隻字，蓋亡佚久矣。學潮漸平，此間有上課消息。生徒中用功者頗多，但經、小學則全無根柢，故講授極爲困難。弟近日教法純用舊式，每月出兩題，命諸生程試，暑假後尚擬爲之講《毛詩》《爾雅》。惟以多病之軀而兼任之，實覺勞苦，然性之所耽，亦不能自已也。尊著《宋元版本考》何時勒成？此復，并頌撰安，不一一。

弟爾田頓首

二四

静菴我兄大人惠鑒：

前肅一緘，想察及。《〈文選〉集注》已命書估購得，其中所引有《音決》，有《鈔》，有陸善經注，真秘笈也。間及五臣，其書當成於開元以後。現在課諸生治《文選》，專講文法，并兼訓詁。弟所編講義，名曰『選學述義』，將來成書，當呈郢削。近日學生雖罷課，而每逢課日，仍相率到寓請業，又兼改文，苦不可言。校中薪水至今無著，而購參考諸書則已用去百番矣，奈何奈何。得暇乞常通音問。此頌著祺，不一一。

弟爾田頓首

二五

静蓀我兄惠鑒：

得手畢，敬悉近祉。夔笙梅興勃發，菊夢再酣，以六十之翁與裙屐連茵接席，可謂光風轉蕙矣。尊詞善道人心事，固宜爲所激賞也。此間上課尚無消息，恐又將醖釀事端。居長安久，意緒頹然。惟諸生對於弟之感情，服從甚殷。雖有一二害馬，近亦馴擾，若能善爲之導，北校文風當可丕變。惜弟多病，實無此精力專注耳。近購得馮孟亭《李義山詩注》初稿，早於《詳注》二十年。其書尚名『箋注』，頗有初稿是而改本誤入歧途者。曩撰《年譜會箋》，尚未見此本，今得此，爲之一快。迩來閉門習静，諸生來則爲之講習，因物付物，不似初時努力矣。惟買參考書頗不貲，尚覺不能敷用，奈何奈何。益蓀返蘇前曾有信來，此次歸里大約爲期不久。聞培老多病，亦常見否？此間多希望其詩集早日刊成，屢向弟詢此事也，晤時盍不促之。此老疏懶，非我輩爲之料理，殆無成望也。手肅，敬承著祺，不一一。

弟爾田頓首

二六

静蓊我兄惠鑒：

久未箋候，比想履祉興適。此次戰禍發生，近畿都中幸未波及。遷徙雖多，大抵無故自擾。弟長物全無，故亦不懼。暑假中本擬返滬，因薪水訖今未領，遷延至今。今則交通阻碍，更不能歸矣。頃有學生來言，校中下學年聘請我兄，聞有允意。此間國文一班皆有舊學知識，馴良可教者多。校中同事雖新舊雜糅，與我異趣者儘可不相往來。鄙意此席似尚可就。近日海上文字生涯漸成市道，絶非我輩所能久居，委隨其間，使人短氣。北校尚有優礼學者遺意，如兄必來，弟亦可多一良友。倘携眷入都，尚可與兄共租一屋同居，蓋弟下半年亦擬將家眷接來也。都中經此次事變，政象當可一定，必無再有他虞。即或有變，必在四方，決不在中央矣。

滬寧聞風聲又緊，全省戒嚴，將來戰事，或即發軔於斯乎。北京天氣奇熱，弟終日不出，繙帒故書自遣。益蕣常晤否？弟前所抄敦煌經目一册，爲培老借閲未還，見時倘能代我索之，尤感。夔笙事校中已不提及，大約渠必怨弟。總之凡事皆有機緣，夔笙無緣，安能相助？知我罪我，亦惟有聽之而已。專肅，敬頌著安。

弟爾田頓首

二七

静蕣我兄惠鑒：

頃誦手畢，敬悉履候興適，爲慰。現在大局雖平，而都中財政奇窘，此間校薪已積欠至三個月。弟本有意接眷，看此光景，又不能不從緩。現在距開學大過一月，返滬亦徒勞往還，大約南歸當在年假時矣。史館因財政上不能支持，已自行解散。我兄既不就大學，不妨暫作北游，藉作良晤。近來天氣奇熱，弟亦終日不出，閲《顔氏家訓》自遣。著述之念已漸灰冷，興會闊落，奈何奈何。生平本預定欲成者三書，今惟《俱舍》一書尚未發明，大約非十年不能寫定。

人壽幾何，不能不興趙孟徂年之嘆矣。益葊歸吴，何時適館？乙老近况仍舊否？前所借去敦煌經目，想已無可追尋。好在鈔自我兄處，將來當不難重寫一通也。比來患目，不能多述。專肅，敬頌著祺，不一一。

弟爾田頓首

二八

静安我兄大人惠鑒：

前肅一緘，想早察入。《蕙風詞》已於報紙發表，情語漸入綺障矣。弟近因授課，觸熱出，感風邪，壯熱兩暑夜，遍體紅疹。比雖小愈，尚覺困憊，鈍於構思，已向校中乞假調理矣。近有日人武内誼卿，係内藤湖南高足，由東京持内藤書來謁。其人頗深於漢學。渠擬便道到滬，欲與兄一見，囑爲介紹。已爲之書一名刺，來時望即與之接洽可也。渠并擬一謁培老及益葊，亦乞代爲介紹。彼云内藤得有《章寶齋文集》鈔本甚夥，望轉告益葊。倘有出於劉刻外者，可以借校，亦一好機會也。弟病中無事，繙閲《華陽國志》遣日，喜其朴雅。我兄近來有何著述，五香室亦常聚否?《文選》學書雖多種,大約以朱琦《集釋》爲最精當。《旁證》一書多不可据,其所引『六臣本作某』者以茶陵袁本校之,多不符,不知當時何人爲聚斂成此書也。《集注》殊難定其爲日人作,亦爲中國人作,以所引《音决》《鈔》不見於唐宋史志言之,恐或爲日東故藉,亦未可知。專肅,敬頌著安,不一一。

小弟爾田頓首

二九

杜門數日,目疾增劇,北上尚無定期。頃接馬君幼漁一書,云兄致叔平信已允來京就聘,與弟前函兩歧,豈兄近有幡然之意耶。今之國學教授,與元初儒學命自朝廷者迥别。山林晚暮,固爲獨往之縱;城市云爲,亦非殉人之學。孟子之論伯夷、柳下,本有不屑就、不屑去兩派。兄果有意,何時入都,便望示及。弟當稍待,與兄同行。惟幼漁信語焉不詳,或恐有所誤會。原書送上,閱後仍祈擲還。一二日内走謁,不一一。此頌静菴我兄大人春祺。

弟爾田頓首

三〇

靜莽我兄惠鑒：

前日有書，想賜察。頃在夏閏枝處見培老畫山水一立軸，係數十年前作，意境之超，皴法之密，直合墨井、西廬爲一手。培老善畫，前固聞之，意亦不過學人餘事而已，不謂竟是一作家。惟培老不書款，借署李橘農，人固知橘農不長於畫也。兄倘晤培老，爲我輩三客各索一便面如何？三客固一時之雋，而培老畫尤不可多得。修門再入，真不虛矣。附上拙編《〈入論講疏〉前言》三分，一交益莽，一請代呈培老，有舛誤希指正。專布，敬頌動定安隱。

弟爾田頓首

頃見古書流通處書目，有劉邵《人物志》明刻本，請便中代一詢價示知，奉托奉托。

三一

清恙霍然否？昨在古渝軒雅集，深以兄不在座爲悵。古微丈述一方，治赤痢有神效，用豬粉腸數段、槐花五六錢煎湯濃飲，能兼食猪腸尤佳。據云，親串中近有患此症者，中西醫皆束手，得此而愈。祈便中一試如何。連雨悶人，望晴趍候，不一一。匆肅，敬頌静莽我兄大人起居。王老爺。送吴興里。

小弟制爾田頓首

三二

尊恙打針後想有起色，甚念。猪粉腸係猪之支腸，肉肆中均可買，已詢之彊老，原簡奉閲。此症責在腸，於消化殊有關，似不宜多用心，務望攝衛爲要。弟明日赴杭，須四五日始能歸，容再趍候。匆肅，敬頌静莽我兄道安。

弟制爾田頓首

三三

前偕益莽造譚文藝之樂，海濱安可復得耶。蒸業栖閑，亂思逸老運極明夷，深以聖文埃滅爲懼。宋儒之澤支五百年，漢學昌明亦逾二百，文質循環，窮則必變。居今日而談六藝，若不能自開户牖，所謂斷港絶河，不及再傳，必爲異説浪淘以去。生平謏見，妄思以西京大義振之，啓多聞於來學，待一治於後王。而凡鞶帨之華辭，支离便巧之章句，皆不足語此也。嗟乎！八表同昏，四牡靡騁。匪兕匪虎，誰知率野之悲；呼馬呼牛，終是徇人之學。盱衡世變，能不愴然。曹君夔一屬轉呈《禮議》兩部，一以贈公，一祈代貽叔蕴先生，即希察存爲盼。彫年急景，望數數相見，慰我遐軫。此頌静葊先生有道動定，不一一。

孤子張爾田叩頭

三四

前譚殊暢。田近日忽患喉痛，繼又變爲肺管炎症，發熱痰喘，委頓已數日矣。今雖小愈，喉間尚覺作嗆，尚有微熱，四體已不自由，惟思想無恙耳。乙盦詩已命工寫成一樣本，益盦昨日送來，其中誤處甚多。田病困，不能覆校。兹謹寄上，乞公便中代爲一校，想不以爲煩擁也。正懇至托。病起容再走談。敬頌静葊我兄大人起居。

小弟制爾田頓首

三五

今日病小愈，尚覺嗆咳，疲困萬分。乙盦丈書來，有人以義山題名令狐綯書索題，囑往一觀，擬明日午後扶病一往。玉溪書當時頗有盛名，宋元人皆推尊之，今已不可多見。此雖片羽，定爲稀世之珍。我公如有暇，能同往如何？尊著彙爲專册，想已訂成，尚希見賜也。敬頌静莽我兄大人動定。王大老爺。送吴興裏。

小弟制爾田頓首

三六

昨得尊著，即就病榻披覽，極益人神智。讀《〈爾雅〉释例》一篇，頗有足爲余轉注之説證明者。蓋乙老所舉權輿、蠸輿、驩蕍三名，皆轉注，非假借也。乙老云孰爲本義，孰爲引申假借之義，蓋難言之。誠然，假借則有本義，轉注則但有本音，如以本義求之，則三者皆本義可也，皆非本義亦可也。君謂『權』及『權輿』皆黄色之意，蓋古人之創字也，必先創一黄色之意之音，以爲萬物普通之公用。及著之文，則變其形以表之。其在草木也，則變其形爲權輿；其在昆蟲也，則變其形爲蠸輿，而音原即寓於其中，非不可知也。轉注、假借二者，皆不離引伸。轉注之引申也，以聲爲重。聲，無形者也，非變其形，則人不易曉。假借之引申也，以義爲主。義，有域者也，故不必變其形，而但依聲以托其事。此古人創字之微意也。六書皆創字之公例。嘗怪後世講小學者假借多而轉注乃不一見，若如余説，則所謂轉注者，俯拾皆是矣。先生以爲然否？生平爲學，長於發端，但使我言而確，公諸四達之衢，任人挹注，亦一快也。午後至乙老處談，公相同訪，可徑往，以便劇談。匆匆肅上，敬頌静菴我兄大人道安。

弟制爾田頓首

三七

久病新愈，炎熇困人，未克趍談。比聞京耗，當食爲之落箸。智者作事，不可違天。天苟未至，而以人參之，鮮有倖者。念之殊懍慄也。心緒煩擁，惟期君來，以晤言消之耳。明日哈園廣倉學會，姬公囑張硯孫來堅邀，不能却。君能同往，尤善。聞乙丈已作北行，信否？手肅，敬頌静莽我兄大人著棋。王大老爺。送吴興里。

小弟制爾田頓首

三八

時事如春雷，啓蟄五年，椎心泣血之痛爲之少舒。白日再中，傾羲復旦，意者終有實現之一日乎！君直先生來滬，今日下午五鐘邀其在敝寓晚餐。奉攀我兄移玉同叙，以便歡讌，千萬勿却。此上，敬頌静莽我兄大人起居。王大老爺。送吴興里。

弟制爾田頓首

三九

竟日炎蒸，騎秋一雨，略有凉意。適審言以《無題》詩索和，義本《大招》，感兼鬱伊，蓋爲我兄著祺。

乙丈致慨也。久不作詩，勉步一律，寄請觀之，想君當亦有同情乎。敬希削正爲盼。祇頌静蒼

弟制爾田頓首

天荒地變竟磋跎，一下南臺感若何。顧兔凄凉沈碧海，牽牛清淺隔銀河。故交有泪滋蘭芷，舊隱何心負薜蘿。添得空山猿雀怨，淮南叢桂告無多。

四〇

久不見，殊念。乙丈仍無音問，豈披髮入山耶。君有所聞否？李審言近有書來，問内典義，幾如策目。既條答，戲成二絶，寫上用博一粲。此上静蒼先生道鑒。

弟制爾田上

説法諸天似菽麻，從來麈尾屬王家。漫誇鶖子登高座，添得明朝兩鬢華。

鉢多雙樹總摧殘，馬麥權當法食餐。寄語心無那可立，過江一飯亦艱難。

四一

靜莽先生左右：

前譚殊快。鄙著《玉溪年譜會箋》刊刻將次斷手，弁首鴻文擬得君加墨數行，以誌紀念。序中但述我輩交誼及十年來踪迹，惟有一意甚佳，似可暢發。弟之學有宗主而無不同，生平极服膺康成家法，而《詩譜》《詩箋》皆鄭氏所創。此書其於譜也，經緯時事，即用《詩譜》之例；其於箋也，探索隱賾，即用《詩箋》之例。似可即以此義引端。至兩浙學派，亦可略叙。浙東自梨洲、季野、謝山以迄實齋，多長於史；浙西自亭林、定宇以迄旁出之東原、若膺，多長於經。浙東博通，其失也疏；浙西專精，其失也固。弟初從若膺、懷祖入手，後始折入季野、實齋。故雖尚考据，而喜參名理，有浙東之博通而不至於疏，有浙西之精專而不流於固，此實弟一生爲學之大旨。於序中能插叙數句，尤善。此外，則君對於學問之見，及與弟相同之點，皆可一爲發揮。至關於玉溪，略爲映带可耳，以益莽諸序已詳言之也。近見君文興殊酣，故敢以爲請。如須閱原書，容當將紅様呈覽，但所出未全耳。手肅，敬頌著祺，不一一。

弟制爾田頓首

四二

昨歸晏，失迓爲罪。奉讀賜序，適如人意中語，足以爲拙著光矣。而弟所尤心折者，尤在其『所用仍周漢説經之家法』一語。弟昔撰《史微》，議者多謂破壞家法，金甸丞至移書相規，謂六經皆史，有似教外别傳，恐爲世道人心之害。弟答之曰，爲學而不使人標一獨得之見，標一獨得之見即目爲異端，則學術已入斷港絶潢，雖不講學可也。君之此言，洵足爲我洗冤。合當抄付劂氏，聊抒感忱。饭後得暇，當走談。不一一。此上，敬頌静葊我兄先生道安。

弟制爾田頓首

四三

静葊先生有道：

别經旬矣。修門再入，塵累煩擁，欲尋一栖閑之地自薰净業，亦未能果。回憶遵海之樂，與君及益蕣輩商榷舊學，跌宕文酒，此懷何極。史事無可言者，古稱穢史，當有體例。今則人自爲傳，棼如治絲。既已羈紲，政未易即去耳。比想造述日宏。此間多不悦學，出門輒惘惘，以此益思君不置。近作《壽韜庵詩》二首，小有意，寄上，祈與益蕣共觀之。知天涯故人淪落之餘，文采尚不減疇曩也。乙老想常晤。夔笙北行，何珊珊來遲耶。敬頌道祺，便望隨時示以音問。不悉。

小弟制張爾田頓首

四四

静蕣我兄大人惠鑒：

奉手書，歡若面對。尊詩金支翠蕤，皆從積軸中出，自是傑構。惟結尾轉韵，似與古不合，此體自以不轉韵爲宜也。政局又呈解紐之象，各機關金融停滯，如果薪水領不到，則弟亦將歸矣。鳳老頗念兄不置，且深以未入史局爲憾。尊札已於坐示閲矣。都中盛傳兄有東坡海外之讖，弟爲疏通證明之，始啞然。息影林柯，冥寄塵外，亦一佳話也。隘蕣已到滬，想常晤。明年任哈園校事，當較著作暇豫，相見匪遐，此白無伸。敬頌道祺，不一一。

小弟制爾田頓首

四五

静蒼我兄大人惠鑒：

前覆一緘，諒察及。政局解紐，勢將割裂。内閣出現，又可苟安数日。塵海浮漚，聊作壁觀。惟世衰道喪，憂生之嗟，劇於念亂，學問直無可譚者，殊寂漠耳。弟所藏經、小學書，皆存置永年，不可取。近始又買得高郵、栖霞書數種。舊業温燖，殊饒興趣。始嘆國朝諸老訓詁之學洵逾前哲，而根柢則實基於古音之發明，衍而爲校勘，流而爲金石，皆此一恒幹也。其弊也，講校勘則搜羅精槧，講金石則爬剔殘珉，誇多鬬靡，已漸失諸老創通斯學初旨。又其甚，則專以鑒別皮藏名其家，則章實齋所称横通是矣。今日横通一流，塞破宇宙，輒有所挾以傲我輩，學術安得不衰。雖然，學術之衰，根柢失也，非培固根柢不足以藥之。古音爲國朝一代學術之根柢，兄前欲考古雙聲，以上溯音類分合之原，此盛業也，盍弗并力成之。弟之學素偏重義理，近始悟義理亦非從根柢出不可，否則爲駕言，爲剿說，此道、咸以來講今文家所以多未成就也。惟斯事折衷最難。西京師說既等諸《酒誥》俄空，而群籍所引斷句，則又金鍮互錯，非取今文、古文經說一一對戡之而覈之於古，殆無從定其是非。近日菲薄今文者多横通一流，可不必與辨。生平所欲著者，爲《兩漢今古文經義類徵》一書，此書成，可以補許叔重《五經異義》，可以媲天親《俱舍論》。筆墨傭人，殺青無日，亦惟要之皓首而已。現在館纂脩《后妃傳》，其資料則印丞所鳩香，極完備，惟翦裁殊費經營。每撰一傳，融會各書，心血潮涌。反觀歷史，輒嘆古人真不易及也。弟又担認《刑法志》，竟似一屋散錢，更無從著手矣，奈何奈何。聞叔藴先生又來滬，譚藝推襟，想甚忙碌。所刊秘笈關於經部各書，能爲我丐一分否？培丈諒常晤言，久未通書，見時乞爲道及。思兄不置，燈前裁書，不覺累累。暇望常示音問，不一一。敬頌著祺。

小弟制爾田拜狀

四六

静莽我兄大人惠鑒：

風雪中步出東華，得手書，呵凍讀之，湛若淵對，慰甚慰甚。前日日本博士内藤湖南到館參觀，索鄙著挾之而去，云在彼都已三薰三沐矣。覆瓿短書，何脩而得雞林之譽乎。然而聖文埃滅，學在四夷，又未嘗不以自痼也。鳳老佩君甚摯，每見必言之，嘗推君爲當代學人第一，固非阿好之言。渠有子極聰令，擬從君問業。京海棣通，當可函授。鳳老之意勤勤懇懇，屬爲轉致，尊意云何。弟謂吾輩辛苦半生，藏之名山，固尤當傳之其人，想君子之爲，或亦有所樂乎此歟。便望示及，以便磋商爲盼。聞與夔笙、益葊數數見，弟則傭書販春，譚藝之樂邈若山河，既羡且妒矣。翰怡所刻拙編《玉溪年譜》已印紅樣，囑楊子勤先生覆校，未識已校竣否？如見益葊，乞代一詢，因吴君向之索觀甚急。渠著《唐藩鎮年表》將付刊，急待鄙書一勘也。專肅，敬頌撰祺，不一一。

小弟制爾田頓首

四七

静葊我兄大人惠鑒：

損書謹悉。鳳老函已面交，渠不日當有覆書。比來撰著何似？雜文想沓成，已付印否？

隘莽書來，《玉溪年譜》裝訂成帙矣。兄如見隘莽，可往索一部也。此間風氣日競奇邪，爲學則金銀銅鐵融爲一爐，爲文則高語六朝有句無章，隱然吐弃一切。前歲旅京，聞士大夫言論，以詆毀龔定庵爲多，今則竟有菲薄汪容甫者矣。謂容甫之文薄，謂容甫之文不脱八家，甚者謂容甫之文貌取六朝實未成就。總之立意必欲將古人説壞而後快耳。居長安久，不談學則已，談學皆此輩，沿而不止，三十年後，中國將如長夜，可預言也。弟史課外，歸即蟄處一室，不與人接，温燖舊業，藉以自怡。即生平小有所作，亦不欲此輩聞之，徒自貶聲價而已。培老想常晤。此間奇冷，盲風日作。天時人事，感召之理宜然。滬地何如，得暇望數賜書，惟此爲盼。匆匆肅復，敬頌道安，不一一。

小弟制爾田頓首

四八

静莽我兄有道：

頃奉惠緘，敬悉。近日年假無事，閱廠市，買得舊書多種，炳燭觀之，殊饒意味。時或與夏穗卿、葉浩吾輩劇談，依然少年時故態。尊書謂當分劃經自爲經，今文爲今文，古文爲古文。即義理，古人之説與己説亦不可不分。此言良是。弟嘗謂從來講今文家多未成就，即病在得一隻義，便思興風作浪，將自己義理寄生於古人。雖亦有與古闇合者，然已不勝其支蔓矣。降及輓近，益復淑詭，不可究詰。推原作俑，莊方耕氏實不能辭其咎。弟所以欲著《兩漢今古文家經義類徵》一書者，即擬先從分析入手。蓋深知後世講六蓺者門户紛紜，受病之原，非此不足以澈底澄清也。兄意以爲如何？弟從前爲學，往往傷於太華，近頗有趍於朴實之傾向。新刻《玉溪年譜》雖與前所著體例各别，其塗轍間，兄觀之亦微有不同否？大抵學問如旋螺，然既入其中，爲進爲退，即自己亦殊不能知，故欲得兄言以自考也。益葊何病，近想愈矣。夔笙輩常晤否？此間天尚不冷，惟風䨠可畏。暇望常示音問。敬頌著安，不一一。

小弟制爾田頓首

四九

静葊我兄有道：

昨肅一緘，諒察入。鳳老有致兄一書，屬爲轉寄，兹由郵遞上。其世兄年甫志學，居然能爲考訂金石文字，實可造材。幼年有此奇禀，異日當突過我輩也。弟所纂《后妃傳》近將斷手，每日趍館，未免自荒舊業，又不得一二共學之人，輒復惘惘。大抵學問，爲者牛毛，成者麟角，未嘗無好學者，往往淺嘗即止，以此多無成就。即弟之學，亦不過作得一半耳，奈何奈何。益莽聞已返蘇，然否？匆上，敬承道安，不一一。

弟制爾田頓首

五〇

静莽我兄惠鑒：

得手書，具悉。鳳老一函已交去，渠住太僕寺街衍聖公府隔壁。兄如通訊，徑寄不誤。王子莊文弟未見，大抵台州學派好作理窟語。嘗謂中國人百學皆可爲，惟不可談理。理無界限，最易啓争。立吾説於此，人各以其胸臆議之。吾説不變，而觀者萬變，支离怪誕，何所不至。生平治經，不欲與人言微言大義，即是此意。佛學亦然。近日所見，已多吃菜事魔一流，識曲聽真者寡，故寧效净名杜口也。吾人爲學，當使眼光常有餘於學之外，既知其不容已，而又能預防其蔽之所抵，斯爲善學。對於古人，固不可崇之太過，亦不可詆之太苛。平實商量，古人何遽不引爲益友。而乃一出焉，一入焉，識者早已窺其中之無物矣。且今之詆諆古人者，皆其於古人無與者也。譬如拙著《史微》，首引實齋之言，欲詆鄙書，即不能不詆實齋，詆實齋正所以詆張爾田耳。文章則薄容甫，考据則笑高郵，彼固各有其目的所在。我輩方信其真與古人爲難也，亦見其惑矣。總之，學而僞，不旋踵且立萎；學而真，雖公諸四達之衢而人不能竊。人貴有以自立，老矣猶將强著一書，錮以鐵函，沈之井水，以待後世之子雲。安能以有涯之生，逐無涯之毁譽哉？書曰昂，將來學問必爲貴族所專有。此固可慮，而弟所慮者，則恐中國將來無一學者，皆爲東西强鄰攘之而去耳，則神州大陸，乃真泯泯棼棼如長夜矣，奈何奈何。益葊已到滬，晤否？此間天氣奇暖，竟不類冬，今滬地何如？得暇望常賜教，以慰杼軸。專肅，敬頌道安，不一一。

小弟制爾田頓首

五一

静蓀我兄大人惠鑒：

得手書，湛若淵對。新校《唐本廣韵》嘉惠來學，當非淺鮮。此間白雲觀《道藏》係正統藏，合萬曆續藏，其源當出於元。宋藏既不可見，此最近古。其中秘笈，兄擬商議抽印數種，印臣輩亦有此意，但此時則不必預言，言則道士方面恐有阻礙。俟將來付印時，我輩均可點品也。但斯事體大，恐集股一時非易，弟擬倩人先抄數種，但接洽不知如何耳。其招股啓已由弟托益蓀代撰，交與沅叔諸公矣，晤時可告之。外有致夔笙一書，便希轉交。此肅，敬頌著安，不一一。

弟制爾田頓首

五二

静蓀我兄惠鑒：

久未接君書，殊念。弟傭書碌碌，舊業全荒，間有所作，大抵禽犢之資。君近日讎書，亦有佳趣否？聞古微丈在蘇爲叔問題主失足一跌，竟至中風不遂。老年搆此，奈何。究竟情形，便望一詢夔笙，詳細示及，以慰懸懸，至要。叔藴前月來京，近已歸滬矣。弟一時尚難遽歸。培丈常晤否？得暇均希報我數行。專肅，敬頌著安，不一一。

弟制爾田頓首

五三

静葊我兄惠鑒：

得惠書，事冗，久未報。夔笙來此數日，隨之徵逐，醉飽過差，遂患腹瀉，困頓殆不可言。弟自《后妃傳》斷手後，又脩《刑志》，苦其乾燥，意興都盡。故時隨朋輩嬉游，期以晤言消之。每念君隔海千里，末由合并，輒悵然。聞瞿安言，大學堂下學期擬仍聘君任文學。此中魚龍曼衍，恐不能行其志。惟弟私心所願望，則亟盼君來，可以晨夕過從談藝耳。近校《一切經音義》宋本，當有佳獲。迩來復有所造述不？昨與夔丈訪梅，即得小詩一首，頗有玉溪風，寄請觀之。匆肅，即頌道安，不一一。

小弟爾田頓首

五四

靜菴我兄惠鑒：

連雨坐愁，思故人不置。近同志於城西鷲峯寺結一净社，爲習定所。其地花木幽蒨，頗得栖閑之勝。弟每課餘，即往游焉。惜患目疾，廢書不能觀，殊可恨耳。此間塵壒擾擾，無佳事可以告知己。近大學有胡適者，著一書曰《墨子哲學》，其論經上、經下六篇爲《墨辯》。非《墨經》尚精，惟好以西人名學皮附爲説。夫謂古名家即今之名學可也，謂古名家即用名學之式則不可。西域因明已不同三段法，公孫龍所称臧三耳、堅白石、白馬非馬，其公式皆不可知，安能妄加推測。迩來風氣，講中學者多喜附會西籍，久之必使中學漸失其獨立精神，爲禍於學術蓋不小也。其書又謂墨子爲宗教家，極爲穗卿、浩吾所賞。然彼却不承認孔子儒道爲宗教。僕嘗用因明法立一量駁之曰：墨學非宗教，宗周、秦人無称墨翟爲教主，故因喻如孔子。兄觀此啞然否？久不面，裁書爲笑。益菴聞爲翰怡校《章氏遺書》，且附札記，可謂勇矣，想常晤也。鳳老夔笙南旋，尚未得其隻字，近况當佳勝。兄之雜文何時印成，出版便望寄我一册，尤盼。

之《元史新編》將次殺青，命名乃與柯維騏《宋史》同。兩家優劣，正未知若何耳。匆匆，肅頌著祺，不一一。

小弟爾田頓首

五五

静蓀我兄大人惠鑒：

不得君書數旬矣。又兼河魚腹疾，監寐寤嘆，如何可言。學術之衰，至今日已入斷港絶潢，一二學者知所業爲社會所不容，一變而爲啖飯宗旨。我輩孜孜，謚爲大愚。静言思之，真令人不愛此世也。某名士語我：海上作者譬飲春藥，北京則直陽痿不舉矣！此語雖謔，亦有至理。蓋根本之地既亡，而又事事求勝古人，不諒力之所負，絶臏爲之，遂至於斯。我輩或尚不致此乎。夔笙信佛漸淡，其初發心本從恩愛中來，早料其不足恃。《楞嚴》所謂『因地不真，果招紆曲』也。渠近日作何消遣？久欲通候，因不知其移居住址，晤時望代寄聲。弟自問聰明材智了不異人，乃出而觀世，則已如我者少，而不如我者多矣。長安冠蓋，求一可語者而不可得。聒而與之言，則又爲人嘲弄。故每與君通書，一發其所藴，以當萱蘇，君亦哀其愚而憐其志乎。培丈想常晤。所編詩集，能照刊式付槧否？弟大約三月底四月初間南歸。專肅，敬頌著祺，不一一。

弟制爾田頓首

五六

静荞我兄大人執事：

得惠書，比之空谷跫音，近况想恒納宜。校書煩擁，嘗思有以瀹之。我輩拘牽人事，往往不能潛心素業，不妨每日分數小時温理遺經，使密爾之地有味津津，亦古人薰脩之一助也。昨在沅叔座上晤白雲觀道士，其人尚朴誠，允弟就觀閲藏。弟擬鈔于吉《太平經》及《道家源流》，當可有端緒矣。沅叔益欲招股石印全藏，惟資本浩大，未識能集事否。旅京已半年，聞見多不如人意，兹一事差可喜。館課困人，無計驅遣，每遇好天良夜，輒復惘惘，若有所失。瞿安拉之酒樓妓館，聽歌度曲，聊爾亂思。然而老大逢歡，益復使人悲詫。賦得小詞數闋，附呈一首，便乞郢政。聞夔一至滬主孟蘋家，相見否？弟擬三月杪南歸，屆時當可快晤。鳳老數數見，每見必道及君。老輩憐才，求之并世，殆不多覯矣。專肅，敬頌道安，不一一。

小弟制爾田頓首

五七

靜葊我兄大人惠鑒：

久旅長安，目見耳聞，漸染塵俗。頃得君書，煩慮爲之一祛。近況無可言者。歐力東漸，虞將不臈，况益以内哄耶。得死爲幸耳。現纂《孝欽傳》，循覽戊戌以後士大夫言論，覺新舊兩派所持各有至理，乃競走極端，遂致釀成宗社之變。今則鶩新者益復變本加厲，實亦竺舊者之反響耳。總之，新舊兩思潮永不調和，激戰不已，必致兩敗俱傷。舊者既日就消亡，新者亦必無所附麗而不能發達。循此以往，徒使外人拱手而收其利，則吾不知所税駕矣。聞海上復子明辟之謡甚熾，然否？此事萬不宜輕舉妄動，或者異日竢德勝日後，提此以爲媾和一條件乎？事或有望。若此時，則先發者敗，可斷言也。但恐某派利用以爲奇，貿之一擲，則萬劫不復矣。望密告培丈，有以防之。新文學説發始於北京大學，聞已實行，凡講義皆用白話，其教授之書爲《紅樓夢》《水滸》《儒林外史》，聞之使人噴飯。蔡元培這廝，吾早料其無好把戲，今果然矣。夔笙數見，近日渠作何消遣？對於佛學，信根退否？晤時乞代致意。益葊近想抵滬。渠所寄寐叟《乙卯稿》十册已照收矣，望一并告之。昨與夏穗卿、葉浩吾談，夜歸，感微寒，體中小極。匆匆奉復，敬頌著安，不一一。

小弟制爾田頓首

五八

静葊我兄大人惠鑒：

昨得手書，敬悉壹是。弟前患目痛，近已告愈。又患牙疼，眠食俱廢，命西醫將病牙拔去，始覺霍然。急景凋年，鍵户書空，鬱伊誰語。近頗有志爲訓詁聲韵之學，客中無書，心力又不能專，衹得隨分涉獵而已。兄近治方言，甚善。小學原以通經，於經訓根柢，終不可拋廢。此學本創通於東原，然東原却自有其本原，故雖以竹汀之博覽，尚以第二流許之。其學雖未大成，而其故可想也。乙老詩集刻成，想見之。此間索者紛紛，益䓯前寄數册，已不日告罄矣。鄙意不妨勸其將辛亥後數年稿全付殺青。人壽幾何，世變不可知，手民聚散亦不可知，不自料理，恐將有後時之悔。當日弟輩爲刻乙卯稿時，即擬先刊一册以爲式，其餘乙老意欲自刊。我兄晤時，不妨代一慫恿。倘肯出之，或仍由兄繕録，再交益䓯爲之料理可也。貲費無多，乙老當不至吝此區區，而世間可窺全豹，豈非快事。益䓯聞已返蘇。我兄雜文，哈園《叢編》已刻成否？頗思一讀之也。得暇望常示音問。此頌年安，不一一。

弟制張爾田頓首

五九

静䓯我兄道鑒：

得惠書，歡若代面。近日南方疫氣流行，敝寓亦全家皆病。弟幸旅北，得免波累。尊恙康復，務宜珍攝。病中料簡舊作，亦藥爐清課也。尊詞意境沈摯，在諸派中固當獨標一幟，然終是學人之詞。以謭陋評之，竊以爲詩勝於詞也。尊謂古人近體用韵，無通叶例。往讀《玉溪集》，有《龍邱道中》一詩云：『漢苑殘花別，吴江盛夏來。惟看萬樹合，不見一枝開。水色饒湘浦，灘聲怯建溪。泪流迴月上，可得更猿啼。』諸本皆分作兩首。鄙著《會箋》，曾疑其爲一首，齊、灰通叶。近見宋本《杜樊川集》，亦有此詩，後四句并不提行，始悟實係一首，杜集題下注『二首』兩字，考集中凡一題數詩，皆不明標，此『二首』字，恐亦後人（忘）〔妄〕加。是唐人長律，實有通叶之例。大約似此者尚多。客中無書，難於遍考，然亦足爲尊詩通叶一佐證也。近輯《蒼頡篇》，小學自是君學擅長處，然得無苦其乾燥否？弟自入都以來，皆係爲人作嫁，自己學業不但不能治，亦不暇治矣。奈何奈何。夔笙南旋，想已晤面。弟歸期則尚難決定也。匆匆敬布，即頌著祺，不一一。

小弟爾田頓首

六〇

靜莽我兄惠鑒：

前復一椷，諒察及。弟近收得明槧本《大藏一覽》，寧德陳實編。其人無孜，其書意在續

《法苑珠林》。惟中引唐道巘《楞嚴説文》《般若指要鈔》等書，皆《藏》所無者，殊可寶。又見明初本《説苑》，以價昂未得。頃菊生來，知印《道藏》事尚未成議。聞上海白雲觀亦有全《藏》，殘者無幾，君便中盍往一觀。其《太平經》乞留意。此間閱藏不便，鈔録尤不便也。培丈久未通候，如晤，希代致聲。弟俟秋涼方南旋。諸維著書自愛，珍重珍重。

小弟爾田頓首

六一

前在隘堪兄處烟叙，殊暢。尊集編次體例既用古法大題在下之例，則著者姓名殊難加入，不如仿鄭箋《毛詩》，於大題上題『王氏學』三字。据《釋文》，『鄭氏箋』三字乃雷次宗所加，然孔冲遠則云康成自題。邵公《公羊解詁》稱『何休學』，而不稱『氏』。稱『氏』者自是爲其學者所加，然孔説固亦可備一解也。既有自題一説，似無妨沿用。至尊集總名『永觀堂集林』，『集林』上冠以堂名，蹈宋以後習氣，亦不雅，不如竟稱之爲『王氏集林』較古也。近爲翰怡作《〈章實齋遺書〉序》一篇，以休寧、高郵諸儒榷其同異。休寧、高郵方法誠爲學者所必用，然其末流之蔽，實亦有無可諱言者。近日爲此學漸離恒幹，而趋於骨董一途。骨董之學，固亦從考古中來，但須知恒幹，否則技也，而非道矣。然自來無人訟言及此者。偶讀《落帆樓集》，見所論道光間學人風氣已如是，輒有所感，寄之於序，惟文則不甚工耳。孟蘋聞廿後歸，弟擬二十三下晚詣威海衛路，兄可以徑至彼劇譚，已告隘莽矣。此上静安我兄道案。

弟爾田頓首

六二

炎威孔熾，畏出門，繙書自遣。偶讀《曾子問》『昏禮納幣，有吉日，女與婿父母死』一節，後儒多不得其解，今以鄙見通之。《記》云：『婿已葬，婿之伯父、叔父使人致命女氏曰：「某子有父母之喪，不得嗣爲兄弟，使某致命。」』蓋婿既遭喪，不敢以己之不幸稽人婚期，此禮意也。云女氏許諾不敢嫁，蓋女家緣婿見告之意，本係因喪恐愆吉期，非有他故，不能不待之以申其情，此亦禮意也。下文云『婿免喪，女父使人請。婿不娶，而後嫁之』者，乃記禮者推而言之。夫此女既待至三年矣，則此婿亦断未有不重娶此女者。如其不娶，則是前之致命非因喪，實係托故退婚矣。婿既托故退婚，則何不可改嫁之有。然女父必使人請者，蓋不敢以他意逆億於人，請之而猶不娶，則真可以改嫁矣。故『婿不娶』者，即不娶此女也；『而後嫁之』者，即改嫁他人也。若如後儒解，謂仍嫁此婿，夫既云『婿不娶』矣，豈有强嫁之理。《梁書·顧協傳》：『少時娉舅息女，未成婚而協母亡，免喪後不復娶。至六十餘，此女猶未他適，協義而迎之。』六朝禮學精詳，可見古誼皆如此，故協行之而人不以爲非。至汪容甫引此以爲女子不從死守志之證，則大不然。何則？婚姻本一種契約關係，故婚禮最重納徵。徵，成也，謂約之成也。然約由兩家而成，亦可由兩家而解。此節婿家致命，有『不得嗣爲兄弟』之言，實即解除婚約。若在後世，則必將庚帖等項一一退還，故婿免喪可以不娶，而女家因婿不娶，亦可以改嫁。若後世所謂貞女者，婿雖死，并無解除婚約之舉，則此身當然不能無所繫屬，從死守志，此正禮之所許者，安得過而議之哉。故曰：『夫禮，爲可傳也，爲可繼也。』聖人制禮，斷無有拂戾人情者。鄙見如此，聊寫上就教，祈有以榷之。益蓀近日晤否？何時稍凉，再趍晤。此頌静蓀我兄著祺。

弟爾田頓首

六三

静莽我兄大人左右：

得惠書，極慰。弟每星期講授，衹兩日可休歇，又須赴史館，筆舌互用，殊苦勞悴。近爲諸生講《俱舍》，而聽者多未能瞭解，姑先授《入阿毘達磨論》爲之導，已成《講疏玄義》七紙，印就當呈政。頃見胡適《章實齋年譜》稿，考證頗詳備，議論亦尚平實，雖用普通文，而白話習氣終未盡脱，然已是此君第一好書矣。中有引益莽語，不知何從得之，望轉告益莽。弟近頗無聊，校薪又無着，館俸久絶望。雞肋之味，美於太羹。倘三月無糧，涸轍之鮒，亦將作圖南之鯤矣，如何如何。專肅，敬頌著安，不一一。

弟爾田頓首

馬叔平聞兄得《切韵》，喜極，擬求録副，已囑其自致書與兄矣。

六四

靜菴我兄執事：

得報書，敬悉種種。培老近日身體何似？比聞李橘農作古，橘農與培老至戚，經此噩耗，自必傷感，殊念念也。弟頃挽橘農一聯云：『祇園長者称居士，海島疇人奉大師。』橘丈學佛，且精算學，自謂頗切。君直就醫來滬，兄等又可暢聚，殊羡。弟在此盡義務，歸期恐亦不遠，至早陽曆年底或陰曆年終。深悔此行孟浪，如何如何。《人物志》便中一詢，不急急也。敬頌著安。

弟爾田頓首

六五

靜菴我兄惠鑒：

前有兩書致兄，今日從友人處聞培老遽歸道山，棟折梁摧，吾將安仰。『重歌妾薄命，寒泪滴塵瓻』，不減袁清容之慟王尚書矣。想兄亦同此悲悼也。回憶臨行一面，竟成隔世。逝川遷貿，如何可言。旅居京輦，不能設位寢門，倘兄見慈護兄，祈代我致唁。海上文士想必又有一番點綴。弟意培丈道德文章問學自有不朽者在，一時榮哀，蓋不足道。惟遺書叢殘，編定有待，斯則我輩之責耳。正寫信間，適得兄書，亦與我意同。益莽處不另簡，祈以此示之可也。專肅，敬頌著安。

弟爾田頓首

六六

炎暑畏出，久未聚譚。今日古老與益莽均在此竹戲，午後稍凉，兄能過我否？兹懇者，三小侄甫周歲，頃感熱，三日未解，擬延西醫林君洞省一診。兄與林君素識，祈爲介紹爲盼。林君住何處，亦望告知小价可也。拜托拜托。此上静我兄。

弟爾田頓首

六七

靜安我兄大人惠鑒：

海上聚别，二十晚抵都，修門重入，觸景增悽，又非前年興狀。大學已授課，每星期四日，每日兩點鐘，苦不可言。學生程度甚低，而批評却是其所長。弟係學生指定聘請之人，故差能相安，然亦僅矣。現授《選》學，惟篋書無多，參考殊覺困難。聞敦煌有殘本《文選注》，又有日本人《文選》古注，書名不記。爲叔藴所刻，能爲我函索各一部否？叔藴書二本甚鉅，不敢求賜，當備價購取，便祈示知，盼盼。夔笙事正在商榷中，益莽見時乞致意。此布，祇頌著安。

弟爾田頓首

六八

損書慰存，極感。《陸韵》西來，使宏撰不待證之百世之下，聞之快幸。弟目兩年來即覺觀書費力，不意竟一潰至此。經醫用藥注射，紅點漸退，膠泪亦止，但兩眶苦燥，視力未恢，左睛微覺酸楚，尚須調理。國朝聞人攖此酷者，程易疇、余仲林，僕不幸同之。若竟不愈，便當收迹他山，長與世辭。青編絶筆，誰傳據亂之書；白首離群，不瞑銜冤之目。長圖大念，已矣如何。古老書壽聯送上，祈閱。請加片，即由小价送去，如何如何。静莽我兄大人道鑒。

弟爾田頓首

六九

静莽我兄大人惠鑒：

不得音訊，又旬日矣。弟久居涸轍之中，急景彫年，濩落可想。所以不遽歸者，冀歲篇告終，或少分監河餘潤耳。弟前有書云，憂生之嗟，劇於念亂。今則救死之戚，又甚於憂生矣。若涉淵水，罔知所屆。静言思之，真令人不愛此世也。弟明春南歸，歸或不出。聞益莽返里。明歲劉處有不蟬聯之説，確否？《佛學講疏》想代呈培老，有無批評，望便示及。孟蘋處常聚不？晤時爲我寄念。手肅，敬頌著安，不一一。

弟爾田頓首

七〇

靜葊我兄惠鑒：

久未通訊，殊念。弟去歲兩處薪俸均小有點綴，歸志久決，但不欲爲苟去，故遲遲至今。且頃來多病，俟有機緣，即引退閉户養痾。聞益葊墮車，頭部微創，近狀如何？何時適館？頗以爲慮。石印《切韵》三種，昨馬叔平貽我一册。尊書古拙可愛，可與唐人競美矣。朱逖先新得趙聞禮《陽春白雪》，係邊袖石據舊鈔本校者，視秦刻異同頗多，便乞轉告古微丈。倘欲迻刻，弟可以商諸朱君也。辛酉歲除得小詞一首，寫上，聊以知近況。專肅，敬頌春祺，不一一。

弟爾田頓首

七一

前承枉談，極懽。自兄去後，因飲食不慎，胃恙又復大發，延林醫診治，近始小愈。病中讀劉楚楨《論語正義》，其書説義理制度皆極精。間以叔藴先生所刊鄭君注殘卷對勘，頗有與劉氏説冥合處。據叔藴跋，尚有《子路》篇殘注九行先印行，未識兄處有其書否？如有，乞假我一迻録，字不多也，益莽歸尚未返。此頌静莽我兄大人道安。

弟爾田頓首

七二

静莽我兄有道：

前得惠書，當即裁覆。弟本擬暑假後接家入都，近因校薪至今無着，而史館又因財政困難自行歇業，衹得從緩，再定行止。弟於史館方面，前已因桐城派傾軋，主張修史專主八家古文，不宜用考據詞章之士，憤而辭職。彼中尚擬挽留，今已無形解散，留之一説，當然不成事實矣。是惟是故國之史，若不及時整理，將來新學大行，後生小子語昭代故實，必有茫然若陳古者。三百年之史自我而亡，念之滋懼。海上遺老多不以此爲意，此在從前易代之際則然，而非所論於今日。今日在野縱不敢修史，似宜設法將歷朝實録、國史志傳諸稿加意保存，刊印流布，庶幾後人有所憑藉，以爲載筆之資。否則郢書燕説流爲丹青，非《雜事秘辛》，即《周秦行紀》，祖宗英文烈武，遺風善俗，必爲若輩鏟滅殆盡。如近日海上坊間所出，可爲殷鑒也。至於事實疏舛，論斷荒謬，猶其小焉者。弟嘗語章式之師云，今日修史，不患成穢史，但患成笑林。斯言雖謔，殆爲懸讖。前歲羅叔言先生有書，勸館長排印實録。當時妄謂《清史》可成，或不須此，今則似不容緩矣。鄙意擬慫恿培老、叔言諸公發起此事，斯亦養士之報所應然也。我兄倘以爲然乎，能爲我一探培老意旨否？總之，明王之夢，已斷此生；喬木之思，必宜有寄。國可亡，史不可亡，此弟數年來所蘊之於懷抱者，今亦以此意告我知己耳。益葊已返滬否？比來買得一正德本《二俊集》，係王漁洋所藏，價尚不昂。我兄北游何時，既不就大學之聘，則觀書柱下，無妨往還。弟因開學不過一月，暫時不歸。惟都中天氣驟熱，終日閉關，殊悶損耳。專肅，敬頌著棋，不一一。

小弟爾田頓首

七三

頃展手畢，欣若晤對。北海《魯論》殘注，得兄爲我迻録，尤爲感戢。合之叔藴所影一册，鄭君墜誼，略具是矣。燕雲俶擾，又殺一圍。昔袁紹以十倍之强，與曹争霸。官渡一挫，遂成瓦解。不意老胡竟作本初，然從此炎運熸已。叔藴得内閣大庫故牘，此皆掌故所繫，聞之狂喜。此種廢檔，本歸教部，久置諸國子監。弟在史館，曾言之館長，請爲整理。當事者以不急迂之，恐叔藴所得即是此物。物之顯晦，真有時也。弟病少間，得便當趍候，不一一。此頌静蒪我兄大人道安。

弟爾田頓首

七四

承枉存，極慰。雨不克行，益蒪亦未來，殊悶損也。小詩一章留别，并簡益蒪，録上采覽：

此别燕雲路幾千，蹇驢破帽笑殘年。齏鹽歲月顛毛裹，鄠杜鶯花泪眼邊。留滞敢忘青史在，行藏應愧故人憐。何時凖約秋風起，直爲鱸魚理釣船。

靜葊我兄吟鑒。

弟爾田頓上，十一日

七五

靜葊我兄大人左右：

益葊久不來，不知有何事故稽遲，殊懸繫。昨得志局書并分配功課表，『仙釋』『雜記』二門本係我兩人所舊任，此外『寓賢』『掌故』『封爵』三門若何銓配。弟擬先從仙釋材料着手編録，俟有端緒，再及其餘。『高僧』約十餘卷，『列仙』鳩采未備，又無《道藏》可借，祇能就舊志所有加以整齊，大約可得三四卷。『寓賢』一門，最爲繁瑣，斷非一人能了。『掌故』『封爵』，其體例若何，尚須檢查舊志。頃向沈瑞宣處調《通志》各門，彼云撿出後送至尊處。一二日益葊來，當再共商榷。手此，敬頌著安。

弟爾田頓首

七六

靜莽我兄惠鑒：

頃奉手畢，極慰翹結。弟到京已數日，殊碌碌。校中業已上課，幸病軀尚能支拄。昨日於廠市買得乾隆中所修《口北三廳志》，體例極雅飭，是好志也。校中現整理内閣舊檔，足資考覈者甚多，老眼見此爲欣幸。浙局薪已領到，茲特由家人飭徐僕走領，望檢交爲感。培老病，頗念，手術僅能治標，非治本法也。近況乞常示及。益莽想時晤談，弟曾有信，見希詢之。專肅，敬頌道祺。

弟爾田頓首

七七

靜莽我兄道鑒：

得惠書極慰。志薪頃由家人通告，已照領矣。此後發款，當函東蓀隨時走取。近來北校因講義收費，學生大起暴動。蔡先生憤而辭職，已弄得一團糟。現雖竭力壓制，隱憂正大也。校中整理舊檔，預其事者，皆弟之學生，弟亦時時爲之指導，但非數年不能蒇事。聞其中貴重之件，已爲從前管理者所竊。近來廠市發見宋本書殘葉及攝政王書稿種種，皆庫物也。益莽昨有信來，其雜誌已出版否？此復，敬承著安，不一一。

弟爾田頓首

七八

静莽我兄左右：

昨復一緘，想察及。校中内部暗潮甚烈，又不知演何惡劇。居長安數旬，舉目所見，無非怖景；舉足所詣，無非怪物。天行肆虐，人治無功。誰生屬階，至今爲梗。弟前所作與人書，大惑不解三端，自信真可代天使福音，合乎科學，中乎邏輯律令，雖使堪德復生，亦必首肯吾言。往歲羅素講演時，弟嘗戲語學者，羅素成績與吾車夫相等。學者皆大笑不服。弟爲解之曰：羅素是極端知此道理的人，試問知了於人何益？吾車夫是極端不知此道理的人，不知又於人何損？且車夫尚能給人以力，羅素所以予吾人之知者，充類至盡，且等於零，則雖謂羅素成績不及吾車夫可也。此雖讕言，實具妙誼。蓋宇宙一大謎也，人日在謎中，而反不安於謎，非愚則狂。不知此謎萬不可破。此謎一破，則人將無安身立足之地矣。今也狂瀾所至，胥全球人類而日趍於無安身立足一途，泰西學者不得辭其咎。語曰：剝不極則復不生。然後知仲尼已甚不爲，老氏知止不殆，此兩大哲者，真今日之救世主也。頃有人擬譯吾文以餉彼邦，使知天壤間尚有開此口者，雖不能有所補救，亦勿謂秦無人之意。生平自恨不諳横文，未能發揮盡致，但申説古誼如此。實則吾國文化處處皆涵有此義，特百姓日用而不之知。弟老矣，終當强著一書，啓多聞於來學，待一治於後王。雖不能至，心嚮往之。前撰《史微》，其趍向已多在此。今去之十五年，閲之尚如新發於硎。此十五年中，更無有人爲吾言者，亦無有人知吾書爲何物者，足以見弟之眼光心量，固非一世之謂矣。彼區區擬我於實齋者，豈知言哉？作者固不蘄人之知，要以俟知者知耳。此昌黎之言也。兄知我者，以爲如何。

今日得浙江志局書，分任限卷取薪，則我輩當無甚問題。『仙釋』一門，弟已著手緝述，隨付寫官。惟『寓賢』『掌故』『封爵』三類，即使我兩人鬮分，恐亦無人能任。鄙意『寓賢』似可歸諸人物各門兼辦，『掌故』『封爵』，有則續緝，無則蓋闕，志體出入，古人不嫌。培老病中，不宜煩以瑣事，可否便以此意一商古老？此間秋暖如春，頗便孱軀。近況想佳，尚望隨時示以音問。即頌撰安。

弟爾田頓首

七九

静莽我兄惠鑒：

得書曠若復面，且知近治《公羊》之學，甚善。《公羊》孤經，失其傳者二千年矣。國朝儒者孔顨軒、劉申受輩稍稍創通大義，而立言不慎，反招嫉者之口。沈文起作《左傳補注序》，遂至醜詆《公羊》，不遺餘力。浸尋至於近代，一二猖狂者出，撥亂反正之書，一變而爲犯上作亂之媒介。吁可嘆已，不知《春秋》者，不過聖經之一方面，而《公羊》者，亦不過《春秋》之一方面。當公羊高與其弟子胡毋生著之竹帛時，何嘗必以此書奪《左》《穀》之席哉。漢之博士爭立學官，兩家始成水火。迨至宋儒，以尊王發揮《春秋》，而《公羊》益爲世所詬病矣。夫苟以末流之失言天下學術，固未有無蔽者。《公羊》黜周王魯，固當在不赦之科，彼《左傳》所載周鄭交質、王貳於虢等語，吾亦未見其義深於君父也。平心論古，不宜如是。大抵治義理之學，較之考覈名物訓詁者，難且百倍。考覈名物訓詁，但使有强有力之證據，即可得一結論。治義理之學，既無實在證據取供吾用，則必須縱求之時間，横求之空間，從至繁極賾中籒一公例，綜合而比較之，而後結論乃成。自古成家之學，殆未有不如是者。儒者立言，往往徇於風會，輒據一時所見，循一隅之指，妄欲議古人成家之學之是非，此遺經之所以難治也。兩漢傳《公羊》者，董生固爲大師，而能參異己之長者，厥爲劉子政氏。其見之於言者，無不淵然粹然，不似董生岸岸氣象。昔程子嘗言，有《關雎》《麟趾》之意，方能行《周官》之法。余亦謂，有惻隱古詩之志，方可治《公羊》之學，兄真其人矣。弟之少時，於三傳皆嘗少役心力，其後遷而治群經，又遷而治諸子百家之言，故生平所得力者，子書爲多，斯經則荒廢久矣。兄謂我能知《公羊》，斯言吾未敢承。雖然，求諸并世，能以超然眼光判斷此書而不爲非常異義可怪之論所駴者，舍弟而外，固亦無第二人也。兄以爲然焉否耶。近日校生服從者漸多，方知人性不皆是惡，要在薰陶耳。使我太學十年，必能風化丕變，而惜乎衰病顛連，老冉冉其將至矣，如何如何。益莽比亦有書，見時祈爲道念。聞翰怡已來京，尚未晤也。復頌撰安，不一一。

弟爾田頓首

八〇

静蓀我兄道鑒：

得惠書，昨已奉復一簡，想察及。兄論《公羊》三統三世，樹義精確，可謂不隨俗儒耳食之談。惟弟尚有欲進之於兄者，則以不知兄之此言係讀書得間歟，抑從有統系中綜合而得之歟？吾人研究一學，必須先定方法，方有軌道可言。兄嘗謂本朝三百年學術，惟古均之學成就，即以其能從至繁極賾中綜合之成一統系也。雖其後有分十八部者，有分二十一部者，此不過密以加密，而終不違越其大體。而非然者，則但可謂之讀書得間。讀書得間，固爲研究一切問學之初步。但適用於古文家故訓之學，或無不合；適用於今文家義理之學，則恐有合有不合。何則？故訓之學，可以目論，可以即時示人以論據；義理之學，不能專憑目論，或不能即時示人以證据故也。兩漢今文家學，上恍化於戰代諸子，下開章句。佚書雖亡，今見之於世者，伏生之《書》，韓嬰之《詩》，董生之《春秋》，殆無一不用周秦説經家法。周秦説經之家法，大抵皆根極名學而最通用者。在《論語》，則謂之反；『舉一隅不以三隅反，則不復也。』而在《孟子》，則謂之推。『古之人所以大過人者，無他焉，善推其所爲而已矣。』七十子後學之傳記，其引經演義，殆無不然。即如《孟子》之説《武成》，説《雲漢》之詩，幸而出於亞聖，使出於後人，考据家見之，有不目笑者耶？惟其所用之方法不同，故古今文兩家流别亦遂碩異。由古文考證之法言之，雖謂西京今文家説皆不出於孔子可也；若由余所論之方法言之，則雖謂西京今文家説皆不背於孔子亦可也。故弟嘗謂不通周秦諸子之學，不能治今文家言。雖然，此種方法，善用之則爲益無方，不善用之亦流弊滋大。本朝嘉道以來，不乏治今文諸經者，結果無一人成就，終不能與金壇、高郵諸儒同其論定者，凡以此也。兄近治《公羊》，詳於義例、故訓、名物、暦算，自是國朝治學正軌。惟弟之所言，似亦不可不存爲參鏡之資。否則，遇無可佐證處，或恐有疑非所疑者矣。蓋學問各有方面，即各有其應用之方法。此如水火相反，而不容相非。方法譬則儀器，所研究之學譬則天體。儀器所以測天，苟所測於天不符，即當修改儀器，斷不可强天以就儀器。前書太略，故再爲申暢之，相知最深，或不以鄙言爲詭辯也。專肅，敬頌撰安，不一一。

弟爾田頓首

八一

静蒡我兄惠鑒：

初八日曾肅一書，想察及矣。比聞培丈逝世，悲不自勝。偶出行散，又感風恙。欲作長誄一篇少致哀思，而病中握筆，心绪繁擁，竟不成章。兹先成挽詩六首，另紙寫呈。請兄爲我買素紙一方，界以烏絲闌，即求欣木先生用分隸一書，行款大小随時酌定，書就乞交孟蘋處装裱成軸，代爲送去。價洋若干示知，當由舍間奉繳也，拜托拜托。拙詩如有不妥，亦祈與益蒡諸兄參閲，即由兄改定。手此，敬頌道安，不一一。

弟爾田頓首

八二

静蒡我兄惠鑒：

得書，知挽詩已托欣木代寫代裱，極感。倘晤欣木，希爲我致謝。『拖紳』字犯聲病，本擬易爲『飾巾』，又不妥。兄爲改『加服』二字，頗切合。前得兄書論治學程序，與鄙論恰符。弟與兄信，係恐兄爲無統系之研究，此等方法治古人義理之書，殊危险。今文家學已爲道咸後儒者治壞，何堪再壞耶。益書莽言，兄對於義理之學殊不樂爲，此自是兄謹慎處耳。蓋義理最爲難言，宋元諸儒何嘗不人人以爲得聖賢不傳之秘，由今視之，又何如者。此等處固不可不慎之又慎也。乙老身後蕭條如此，聞之酸鼻。是真遺老，是真學者，又未嘗不洒然起敬。恨弟所處之境，竟不能有所佽助，愧對知己，如何如何。近來爲教務所擾，卒卒幾無餘隙可以觀書，而積欠又四閲月矣。水既絶源，衹得薪盡火傳而已。兄聞之，當亦啞然。開歲倏五十，擬整歸駕，尋我息壤。彼時或與兄輩把臂荒江老屋，未可知耳。專肅，敬頌道安，不一一。

弟爾田頓首

八三

静莽我兄惠鑒：

前得手畢，知起居曼苐。弟以多病之軀，爲筆舌所困。惟近日發現内庫檔案，關於異聞者頗多，得及身見之，殊可喜，容歸後當爲報告。乙老之家於年内返禾，编輯遺書之事，兄似不妨與慈護兄一言。乙老爲吾輩第一知己，其遺書亦殆非我輩不能编定。此舉倘成，彼時自當有人爲之刊刻，差可稍釋疚心。兄以爲如何？近來兄文興甚豪，頗羡。嘗私評兄於文事沈厚端重而有意味，朋好中殆不多見。昨與胡適之談，彼忽盛稱兄及孫星如之文。孫文弟未之見，此公近日宗旨忽變，弟勤其看錢竹汀、全謝山兩家文，彼亦頗能領納也。翰怡在此，屢日讌席，孟蘋亦來。弟疏懶畏出，尚未往訪。益葊前數日送其夫人來滬，即住舍間，近已返里居，想益葊亦同偕返矣。弟歸期當俟年假再定。近日校中發生募捐扣薪事件，校長竟以命令式行之。弟憤而求走，現已被挽留，似不能决然即歸也。然在此亦實無味，奈何奈何。專肅，敬頌道安。

弟爾田頓首，十一月廿六

八四

静葊我兄惠鑒：

昨致一緘，諒察及。今又得賜書并甸丞先生一簡，均悉。適舍間亦有信來，知志款已照數收到矣，謝謝。志局索弟稿草，惟『釋傳』一門，弟僅長编二十餘厚册，此外則分數傳目一册，須將長编照目鈔内，方能成書。弟到京數月，斯事遽輟。若將長编呈局，將來更無依據以爲纂修之資。總之，『釋傳』一門，仙傳在外。此兩年内必可成書，但他類則不敢必，不如另請人分任。鄙意擬懇兄先將此意轉達匄丞，告之修丈。如必欲弟交稿，容明春歸後，再將長编檢上。惟仍須發還，方可着手修定，以此長编皆弟數年所鳩集，多世間不經見之書，不忍輕弃也。『仙傳』一門，則實苦於材料寒儉，倘能有人分担，不妨割讓。凡此種種，亦祈一并轉致爲感。乙老下月開吊，弟另送賻洋二十元。其遺書事，能便與慈護兄一談否。昨晤孟蘋，知其家頗不欲出。流布先集，亦錫類美談，不知何以如此，藩溷之嘆，奈何奈何。弟俟年假後定歸期。東坡詩『身外浮名休瑣瑣，夢中歸思已滔滔』，每讀之，輒神往，政恐未能脱然耳。專肅，敬頌道安，不一一。

弟爾田頓首，十一月廿八日

八五

静蒼我兄惠鑒：

奉讀手畢，敬悉履候，極慰。前閲邸鈔，知拜南齋之命。此假昔人固以爲稽古之榮，而我輩今又宜存燬室之戚。長安惡乂聚，務使聲華漸淡，名譽漸輕，庶幾自全之道，知必有以處此也。此間連日大舉索薪，明日開緊急會議，又不知所議何事，怪狀可想。弟窮困無聊，幸賴去歲餘款勉强枝梧。但既已來此，衹能俟暑假試畢再作歸計。縱浪大化中，不喜亦不懼，聊自解嘲而已。下月應召入都，當遂良覿。專復，敬承道安，不一一。

弟爾田頓首

八六

静蒼我兄左右：

得惠書具悉。弟此次大病，因冬温牵及肺胃宿疾，體力虚羸，至今總未復元。始衰之年，頽象如此，其又敢冀長久耶！《浙志》不了，亦是我等負疚一事。前見吴修老致金甸丞信，催人交稿，辭甚嚴切，却未提及我兩人。聞益莽因恐牽動大局，業將辭意取消。弟擬明春與修老一書，將困難情形先行詳細告知，看其意見如何，再作道理。總之，弟之釋傳必可如期交出，其他則未敢知。其實志書體裁，原不必一例求備，有則詳載，無則蓋闕，未嘗不可成書也。頃彼處又送來第二年第二期脩洋，已爲兄保存矣。病中既不能出門，又無客詣談，惟雜閲書史自遣，然不能伏案，亦不耐構思。益莽、古微均回蘇，孟蘋亦多日未晤矣。手此，敬頌歲祺，不一一。

弟爾田頓首

八七

静莽我兄大人惠鑒：

在孟蘋處見兄數札，知已賃居。比得惠書，歡若暫對。周君左季送來志薪五、六、七共三期，尊款貳百肆拾元昨由弟親送至府交嫂夫人矣。金甸丞來商明年結束辦法，修老問兄能兼辦否，弟答以『雜記』一門早有端緒，直務事簡，當然可以兼辦。『仙』『釋』兩傳，弟現擬着手编次，『掌故』一款，修老意擬從省，甚善。惟『寓賢』最爲繁博，我兩人恐無餘力及此耳。近與修老商酌，或分之辦人物者带辦，較易集事，未識能圓滿解决否。大約我兩人年内必須交出數卷，庶以慰修老殷望，而杜議論者之口，幸裁定之。北都講考據之學者雖多，大都根柢薄弱。近與益莽言，深嘆基礎學問無人講求。昔歐陽永叔病佛老披猖，欲昌其本以勝之。蓋本實先撥，無論何種學術，皆易流於偏宕。異同之辦極微，而影響於趍舍者甚大。故弟近來對於譚學一道，慎之又慎，即文字亦不欲輕出示人。暑中無事，鈔録所修《后妃傳》舊稿，將長编分散句中，如裴注《國志》體，殆可謂無一字無來歷。然不願使今之學者聞之，留以俟身後知者知耳。容到京時携以就質。北校經費無着，現在薪水積欠五月，開學恐無期望，藉此機會在家遵養，亦計之得也。我輩丁此時局，惟潛心玩《易》，少得無悶。頃來頗有心得否。炎熱不多書，敬頌起居，不一一。

弟張爾田頓首

八八

静蓊我兄惠鑒：

前奉手簡，并留坨生日詩，和雅之中時見沈着，都中作家當不多覯。弟家居多病。北大已開學，而無款仍難開課，須九月間再議聚糧。近課鈔后妃史稿，已得四分之三。長编夾注，三倍正文。生平學術，頗近石洲。舊著《玉溪譜》，當勝顧、閻兩書。此編穿穴掌故，亦不減《蒙古游牧記》也。惟命名極難妥，擬題爲『列朝后妃傳輯』，下署『遯堪居士史稿』。古老謂輯字未是，不如改爲『傳稿』，祈兄爲我酌之。益蓊文事頗忙，近又爲《學衡雜誌》撰論，商務館担任《諸子講義》。文字有價，固爲榮譽，然弟則終以不沾爲愈耳。著書不爲一時，此亦古人雅訓也。聞兄近來應世筆墨亦極繁擁，修門人海，固未能一概謝絶，亦須稍稍消息，不特藉以遵晦，亦於修養有少益處。周左季昨日又寄來一月志薪，已爲取到。如無用款之需，俟九月初弟入都時带上，否則由銀行匯京，祈示及。專肅，敬頌著安。

弟爾田頓首

八九

靜葊我兄左右：

久未得書，想起居興勝。弟一病幾革，北游之計中止，且聞校薪積欠有停頓之勢。生平不潔去就，然涉世爲口，亦欲冀得一當。合之教育，自利利他，皆與私衷相剌繆合，或者遂决然舍去乎。迩來力疾將《列朝后妃傳稿》寫成。古老極相嘆賞，謂謹嚴有精采。孟蘋見之，遂欲爲我刊木，盛意可感。昔亭林嘗笑明人著書如廢銅充鑄，而不知采山之銅。若後人則又衹知采山之銅，而不知造器。此書庶幾兼之歟！海上自兄入都，可談者漸少。曩嘗評兄爲并代學者第一流，匪徒以其學，尤以其人。由今思之，殆無以易也。近何以自娱？《浙志》修洋已遵囑移交孟蘋矣。專肅，敬頌著祺，不一一。

弟爾田頓首

九〇

靜荠我兄左右：

展讀大札，循環肺腑，實獲我心。今之講肆，横民所止，卮言日出，不尚有舊，申屠蟠所以辭太學而甘灌園也。弟以病不能赴，即不病，猶將褰裳去之。亭林有言：『未見君子，猶吾大夫，道之難行，已可知已。』從此環堵不出，潛心玩《易》，庶葆元吉，以懺昨非，然不欲爲世人諒也。秦右衡師書來，称吾文而又儒，深愧其語。若僕者，不過李天生一流，而望實抑又不逮。自維喪亂，一紀於兹，師友彫落，而文章道義之契爲生平所服膺者，不可以無言，竊仿廣師之皆記之。熟諳掌故，淵默守己，吾不如楊子勤；勤於纂述，衛道自任，吾不如孫益荠；辭章淹雅，宅心醇至，吾不如黄晦聞；博學洽聞，品節不苟，吾不如兄。至於老輩，尚多有之，而非後學所得議也。近閱胡氏《儀禮正義》，殊有味。擬以餘年治經，兼及古文字之學。古文字學於説經極有用，從前好史，每輕視之，今始知其要矣。培老詞已鈔成一册，古老屬校，爲删補數首。文寫出者亦有百餘篇，尚有《箋校〈蒙古源流〉》《元秘史》等書，殊難理董。孟蘋北上未有期，志脩當遵囑，俟世兄走取可也。專肅，敬頌道祺，不一一。

弟爾田頓首

九一

静葊我兄惠鑒：

前得手教，卒卒未即復，爲罪。培丈挽詩容稍暇用舊紙寫上，以便藏弆。今年張君勵在滬創辦自治學院，浼舍弟相邀講授國文，取其就近且鐘點不多，勉應之，聊以爲口而已。病後元氣大虧，竟不耐構思，奈何奈何。孟蘋世兄喜期定在秋間，此時送禮似太早。聞吴修老大病，已延劉左泉診治，近又反復，比來未知如何。此間陰雨晦濕，殊困人。近況望常報我。手頌道安，不一一。

弟爾田頓首

九二

靜葊我兄惠鑒：

前有一緘，諒早察覽。弟今年就此間自治學院之聘，課程不多，藉以息肩，焬理舊業，從此當不復踏軟紅塵土矣。《列朝后妃傳稿》近又補注二三十條，遺舛當尚不免，故雖寫成，不欲遽行問世。海上一隅所出誣衊故國之書，日數百種，輸灌後學。元遺山詩『傳聞入讎敵，衹以興駡譏』，吁可怖也。月前日本服部博士來滬，聞弟有此書，亟勸早刊，以藥人心，且擬代呈彼國皇儲，備乙夜之覽，意殊殷摯。然鄙意終欲得兄一閲，審正從違，以期完善。以史非他書比，而吾輩以故國臣子譚故國遺事，上操史權，下信後世。每一念及，未嘗不懔然生畏也。總之，史之關乎事實者正不必諱，諱之實所以疑之，疑之則郢書燕説，無所不至矣。益葊於史例是其所長，而考證掌故之學實疏。其餘諸老輩，更不足以語此也。順治初孝莊與攝政王事，久蓄此疑，苦無以折流議，傳中固不應書，注中似宜略一剖白，以杜將來好議論者之口。考《實録》，順治七年正月丁卯，攝政王以玉寶追封其元妃博爾濟錦氏爲敬孝忠恭正宫元妃，旋即納肅親王福金。攝政王以皇父納妃繼正宫，意者當時典禮或有國母之称，孝荘事即由此傳訛，亦未可知。記得前兄在滬，曾言及内庫檔案有旗人口供，涉及太后語，可否商諸叔言先生，便中將原文鈔録示及？如叔言先生不欲宣布，則弟當謹守秘密。以意度之，此供中所称之太后，或即指攝政王所納之福金。滿語凡王妃寡居，皆可譯作太后，未必即是孝荘。但必須一觀原文，方能證明也。《浙志》稿因鈔人有事他就，又復擱置。修老病頗危，故亦未敢通書，俟看大势，再定行止。陰雨積旬，始見晴意。手泐，敬頌道祺，不一一。

弟爾田頓首

九三

静蒓我兄左右：

前有一書，諒察及。今日潘君秋庭來，得惠書，又悉壹是。尊款壹百番，已移交矣，勿念。弟病二十餘日，壯熱兩星期，至今不能出門。病中讀兄《集林》一週，精確處不必言，竊謂大處尤不可及。雜文雖不多，亦皆有姿致，不讓古人。近來海上可談者寥寥，衹有與書策晤對耳。

吾道孤矣，奈何奈何。手頌著祺，不一一。

弟爾田頓首

九四

靜莽我兄左右：

兩書均悉。弟病莫能興，宛轉床褥，委命醫手兼旬矣。今雖小有轉機，尚不能進水漿也。《〈水經注〉校》爲東原一生公案，兄能證明之，甚善。東原誠有過人處，但爲捧場者所累，亦以其生平好標榜也。若近之崇拜東原者，則又東原之罪人矣。志款當遵示候潘君來轉交。近志局又送來第二年第二期脩洋，尊款八十元仍暫存弟處。吴脩老欲辦清，文章必須限到期一律交齊，此事如何辦到。弟之釋傳雖已整理太半，既依培丈所定統系，則斷難零交。從前一鈔手會亦有事他去，況我兩人所任尚有『封爵』『掌故』諸門，即『釋老』一門亦但有釋而無老。聞益莽所辦『藝文』尤繁瑣，已向翰怡函辭。如脩老相逼過甚，則弟亦惟有辭退一法。兄意以爲如何？此時姑且虛與委蛇，靜看機會可也。《集林》出版已見之，兄學精到，無愧碩甫；而孟蘋之好古，亦不減振綺兄弟，皆嘉話也。此書程本太鉅，不能多贈人。前囑函告馬幼漁諸君，倘彼輩向兄强索，可以孟蘋意示之。手頌著安。

弟爾田頓首

九五

静菴我兄惠鑒：

去臈曾肅一書，獻歲發春，想恒納宜。昨貞明世兄來，得兄書，具悉動定。志脩壹百四十元當即面交世兄，尚有八十元暫存弟處。近來整理釋傳，大約數月可以就緒。老傳無書參考，祇能蓋闕。『掌故』一門，修老有書取消，弟擬請其將『寓賢』一門撥歸辦人物者兼辦，較易集事。惟『封爵』一門，若續舊志，自乾隆以來即亦無多，但咸同軍興，得世職者尚多有之，此非徵采不可，不能專向書策中求也。兄所任雜記如已寫出，可以零交，即不妨徑寄修老處，或寄至弟處代爲轉交亦可。至辭退一節，弟商之於人，均謂此舉恐使修老爲難，不可不慎重。惟困難情形，似不可不預先聲明。弟擬病愈即致修老一書。此書似當我兩人出名，兄有何意見，祈便告知爲要。弟病尚未復元，每星期仍打針一次，終日與藥裹爲緣，殊悶損，惟心思尚能自由耳。都門歲況如何？聞皇室奇窘，蘇堪上減政之策，從清理入手，已蒙俞允否？手肅，敬頌春祉，不一一。

弟爾田頓首，人日仲

九六

静蓀我兄大人左右：

兩得手教，因病未即作答，歉甚。内閣舊檔，雪堂先生允便鈔示，極感。近見舊鈔張蒼水《奇零草》，其宮詞十首中有兩首云：『上壽觴爲合卺尊，慈寧宮裏爛盈門。春官昨進新儀注，大禮恭逢太后婚。』『掖庭猶説册閼氏，妙選孀閨作母儀。椒寢夢迴雲雨散，錯將蝦子作龍兒。』此詩繫年庚寅。考庚寅爲順治七年，是年正月，正攝政王納肅王福金之時。當時民間以皇父納妃，自應有太后之称。如云皇帝之父娶太后，詩中『太后』當作如是解；若謂實指孝莊，則孝莊母儀已久，何待妙選而後作耶！至『慈寧』『椒寢』，則故國遺臣想像之詞。攝政王墨爾根邸在南城，即今南池子，本不居宫中也。自信所揣尚不誤，若再得檔案一證，則圓满矣。孔四貞事，近亦於《實録》中得一條。蓋四貞於順治十三年實奉有立爲皇妃之諭，候旨舉行册禮。其何以未册，或因四貞自陳有夫而罷，此則官書不詳，亦不必詳者也。此事正見章皇盛德，不奪人偶，較之明武宗納有娠之婦於豹房，舉朝規諫者，何啻天淵。拙编於此等事，苟其證据確鑿，無不羼入注中，免使異日纖兒再翻出陳賬來擣亂。此弟著書之微旨也。兄以爲何如？

修老竟歸道山，鄉邦耆舊盡矣。弟挽以一聯云：『誰補後彫松，文獻無徵，遺老又悲一个弱；我修先賢傳，君親未報，史才深愧十年知。』以修老去歲與人書，盛稱弟史才，故末語及之。志事歸古老、甸丞。古老辭，大約由炯齋接手。兄論東原之學甚確。學術至今日，已無創作餘地，凡欲異於前人者，皆非愚即妄，變化正未知所底也，奈何奈何。手肅，敬頌撰安，不一一。

弟爾田頓首

九七

靜蓀我兄惠鑒：

前有一書論東原學術，意有未盡，兹再申之。嘗謂無論何種學術，主張過甚，皆不免流蔽。於文，善爲宜而惡爲過。好色可也，好色而至於淫，過也；反之，主張不好色者，亦過也。怨誹可也，怨誹而至於亂，過也；反之，主張不怨誹者，亦過也。必先立此分例，而後方可進而衡量百代之學。我朝一代學術，亭林成之而東原壞之。東原以前，儒者類篤實；東原以後，考證之功百倍前人，而行履則多不得力。姑舉其最著者。王西莊之乾没，見之《歗亭雜録》；陳卓人之好利，見之《落帆樓集》；馬元伯以贓遣戍；陳樸園以墨敗官。他若汪容甫輩，其所著述，除與人辨詰外，大都憂貧之言，而無一分守道之勇。其餘以售書牟利，以刻書賺錢者，尤不知凡幾。蓋其視古聖先賢之書等於物，其治古聖先賢之書也等於格物。人己之間，一若渺不相涉者。此皆主張考据之學太過之所致也。考据之學之所以成立者，其基礎實築於求知之欲上。東原敢於公然以欲爲性者，亦即在此。求知之欲，本爲人類所公具，雖彼古聖先賢，亦豈能外此而他求。然古聖先賢之於學，必有其所以爲學之故，終不純以求知之欲爲本位。以求知爲本位，事最危險。當其未知也，無所不用其極；及其既知，而又有未知者，則前之所知，敝屣云矣。天下之知無涯，求知之欲亦與之爲無涯，而天之生材則實有涯。日以有涯逐無涯，其終也未有不敝者。故不求知者，愚也；求知之過，亦愚也。泰西之學所以鄰於破産者，正坐求知之過耳。中邦之學，雖尚未至於破産，然而山岩複壁，神經怪牒，至今日且盡徵之，竭澤而漁，又焉能久。訾周孔，毁許鄭，疑古惑經，種種異象，皆求知之過所必至。物必先腐而後蟲生之，此後變化，真不知所税駕矣。啓多聞於來學，待一治於後王，我輩皆非其人，不能不望天之再生一亭林也。弟近年精力就衰，兼之多病，觀書習業，藉以養心，不但議論不敢輕發，即文章亦不欲多作。同志中惟兄能知此誼，故復發憤一道，惜培老雲逝，不能質之，爲可嘆耳。《浙志》聞歸炯齋接手，尚未定局。月脩久未送來，弟處尚存尊款八十番，如需用，祈示知。專肅，敬頌撰祺，不一一。

弟爾田頓首

九八

静蓀我兄有道：

昨得惠簡，草草奉復，想見之矣。兄論東原之學力與程朱異，而亦未與孔孟合，義極精切，足揭戴氏之隱。戴氏之言曰，人與物同欲，欲也者，性之事也。以欲爲性，不特孔孟不許，吾恐孔孟以前聖人皆所不許。然則戴氏努力研精聲均、訓詁、名物、象數者，非以推求古聖先賢之用心也，非以啓多聞於來學也，不過此欲之衝動耳，豈不可笑。弟竊謂天下無論何等學術，何種事業，固不能不藉欲以爲導。然其究也，必有超出乎欲之上者。故古人不離欲以求道，亦不即欲以爲道。滅絶此欲者，佛學也；主張此欲者，泰西諸學也。惟寡欲、節欲而不言無欲者，則我中邦思想也。由此義而後有種種道理發生，由此義而後有種種制度成立，由此義而後研究種種之學術方不致偏倚而爲世道人心之害。此今日先決問題也。至於朱陸異同之争，今古文水火之辨，皆屬枝葉邊事。本根既立，講程朱之學可，講象山、陽明之學亦未嘗不可；講許鄭之學可，講《公羊》非常異義可怪之論亦未嘗不可。本根一撥，萬事皆非，豈獨推翻孔孟者爲妖孽哉，即崇拜孔孟者亦妖孽也。弟近年來見之益明，守之益定，不欲與人灌灌，亦即此意。雖然，同志中尚無能知此者，亦聊爲兄一發之耳。《列朝后妃傳稿》增注五六十條，大致完備，惟玉牒妃嬪各主位例不載旗佐，尚須一考。《八旗通志》等書或可補耆一二。但有一事，蓄疑已久。仁宗誠僖皇貴妃玉牒：『道光十四年，追封和裕皇貴妃。』據《内務府則例》，道光十六年，奉諭『「昌陵恕妃衙門」著書作「和裕皇貴妃園寢」』，是『和裕』乃恕妃封號。官書自相歧誤，兄能便中代托内務府人一查檔案示及否？拜托拜托。修老歸道山，尚無開弔日期。此間如送公份，當代填附兄名，弟與益葊則已單送挽聯矣。孟蘋忽發奇戒烟，弟因病已一星期未晤，未知迩來體中何如？殊念之也。此間陰雨連旬，閉門不出，拉雜書問，敬頌道安，不一一。

弟爾田頓首

九九

静葊我兄惠鑒：

初八日有一書，再論東原學術，今日得惠書，敬悉壹切。晚間世兄來，尊款共八十元即點交矣。修老奠分，公送之舉無所聞，已由各人單送較便。此間風傳有東巡之説，確否？今日事，總以静定爲主，更張操切，皆非所宜。兄既在内，如有所見，似不妨盡言。至於補救與否，則天也。大厦已壞，非一木能支。十年偷活，悲積陳古，奈何奈何。志事歸炯齋未定，大約歸甸丞一人獨攬。且聞此後脩洋停送，非卷交齊不付。若如此，則我輩亦可藉此下臺矣。聽客之所爲，不必辭，亦無用辭也。吴梅邨仿唐《本事詩》第一首已采入拙编，近又從《思福堂筆記》采數條，終以未檢《八旗通志》等書爲憾。雪堂允鈔檔案，能便中一詢否？手復，敬頌撰安，不一一。

弟爾田頓首，初九燈下

一〇〇

静莽我兄有道：

頃奉惠書，藉悉動定。論學數語，實獲我心。儒者古人與稽，或校勘一簡，或參驗一名一物，或前賢偶誤，我爲之拾遺補藝。此皆有益於後學甚大，詎可厚非。乃今之纖兒妄子則不然，一方面考證古物，一方面又主張赤化；一方面表彰先哲，一方面又痛詆周孔，甚且假保存之美名，禍及君父矣。思想上之矛盾，殆於不可究詰。《淮南子》曰：『人不小學不大迷，不小慧不大愚。』吾無以名之，亦名之曰愚而已矣。長安道上所謂出風頭者，皆此物也。我輩以夙昔虚名，彼等雖外之，而又不能不利用之。因此之故，遂發生種種周旋。亭林有言，君子處己於衆中，接人於廣座，必有不求異而自不苟同者。此固我輩今日所自處。然而返之於心，則又安能慊然哉。兄居京師久，當亦同此慨喟也。《列朝后妃傳稿》大致粗備，先印自序一篇，樣本數紙，附上就正。如有未妥，祈示及。此間校課尚清閑，惟每月閲卷改文殊苦耳。校舍即在愛文義路，下課後必過益葊處晤談，頗不寂寞。專肅，敬頌道祺，不一一。

弟爾田頓首

一〇一

静葊我兄惠鑒：

前有一緘，想登籤室。昨晤翰怡，知金甸丞已就《浙志》總纂，并聞此後薪水不但停發，如到期不交卷，尚擬登報毀人名譽。此雖恐喝之言，然我輩進退，似宜光明，何必受無謂之指摘。弟擬趁此機會向古老辭職，以古老係總閱故也。茲擬就我兩人聯名辭書，一紙奉上，如兄意以爲然，即由尊處繕發，古老處再由弟面告。至要至要。詞句如有未妥，亦祈代爲修改可也。專肅，敬頌節祺，不一一。

弟爾田頓首

一〇二

静莽我兄大人左右：

奉書敬悉壹是。兄謂志事衹能以不了了之，亦是一辦法。弟初意本亦如是，嗣聞人言届期不完卷者將大書登報，則又何必受此無謂之指摘。故以爲不如絶然捨去之爲妙。頃晤慈護兄，始知此語本屬滑稽，甸丞總纂亦未確定，惟脩俸則無繼發希望。如此，則亦不必故與人異矣。古老所任一部分，聞已結束。伯皋成績亦佳。益安因在翰怡名下，不能單獨行動。拙存未知何如。弟擬將釋傳長编略加整齊，届期交出，以完數年所欠之債。近見同人所修，雖名爲定稿，其間葛、龔未去，實亦與長编等耳。其餘各門，此數年中非不能完成，實以材料枯窘，而書籍又不能應手，即已成者亦苦無人鈔録。弟從前曾有一鈔人，月出三十番鈔資，今則并此亦難得矣。然此種情形，亦惟我輩知之。若舉以語人，必不見信。素餐之罪，其又奚辭。當改組之初，弟亦曾上書培老，請減去數門，并言志體省各不同，原不須求備，皆實情也。手復，頌著安，不一一。

弟爾田頓首

一〇三

静菴我兄惠鑒：

前復一緘，諒早察覽。頃接浙局周左季信，又寄來志脩弟十四期洋壹百六十元，并詢交稿，原函奉閲。我輩既未辭，則脩洋碍難不領，此款弟已爲兄保存矣。弟近以重貲覓一鈔人，用翦粘法以期速成，大約『方外』一門必可交卷。『方外』二名，係修老所改，以道流無多也。『寓賢』一門，辨人物者已带作，蓋闕不妨。『掌故』修老從删。除我兩人原任兩門外，衹有『封爵』一門耳。如何辨法，祈便酌之。前托雪堂先生鈔示内閣關於睿王事之檔案，未識已檢出否，乞兄爲我一詢。因此事傳訛已久，在從前原可不辨，而今則不能不爲後來立言坊也。病目殊甚，不能多書，敬頌著祺，不一一。

弟爾田頓首

一〇四

静䓗我兄惠鑒：

前有一書，諒達籤室。溽暑熾烈，想起居納宜。先祖遺詩一册新刻成，郵呈采覽，此外兩册，請代分贈雪堂、芷㚢兩先生。詩中誤字尚多，未遑細校，閱時倘有所見，并望舉示也。弟目恙又作，幾不能看書，殊苦。手肅，敬頌著祺，不一一。

弟爾田頓首

一〇五

静蒼我兄惠鑒：

貞明世兄來，得手書，敬悉履候。尊款八十番，已移交矣，勿念。江潮決裂，現正在相持中。此種現象，皆五代史中所應有，所苦者民耳。弟目疾未愈，胃恙又作，今年之衰迥異平常，大約亦將與此濁世長辭矣。孟蘋錢莊倒歇，勢瀕破産，資本家之可危如是。數日未晤，未知其如何。益蒼全家避居上海，近著《〈太史公書〉義法》，可謂好勇過我。都中近狀尚安謐否？手頌著祺，不一一。

弟爾田頓首

一〇六

静蒼我兄大人左右：

前得惠書，病目久未作復，歉歉。孟蘋歸，敬悉起居近狀。尊著《浙本考》尚未交來，前囑函商甸丞，此事似非面譚不可，寫信恐生誤會。惟弟與甸丞不常見，當俟得間言之。好在『雜記』體例本無一定，届時兄有多少即交多少，亦無不可。聞古老言浙中頗有人思攫此局，果爾。則我輩所作，無論伐山事業與否，皆不會討好，即薪水亦是一問題，則亦姑聽之而已。弟近日多病，頗無聊賴，而家中人亦復疢恙相繼。兄近來有何造述，能見示否？手肅，敬請道安，不一一。

弟爾田頓首

一〇七

静莽我兄惠鑒：

昨陳一書，諒達清聽。皇室之變，薄海憚心，草間伏處，但有祈死而已。乃報載善後委員添聘羅振玉，此何等事，我輩忍處分君父財産耶！國亡之謂何！又因以爲利君子愛人以德，當勸其辭，即兄亦宜脱然其間。一生大節，不可不兢兢也。噫！考古之禍，竟至於此，令人不忍言學。追原作俑，東原實不能辭其咎，弟前與兄書已逆料之矣。迩來近狀殊念念，乞報我數行，盼盼。此頌道安。

弟爾田頓首

一〇八

静蒼我兄惠鑒：

孟蘋處得十月二十九日手書，誦之涕零。皇輿播遷，越在草莽，末由奔問，瘋憂泣血，如何可言。今日之變，保障既失，觸地皆危。既已出險，不宜重入。漢孺子、唐許王之往事，讀史者尤所寒心。國内萬無可居之理，要當緩以圖之耳。國家養士三百年，不意兄竟以一人結書房秀才之局，遭遇之奇，可謂極生人之不幸矣。異日行止，或爲子家羈之從亡，或爲王應麟之行遁，此時正自難言。若弟所爲惓惓者，則實在故國文獻。《列朝后妃傳稿》雖粗寫定，尚待參考大内近出殘檔故册，或有一二可以補苴者。但萬里承華，巢痕新掃，天家典寶，零落人間，每一念及，又不忍於盡摭也。嗟乎！北方戎馬，已無視月之儒；南斗京華，遽改經天之步。中興道消，窮於甲戌，不其然乎！專肅報訊，所望隨時示以音問，不悉。

弟爾田頓首

一〇九

靜菴我兄惠鑒：

病中得奉手書，歡若對面。數日前，弟亦有一書，係寄至清華者，因《浙志》薪水又爲兄領到兩期也。弟此次大病，乃因感冒牵動肺疾，綿惙數星期，至今未大復元。拙编《后妃傳稿》，力疾補苴粗定，所引官私著籍約五十餘種，雖不及亭林《皇明備史》引證之博，而去取之嚴似過之。此書於弟生平行誼殊有關係。蓋修史之事，本非臣子所忍爲，而在今日，則又不能不爲。既不願違我素心，亦不甘爲人分謗。留此一段公案，待身後流布，不敢云告無罪，亦庶幾或有知我者。聞兄擬集注《尚書》，甚善。《尚書》一經，近日發現佳證極多，允宜及時戡定。鄙意著手時不妨用札記體作長编，將來成書，仍須全載正文。或參較衆本，擇善而從，仿前人隸古定例，較完備也。清華課程何似？如但須研究，不必每日授課，則於著書最爲相宜矣。津門消息，弟亦微有所聞，每讀王船山《永曆實録》，當日吳、楚二黨情形，千古一轍，可爲浩嘆。既已不可諫矣，我輩惟當善自保身，以待貞元之復。想兄當亦以爲然也。弟近閲劉原父集，其文不用奇字棘句，而高古之趣，真從經術中來，而詩尤深穩，似尚在梅宛陵上，宋代儒者未能或之先也，歐公更無論矣。久不作詞，爲孟蘋題盆柏一首，寫上采覽，閱後祈轉交吴君雨僧。彼徵弟文登報，苦無以應，姑以此塞責耳。薪水如需用，望函世兄領取。專肅，敬頌道祺，不一一。

弟爾田頓首

一一〇

静蒼我兄左右：

頃得覆書，敬悉一切。《浙志》聞尚有四期之薪，記不甚清，然大約不過此數。此事弟久擬辭却，免得時時溷人。惟現在時機皆已錯過，無端退薪不辦，理由未免不甚充足。弟擬將尊款暫爲保存，俟結束時再作道理，此時不必自我發難。浙局自修老歿後，殆成無首之龍。古老不問事，甸臣近就周夢坡館，已不如從前興會，且此公弟頗不願受其指揮。我輩本培老所聘，將來仍與慈護接洽可耳。總之，此種錢我輩不要，未免便宜纖兒。可以取，可以無取，取。取傷廉，傷廉雖不可，然亦無害於道。趙岐注《孟子》已言之，此固漢儒古誼也，一笑。尊著《浙本考》，孟蘋未交來，容問之，或兄致書時一詢，囑其轉交，尤善。津門情事，後慮方長。漏舟破屋，何堪再壞。草莽私憂，惟祝天心早復耳。弟病後虚羸，久未復元。課暇望常常賜書。海内同志，不過一二人，故於知己之友，每一念之，未嘗不惓惓也。專肅，敬問道祺。

弟爾田頓首

二一

静葊我兄有道：

奉手書敬悉。浙薪尊意移供饘橐，極是。聞周左季言此款尚有四期，希望先交卷若干方照發，則亦聽之而已。尊款容轉交孟蘋處。拙編《列朝后妃傳稿》，尹碩公先生爲我在京文楷齋付梓。梨棗之費皆尹君自任，盛誼殊可感。此書我罪我知，不敢求兄等作序，惟代叔通擬一跋。叔通同館，且弟之修史，本其兄介紹也。一書自有體裁，不能兼表心迹，故於跋中暢發之。另紙附上，祈兄代一斟酌。如有未是，不妨删潤，勿客氣也。此書成，擬以餘力爲建州三衛考，以正近人吠堯之誣。明初於東邊兵力，南包朝鮮、會寧諸境，北極混同江，設奴兒干都司統之。曾幾何時，竟不能有夷爲甌脱，明人之不善處置可知。此等事實，《明史》不見，《明實録》尚有綫索可尋。然此間無書，殊難著手。秋凉或擬入都一行，當可得許多史料也。益葊《太史公義法》已付刻。惟其書未加修飾，且有數條不得謂之義法者。益葊近日頗不喜共人商榷，此書行世，或恐減價，未免負此良友矣。手頌道安，不一一。

弟爾田頓首

一一二

静葊我兄有道：

昨得手教，知近注《長春游記》。西北輿地，道咸間人始闢此學，拾遺補藝，固後賢任也。聞培老有校本，未見。其所注《蒙古源流》，曾由弟排比，但有一二處小誤，不敢臆改，已交慈護繕寫矣。益葊之學，洵如尊論。海上工駢文者兩人，審言不脱鄉曲氣，益葊未脱學究氣。益葊最崇拜章實齋，實齋即係一學究。弟生平言學，能用章氏而不爲章氏所用，益葊則始終未能出其圈續。近來自憙益甚，尤惡聞異己之言，殆由家事拂逆，窮老累其神明故也。平心論之，益莽各書開示後人塗徑，未嘗無功，在國朝著述中，可配陳本禮，要不得以此爲止境耳。世多以我兩人并稱，悠悠之談，徒見其表，固宜如是。兄以爲何如？彼於《學衡》中評兄小學，吾未之見。益莽本不通小學，如何無的放矢。然其他所作，亦多有此病，惜彼不肯細心與弟商酌也。尊款尚未送交。孟蘋因家中人挪用一部分，稍遲即交送，祈勿念。此間校況異常乾燥，兼以罷課罷工，來日大難，未知所屆。復頌道安。

弟爾田頓首

拙擬叔通一跋，請仍擲還，以便付寫。又及。

一一三

靜莽我兄左右：

得惠書具悉。内外之辨，分析至精。自念與益莽二十年論學，得益亦正不少，而彼近來實爲報章及應酬文字所累。學之爲道，求真求是，我不必同於人，亦不必强人以同於我。我輩生丁亂離，既無他嗜好，聊藉此以自寄其心。然既已爲之，則必期於不苟。語曰：『不誠無物。』凡騖外爲人及淺嘗輒止者，皆於思誠之道有所未盡也。生平學友中，弟最服兄有定力以此。年力就衰，不耐繁博，頗思約之以治一經。近閱《禮記》孔疏，取皇疏殘本對照，略以朱筆分出所引舊疏。此後尚擬一讀《儀禮》《周禮》兩書。此間罷市、罷工、罷課甚囂塵上，閉户繙帙，一無聞問。炳燭之樂，惜不能與良友共之耳。古老聞自北來，數星期未見。孟蘋處亦久未去。都中近狀何如？暑期能一詣滬游否？手復，敬頌著祺，不一一。

弟爾田頓首

一一四

静莽我兄大人左右：

久未通候，想動定納宜。近閲雜報，兄竟爲人奉爲考古學大師矣。日與此輩研究礓石者爲伍，得無有隕穫之嘆耶。弟嘗謂周孔以前有何文化，不過一堆礓石而已。此種礓石，愈研究愈與原人相近，再進則禽獸矣。頃讀《周易》，頗悟乾元之義。乾元者，太極之一號，人類所由首出庶物者也。人類惟能戰勝庶物而爲之君，始有此至尊至上之徽號。故元字與《春秋》之元同義。人類何以有元，以有文化也。文化由人類而成，亦可由人類而毀。發達至於無可發達則毀，對於文化本身發生懷疑觀念則毀，毀則人類復返於庶物而無元矣。凡一國文化，入其中者如飲食然，日用而不知，方能凝固而持久。以其爲古也而考之，則已離乎文化圍範，其考之也愈精，則其離之也愈遠，久之信任古人之心亦愈薄。故考古學者，破壞文化之初步也。人但知宋學末流爲空疏，而不知三百年學術末流爲破壞，此亦亭林諸公創始者所不及料也。雖然，天下事固未有無病者，惟講去其病而不廢其法，方爲善學。斯意也，惟我與兄能知之耳。多病早衰，不復能再事著述。舊撰《史微》，近日無事，删改數十處，又補注數十條，粗可人意。使天之將喪斯文歟，則此戔戔者又何足惜。如其未也，異日者中邦文化之復有大賢如朱子者出而酌取焉，亦足以畢區區之志矣。擬石印數本，分之同好，庶不爲惡其害己者所去，我方儀圖之。古老刻其詞集定本曰《彊邨語業》，弟爲作一序，古老極賞之，謂能道其人格。兹奉寄兩册，其一册請送吴君雨僧，因吴君曾徵弟此序擬登報也。手肅，敬頌道祺，不一一。

弟爾田頓首

一一五

静蓀我兄大人惠鑒：

頃得手教，極慰。弟近讀書，方實信得夷夏之分、人禽之界。中國之與外國，夷夏之分也；今日窮髮以北之與世界各國，人禽之界也。家居無事，研究畜狗。狗無宗教、道德、法律，無論矣。而尤奇者，狗無私産。弟頗欲勸此輩研究礓石者研究動物學。研究動物，則可以真平等，否則仍是孔子所謂天地位萬物育，非天地育萬物位也。前書兄必疑吾過言，實則弟之言未嘗違反科學原則也。學問之道，有一種可以即時示人以證據者，有一種不能及時示人證據，必待事變之來而吾言方驗者。當事變之未來也，人往往以空言忽之，而不知實非空言。前者弟名爲横的考據，後者弟名爲縱的考據，然二者皆不免流弊。前者易毗於疑，後者易毗於信，要須待後人證明之耳。今日者，實吾人證明古哲學術之好機會也。兄以甲骨金文證明上古史迹，弟即以種種事變之集合證明古哲之無空言。我輩所能爲者，如是而已。至於事變之來，固非吾力所抵制。然苟就吾範圍中指明其末流之所極，俾後來人無或歸咎創始者，是亦學中應有之一附带條件也，而衛道之説不與焉。兄以爲然焉否耶。此間校舍移往吴淞，弟每星期去兩日，然已往返勞頓，頗思得當辭去，但苦無機緣耳。培老詩古微爲刻成一卷，全書尚未殺青。近日江浙戰謡甚盛，流離之禍又恐不免矣，奈何奈何。手肅報訊，敬頌著安。

弟爾田頓首

一一六

静葊我兄左右：

頃奉惠書，敬悉動定。清華擬添聘弟講授，此事前吴雨僧兄來書亦曾述及。此間自校舍遷往吴淞，往返倍形勞頓，而又無説以自脱。有此北都一行，或可藉此息肩，於私計亦良得，但未卜天心人事果如所期否。關外瓦解，棋局驟變，泯泯棼棼，意者殆將與赤同化耶。豈徒赤族，亦且赤國。辛亥以後，事變乘除，如轉石千仞之岡，不至地不止。此固意中事耳。海上自培老下世，老輩結舌，譚藝之樂閴然。益葊暖姝自好，而弟復多病早衰，較之兄前在滬時，又一世界矣。吾身尚未死，而光景之變遷不可把玩已如此，更何論後來。所恃者不與萬法爲侣，賴有此心而已。尊詩致佳，爲何人作殊不易揣，閩縣似不足以當之，此外則非弟之所能知矣。附上小詩兩章，閱後祈交雨僧先生，或可充報材也。聞大庫發見順治二十二年題本，爲李牧齋所得。此事弟終蓄疑。若謂世廟尚在，宫中遵用順治年號可也。既係題本，必經内閣，未免於事實不符。頗疑有人添改以炫世者，非親見原物不能定。兄以爲然否？手復，敬頌道祺，不一一。

弟爾田頓首

一一七

静菴我兄大人左右：

得手教，知考證金元佚聞業已削草。讀書之樂，令人遥羡。無錫近有木活字鋪兩家，尚不惡劣，且價極廉。尊書如付刻，何妨一試。此事托陳乃乾可辦到也。我輩生丁不辰，軀殼久已敝屣視之，惟此聰明苦無安頓。研究學問，亦可減輕緣累，但切不可向外馳求，如此未有不招煩惱者也。吾見之多矣，大抵人之智慧愈高，則悲閔之心不期而自發，然亦必以偶爾流露者爲真。若慣作此等語，久之則隳志矣，而僞托者且得乘間而入。亭林所以致嘆於江南之人日益不似也。弟多病畏煩，精力已不如往昔。所欲著之書，多以乏參考而閣筆。惟瀏覽内典，養心習静而已。清華添聘之説，此議發自雨僧。雨僧古誼殷拳，極爲可感，至於事之成否，原可不論，晤時祈以此意轉達，勸其勿萌退志也。古丈近詞另紙寫上，請交雨僧登諸報端爲托。古丈此詞係咏去歲十月事變者，本不欲發表，弟則以爲外間恐無人能識也。尊款久爲家人挪用，年内殊無以歸趙，想不罪耶。手肅，敬頌年棋，不一一。

弟爾田頓首

一一八

静菴我兄左右：

自去臈一書，久未報訊，兼以京畿俶擾，或恐台從避地他處。比來小見清夷，敬想動履無恙，當符遠祝。弟春初胃疾發動，卧床月餘，今始能起。舊撰《史微》，訂補約一百餘事，命及門鈔成札記一卷，附刻於後。今春集貲重印數十部。兹謹以一部郵寄就正，祈察存可也。聞都中學校因搜查赤黨，多有停課者，或不致擾及我輩。手肅，敬頌道安，不一一。

弟爾田頓首

一一九

歡迎會弟有事先逃席，散時想當不早也。本月二十七日，晦聞約兄公園來令雨軒一聚，屬代邀，原簡奉閲。此上，敬頌静安我兄大人道安。

弟爾田頓首，四月廿五

一二〇

静葊我兄左右：

昨有一緘。弟近患紅疹，壯熱兩晝夜始愈。已與前途商議減少上課鐘點，大約暑假後開學時可以解決。彼時夔笙事當亦可望成，大約由弟與瞿安分給鐘點，此時且不必告知，使之希望也。頃閲高似孫《史略》，載有蘇易簡《〈文選〉鈔》，未知即《集注》所引否。小詞一章附上。

采桑子 病中夢醒有作

牽牽花發懨懨病，珍簟凉鋪。燕館清都，一霎秋波似五湖。　江南行盡知何處，水閣燈初。暮雨蕭疏，枕上吴山畫鷓鴣。

小弟爾田頓首

一一二

殘荷和晦聞

眼看秋向支離盡，悵望春從畹晚歸。曉鏡乍窺猶自舞，空觴相對不成欷。當時驚見殷鮮雜，後夜休教粉黛晞。獨立江頭問江水，哀蟬黄照百迴依。

便教聽盡秋塘雨，零落江蘺未是歸。晚色猶能相爾汝，浮生何事有悲欷。真愁坐閲離披去，還恐重尋厭浥晞。今日年涯屬蒲柳，衹應殘蓼獨依依。

張爾田寫稿

一二二

大行皇太后挽歌辭

難回八駿駐瑶池，黄竹歌殘四海悲。璧掩秦灰終劍合，丹成軒鼎遽弓遺。瓦飛長樂晨隨水，火暗甘泉夜罷祠。九廟烟煤誰告謚，西陵春望黍離離。黄旗紫蓋已歸吴，遺讖真成下殿趍。問膳龍門空鈿轂，垂衣虎帳尚珠襦。金縢掩涕多方誥，玉簡傷心具位書。回首壽宫張樂地，幾人終古哭蒼梧。

無題

脉脉翻成病，倀倀祇益疑。腸危妨促柱，腹冷怯彈棋。蝶豈無遺粉，蠶應有盡絲。如何金帶枕，猶自夢佳期。

晚春芍藥

來迎錦步幛，去駐碧油車。扇掩常羞月，簾烘不隱霞。舞多知酒困，望極怯春賒。莫逐朝雲散，僧虔蠟炬斜。

李審言目我爲孤鳳皇，德不敢比，孤則然矣，感成一絶

不許羈雌憶故雄，含章深閉舊巢空。南山竹實添宋彩，肯共山雞舞镜中。

寄遠

凝恨金釭掩，含情璧月孤。幾生期抱柱，到死肯當壚。神女原無夢，羅敷亦有夫。明珠須百琲，何用賭輕軀。

未必烏船妬，其如鴆鳥何。恨深腸易窄，書遠意偏訛。裂帛惟供笑，抽琴豈待歌。支機休浪擲，一爲問星娥。

靜蕣先生别十年矣。桴海歸來，相勞滬上，辱問近作。雖然，近數年來，所謂生死皆窮，哀樂道盡，王澤竭矣，詩更何有！無已，姑寫拙章數首，聊以塞知己多愛我之意。異日存之，爲相思券也。

遯堪張爾田題記

一一三

水龍吟

幾年京洛逢春，今年客裏匆匆過。傷心怕見，歲寒宫袖，至梅妝朵。故苑風光，舊家情味，吟懷編左。聽茜窗吴語，檠花紅戀，三兩點殘燈天。鬢底繁霜新涴，夢驚迴，凄凉還我。隣簫易感，蘭期稀會，自歌誰和。漏瑟消更，夜蛾擁髻，耐人堅坐。任明朝，綵勝慵拈，春意問梅梢破。

辛酉歲塗客燕都作，寫呈静蒼先生吟政。　遯堪俶稿

一一四

壽韜庵師傅七十

吟詩珍重白髭鬚，坐閱蒼松與世殊。故老頻瞻天北極，高年宜領帝中樞。池魚流水聊成

觀，岩鹿馴花不待扶。聞説君恩似滄海，還將魏闕比江湖。

銅狄摩挲豈等閑，鏡中初見二毛斑。橫經温室頻前席，退食蕭齋且閉關。賸欲千年追白醉，不辭一髮繫青山。春風杖屨從今始，説與寒花笑解顔。

逐堪稿上

一二五

霜花腴和覺翁自度腔爲漚尹先生壽

五湖舊舸，緝楚裳鷗波，早换臣冠。苗語蘋烟，鏡絲蘆雪，殘山欲買應難。醉吟自寬。咽素商、凉墮杯前。住閑身、占取塘蒲，翠衾秋輦夢荒寒。　雲卧故溪無恙，衹江南哀斷，冷落驚蟬。折檻心遥，題襟泪黯，秋詞半篋誰箋。聽歌駐船。指桂叢蘿月娟娟。背西風、一笑顔酡，晚花扶醉看。

一一六

金縷曲十一月二十四夜，與孟蘋、静安同載歸車，中疾作，大吐，戲拈此解。

吾老才堪數。便胸中、些些塊壘，向誰傾吐？污遍車茵君莫笑，顛倒神奇臭腐。嘔心句，驚人何補。荷鍤便埋原不惡，渺楓林、月黑魂歸阻。殘酹冷，趙州土。　男兒甑破寧回顧。笑世間、歕瓜炙艾，紛紛兒女。鼻息庭花都撼盡，五斗纔炊一黍。又還被，天公留住。明日短衣隨李廣，要殘年、看射南山虎。休按劍，擊秦缶。

遯堪

一一七

木蘭花慢游虎丘作

倚青天半壁，看烟外，畫成圖。嘆卧虎池荒，墜岩花雨，飛落鷰鷗。殘歈。越來遠引，洗蠻腥、山影夕陽扶。留得千年劍化，紫蘭香徑全蕪。　愁予。落葉啼鳥。漁唱杳，客懷孤。訪廊屧秋聲，琴臺片石，麋鹿都無。荒蘆。碎波似沼，衹沙漚、認得范家湖。一掬桂宮舊泪，白頭頓老相如。

八聲甘州

記西風吹篴玉關行，匹馬黑貂裘。眺殘陽亂堞，平沙落木，老夢驚秋。我爲蒼生彈泪，莽莽古神州。王粲傷春眼，休更登樓。　一卧滄江無恙，換莼絲鱸雪，張翰扁舟。嘆飄零身世，幾個舊盟漚。算縱有、黄花招客，笑簪來容易白人頭。相思意、不堪回首，醉覓封侯。

清平樂

溼絨殘綫，界破紅妝面。濃睡醒來鶯語懶，又是斜陽小院。　麝薰微度羅衣，雨餘梔子添肥。貪畫遠山一角，不知蹙損雙眉。

點絳唇

彈罷湘弦，一簾碎月鋪花影。蝶魂驚醒，蹙踏梅梢粉。　待得歡來，翠被和香等。偏無準。怕人追問，暗結丁香恨。

虞美人

天津橋上鵑啼苦，遮断天涯路。東風竟日怕憑欄，何處青山一髮是中原。酒醒夢繞屏山冷，獨自懨懨病。故園今夜月朧明，满眼干戈休照國西營。

録蒓夢詞中拙作數闋，呈静庵仁兄方家大人指正。

孟劬張采田寫上

一二八

余少皈净業，研心天竺哲學，旅京日，得明紫柏大師刻徑山本殘藏，亂離奔走，未嘗不以自隨，去歲偶然失去。吾弟東蓀留學日本，自東京寓書，言日人印度之學極盛，苦無參考書，而全藏經尤難見。余始悔未能什襲爲可惜也。嗣聞此書歸海寧王君。王君，篤古之士也，因舉所有全贈余，并手寫目録媵之。行誼有古人風，是豈輓近所可得哉。聞聲相思，奉手贊嘆之不足，爰口占二律，匪以言詩，亦庶幾爲縞紵之喤引云爾。

早求空理定心王，龍猛重皈喜欲狂。貝葉馱經來白馬，蓮華翻劫出紅羊。佉盧仙去留殘字，法顯歸來結道場。從此芸香勤愛護，曼天花雨覩西方。
象教猖狂三百年，何人祇樹禮旃檀。人間劍已延津化，天上珠從合浦還。落落青燈温舊夢，塵塵黄絹結新緣。羨君真似王摩詰，容我譚經到輞川。

拙詩二首，录呈方家吟定。

孟劬弟張采田未是稿

一二九

無題

未分殷勤近玉筵，聞聲對影已堪憐。重簾礙日常遮霧，九檠飄風不隔烟。身去定疑憑鳳翼，腸迴還欲托鵾弦。人間咫尺蓬山路，莫道相逢總惘然。

静莽先生詩家粲正。

遯堪俶稿

一三〇

木蘭花慢春來又將北游，留別海上一二知友。

素弦塵挂壁，又彈指，作離聲。笑海燕春來，江南塞北，兩處逢迎。興亡事，天不管，便銅人、無泪也堪傾。黯黯衰蘭古道，离离芳草長汀。　神京。回首暮雲平。慷慨重行行。問结客幽并，高生鞍馬，可抵浮名。多情渭城休唱，衹吴山、西笑眼還青。竹葉于人落莫，楊花似我飄零。

静蒼先生詞家和政。　遯堪寫上

一三一

帝臺春

梅市雪落，風光遍京洛。還記舊狂，倚醉人扶，眠香朱閣。咫尺雲屏燭影畔，問纖手、嫩紅

病誰握。嘆春來，殢酒心懷，都成飄泊。　秦簫樂，思似昨，楚枕約，夢偏各。對艷景湘天，

懨懨也，恨鎖兩眉愁蕚。前日因誰暗縈惹，今夕等閑又抛却。算惟有桃花，笑東風輕薄。

靜莽先生詞家吟定。

遯堪寫上，時客燕都

一三二

書感

夕陽又向中原老，一雨誰知天下寒。意氣神淵驅石易，安危駿坂挽車難。强携茗碗看虚斗，獨對花枝戀酒歡。十尺方塘數浮鯉，飣盤分減老夫餐。

靜莽先生詩家教之。

遯堪寫上

一三三

息影林藪，端憂寡歡，孟蘋欲以畫記見委，良友多情，增余忉怛耳，感賦

夢泠修門九陌塵，迴塘寥落草無人。才衰已嘆溝中斷，儒賤寧論席上珍。青眼逢知虛置醴，白頭收迹負垂綸。明珠枉費終何當，怊悵輕軀百琲身。

再賦

斷無消息五更鐘，又嘆前期失蕙叢。豈分朝雲憐暮雨，枉教雌蜺托雄虹。桂煎膏火餘殘緑，花戀枝柯忍故紅。今日年華自腸斷，不應簾外有迴風。

一三四

和孟符至日天橋望祈年殿之作

蓬萊回望儼非烟，無復章溝肅唱宣。玉馬朝周悲此日，銅駝入洛感當年。可能玄鳥興殷

室，會見蒼鵞出狄泉。一夢賜秦天亦醉，傷心鶉首舊山川。

秘殿崔嵬晝黯然，愁聞雙鶴話堯年。扆居不改當陽座，宣室誰賡大享篇。汗血昭陵餘石馬，白頭蜀道有啼鵑。周家駿命終天復，祇是孤臣淚眼懸。

爾田寫稿

一三五

庚子雜近體詩

豆店題壁

拳匪俶擾，避地南歸。時勤王師雲集畿甸，京朝官流離兵間。余停車豆店，尚有雛鬟侑唱。酒酣感事，愴然成咏。

笑索金錢醉後歌，貂裘午夜走鸞坡。觚棱有夢迷青瑣，甲帳無聲轉絳河。月落參橫催客去，香銷燈炧奈愁何。年來慣聽華亭鶴，未抵傷春意較多。

宜溝驛書劍綃女士詩後

胡騎風塵入苑游，誰教群盜起皇州。軟紅香陌車如水，凝碧宮池樹早秋。故國王孫歌日暮，杜陵野老哭江頭。籠紗别有傷春意，爲報張衡咏四愁。

中秋踞廢營望月

萬里海雲生，蒼茫擁薊城。風塵今夕酒，陵闕異鄉情。斷角含兵氣，枯槎倚雁聲。年年明月色，空照亞夫營。

呼燈

不敢呼燈近綺筵，滿庭花氣暖于棉。春灰一寸難消受，化作相思更化烟。

感舊

迢遞雙魚夢不成，畫屏雲母阻層城。隔紗約略通箏語，移枕丁東識珮聲。錦褥龍鬚頻悵望，香羅鳳尾費經營。要知刻骨相思泪，紅豆西風一夜生。

七夕紀事

朱鳥窗虚夜不扃，銀河一角是雙星。迴心院内春如海，不信秋光冷畫屏。

感事

上相虚勞鳳詔傳，朱方殺氣欲成烟。蒲桃美酒頒何益，當事之殷也，内府曾出茶酒等物賜各使臣。

薏苡明珠謗豈然。世人謡言禮拜堂諸淫亂不法事。千騎蜺旌開瑣第，萬邦犀甲耀樓船。赤眉銅馬無消息，野哭夷歌幾歲年。

袁浦賦寄大梁諸子

且典朝衫赋遂初，西風閬苑冷雙魚。紫貂獵酒迎寒吹，黄竹歌塵黯屬車。越客歸來珠結網，淮王僊去篋藏書。茂陵秋雨梁園雪，一卧滄江恨有餘。

書所見

畫舫中流蕩槳行，緑波人影映分明。玉簫却是多情物，聽水聽風過一生。

揚州

聽盡吴孃暮雨歌，錦帆楊柳遍邗河。青衫買醉金卮淺，紅粉凝妝鈿閣多。瓜步江聲沈鐵鎖，蜀岡山色吊銅駝。參軍彩筆都消盡，欲赋蕪城唤奈何。

無題感時事之不可爲也

已過良辰更上頭，支機真悔贈牽牛。翦刀欲動偏逢破，紈扇初裁不掩羞。畫燭可能還是泪，銀河未必總宜秋。王昌祇解墻東住，難抵金閨一夕愁。

和友人新體詩書懷

一摶神禹芒芒土，百代炎黄赫赫孫。世界鐘聲驚夢寐，中原車轍莽埃塵。風吹海水龍蛇鬥，木落空山鳥鼠蹲。髀肉銷磨今老去，幾人端拱問乾坤。

半旂翻地扶桑碧，莽莽神州送落暉。漠北風雲乾氣象，亞東霧雨濕裳衣。劫灰已死雄心在，滄海無情老泪稀。試向太平洋外望，孤槎破浪日邊飛。

自遭亂離，南北奔走，時綴香奩小詩以自舒其鬱結。痛定之餘，篋稿零落，久不存於腦印矣。今冬邂逅静庵兄。静庵精哲學，富於思想，能讀横文書，研心詩歌，篤古之士也。因寫定近體舊制貽之，庶以誌聞聲相思之雅誼云爾。

孟劬張采田録稿并跋，時乙巳十二月上澣

一三六

静葊我兄惠鑒：

昨譚極歡。《史公年譜》校讀一過，考覈精慎。嘗謂君學極近歙派，而尤與易疇爲似，使東原見之，定有後來之畏。僕學雖尚考證，然喜雜名理，誠自愧不及先生之粹。然能聽曲識，真自信并世舍僕莫屬也。『年譜』字未合，或改爲『繫年考略』較妥。原稿奉上，祈檢存。舊詞數闋附往，先生於迴腸蕩氣時讀之，未識有秦七風味否？專肅，敬頌起居，不一一。

小弟孤子張爾田頓首

永遇樂 乙卯秋客燕都作

螢颭衰燈，鼠翻虛榻，秋動涼館。渚雁稀逢，籠鶯漸老，人意新疏扇。蓬萊烟靄，銅駝坊陌，十載舊狂曾遍。風光對、繁華帝里，去來盡成銷黯。潘郎騎省，悲楊顇潘，鏡裏幾將愁換。帳冷鸞栖，屏閑睫舞，心事遥山遠。珠塵飄滴，花街踏馬，强逐五陵游伴。殷勤但梁間燕子，夜聞碎嘆。

采桑子 賦史館紅蓼

舊家池館栽無地，一角墻東。晝出霜守，淡到秋心不肯紅。夕陽着意相憐藉，媚盡西風。蝶夢烟空，明日登樓數過鴻。

國香慢

夔一寓齋觀趙子固《凌波圖》真迹，用弁陽自度《夷則商》賦。

露浥烟融，是玉槃迸泪，染出春工。亭亭佩環無語，太液西東。閲盡蒼凉天水，殢人想，蘳緑羞紅。王孫舊身世，亂翦冰綃，彈滿鮫宮。　白頭簪未許，甚遺芳卷裹，傾國偏逢。翠銷塵淺，微步難認僊蓬。夜夜思君北渚，伴月明，還繞湘叢。江南斷腸後，夢落空洲，一篴蕢風。

念奴嬌

春日與古微、伯英、綏成買舟泛楓橋寒山寺，爲江蘇巡撫程德全重建，古丈爲言辛亥九月讌集於此。歸舟譜此，蓋淒然有黍离之悲也。

載春游纜，傍雲廊重檥，幽單春客。一匊招提花外水，誰共閑鷗分席。塔影書空，溪流鐃舌，舊賞都陳迹。點霞波鏡，醉顔猶認楓色。　還記飛蓋西園，秋垌小隊，岸風前吟幘。下界鐘聲催世换，塵夢何曾留得。故苑驚灰，諸天淒梵，付與殘僧識。雪香橋堍，亂櫻紅送帆隙。

浣溪紗

蘭破嫣輕語未通。障泥寶馬錦嘶風，長陵小市舊相逢。　犀液越甌金齒軟，麝煤蜀紙玉纖紅，幾時携手畫屏中。

蓮臉冰眸一臠光。分屏掠月間鵝黄，水晶山枕宿檀香。　飛去定無雙鳳翼，斷來能有幾鸞腸，紅樓隔雨兩相望。

張元濟（七通）

一

敬庵先生大鑒：

昨領教言，并蒙介紹，俾訪先人遺像，感幸何極。承賜寫印《切韵》及影印五代雕板佛像，瀕行忘記帶回，兹特遣人走領，乞檢付爲荷。敬頌著祺。

弟張元濟頓首，二月六日

二

敬安先生閣下：

獻歲發春，伏維動定納福。前承開示《四部叢刊續編》目録，當與同人商権，略有增減。

茲印成草目一帙，聊代謄寫。今呈上一分，謹祈鑒察。所增各書如有未合者，仍乞加以删汰。又何書以何本爲宜，亦祈指示，即就原目下注入擲還，俾可彙印清目，再向各家商借。不勝感禱之至。專此奉懇，祇頌台安，兼賀新禧。

弟張元濟頓首，十年二月七日庚申除夕

三

静安先生惠鑒：

昨晚歸自嘉興，今晨到公司，展誦手教，謹悉。屬查《永樂大典》，碌碌竟爾忘記，悚歉萬分。茲已查明，别紙開列，敬祈察核。南通圖書館前由敝處售去一册，亦已專函往詢，俟覆到再聞。手布，敬頌台安。

弟張元濟頓首，九月五日

四

敬庵先生閣下：

許久未見，伏想起居安吉爲頌。揚州丁君在君留學英國，研究地質學甚有功夫，能讀本國古書，取彼證己，頗能貫串，在天津與叔藴先生甚相好。頃來滬，極欲與先生一見。明日午刻準十二句半鐘奉約駕臨寧波路四號卡爾登洋飯館在廣肇公所對面。一叙，丁君亦在座。弟當介其晉謁，想先[生]亦必樂與一談也。專此奉訂，敬頌著安。

弟張元濟頓首，十一月廿六日

五

静安先生閣下：

久未通問，炎暑漸消，伏維起居納福爲頌。前奉惠函，擬借敝館所臧景元鈔本《元秘史》

校閲。兹托妥便友人帶上，計全書陸册，敬乞查收示覆爲幸。敝館前印《四部叢刊》，出書後曾奉手教，多所指示，至爲欽感。此事晌經五年，恐已不復記憶，謹將原信印成附覽。所稱《釋名》之吕枏序、《春秋繁露》之樓郁序、《列子》之張湛序、李賀之《集外詩》、山谷之《外集》等均經覓得。至《元氏長慶集》《張説之文集》均經閣下校補，可稱美善。又明翻宋書棚本《岑嘉州集》，是否即掃葉山房之《唐百家詩》，抑或刊自他處？可否請以手校之本惠假一閲，俾得鈔録照補？近因購者紛至，擬將是書全部再版。數年以來瀏覽所及，此外應行訂補之處，度必陸續發見不少，并祈開示，冀得設法一弥前失，受賜者正不僅弟等已也。專此奉懇，祇頌台安。

弟張元濟頓首，九月三日

再，所托帶書，友人因在滬有躭擱，稍緩啓行。又及。

六

敬庵先生大鑒：

疊奉九月十二日、十一月七日手書，謹誦悉。前聞我兄有西河之痛，正擬趨唁，忽聞文旆已往北行。旋奉大函，適爲兒子完聚，瑣務叢集，致稽答覆，甚爲悚歉。吾兄所遭，至爲慘事，然凡事莫非緣法，萬乞勉作達觀，至禱至禱。承示岑嘉州、張説之兩集，即據密韵樓臧本校勘。其書已歸敝館，將來自當改用。《元集》宋本僅存兩册，將來衹可借用先生校本。葉祖德臨東澗老人本如能借得，自屬甚妙，容向授經求之。至《叢刊》他種，先生瀏覽所及，原本如有未善或曾經校勘者，務祈見示，以便别求善本，免誤讀者。

《續編》目録正在斟酌，擬定後當寄請鑒正。景鈔《元秘史》在必收之列。此書并不需用，儘可從容留校，何必亟亟擲還。既交伯恒，必能妥寄，可祈勿念。屬印《草堂詩箋》，久已在意，聞李木齋亦藏有五十卷殘本，倘能湊齊，自更佳妙。手覆，敬頌著祺。

弟張元濟頓首，十二月廿四日

先六世叔祖著有《詞林紀事》，版久燬失，近用原刊本影印，頃已出版。謹呈一部，乞莞存，但恐寄到尚需時日。

七

敬庵仁兄大人閣下：

舊曆十一月廿八日午後六句鐘，薄具杯茗，奉約駕臨敝寓一叙。新得宋元本數種，欲求鑒定。座無雜賓，惟明訓、孟蘋、石銘、翰怡諸君，皆有同嗜，可暢談也。千萬勿却，無任禱企。祇頌著祺。

弟張元濟頓首，十一月廿六日

附：致羅振玉（一通）

叔蘊先生左右：

昨奉惠書，敬譒安抵東瀛，起居康適，甚慰甚慰。弟北行約不出月内。印《道藏》事已就此間白雲觀殘藏，實點葉數，雖非全豹，卷帙實所缺無幾。按現見葉數推加，大約不過拾萬葉，較沅叔所言拾伍萬葉，已少三分之一，差易爲力矣。如何印法，須弟到京後與沅叔諸人一决。發起人如借重大名，當遵示以培老列名否爲斷，俟晤培老問明，再以奉告。静安先生素所傾佩，惟敝處於印行古籍一部分事尚係萌芽，遽延名宿，實增慚愧。頃與敝同人商議，聘請與否一時尚未能定。

古昔名物，近日考證之博遠過於乾嘉諸君，而著述寥寥，迄無彙萃，誠爲缺憾。惟此事宏遠，宿學如諸君發心編著，其於國學爲功甚巨。但鄙見目前社會程度相去過遠，銷路必不能多，須經營有餘力，然後可以及此。質之先生，當以爲然。此叩撰安。

弟張元濟謹啓，六月三日

趙時棡（一通）

日前晤談，至快。敝藏《梁虞思美玉像》付郵寄贈，幸弜納之。另一紙係弟自留付裝池者，懇求鑒家考正一題。經公一言，此象不朽矣。專此，敬頌静安先生棐几。

弟趙時棡頓首上記

朱汝珍（四通）

一

靜安先生閣下：

日前奉訪，叨承麈教，復擾鯖筵，感幸感幸。本年兩太妃七旬正壽，同人理應進奉。袁玨老已願承辦，津中同人已托温毅老逐一通知，兹以奉聞，想閣下亦必與名也。連日大雨傾盆，已成水灾之象，不知尊處受水患否？念念。手此，敬請撰安，唯照不宣。

弟汝珍頓首，六月七日

二

壽羅叔言六十詩二首，録呈斧政：

蚤年才學壓時流，霜鬢簪毫漢苑秋。帝譽張華能博物，人知李泌本無儲。憂時不覺心成痗，建讜常如鯁在喉。不佞從來慕風義，艱難今日賦同舟。

無端虺毒厲瑶林，屬目銅仙恨共深。向見祖生殊慷慨，誰令正則獨行吟。耆齡豈便甘匏繫，貝錦應教付酒斟。三伏北朝足冰雪，貞松固自抱冬心。

三

静安仁兄大人閣下：

久違大教，念念。前聞閣下有西河之痛，未及慰問，抱歉何如。人之修短，有數存焉。請作達觀，勿太傷心爲要。弟八月初請假南旋，至滬，聞辦事處改組，遂以十月之望遄返津門，如無下文，當再南下。乃承召對，温語慰藉，於去年各事，一切諒解。旋命辦理交派事件，不勝惶惑之至矣。吉帥來正初八日七十正壽，同人擬送詩屏。瑞老承辦，每條一元三角五分。如閣下與分，請向瑞老索取。拙詩一首，録請斧政。殘年放假，如台從入城，乞賁臨賜教爲幸。手此，敬請台安。

弟珍頓首，十二月十一日

四

静安先生閣下：

違教念念。頃接温毅老手書，屬將去月十八日回賞之件帶津。弟擬由初九早車前往也。如該件係由公代領去，請於初八晨擲交舍下爲幸。該件尺幅大長，不妨拆開，撤去墊紙，以便携帶。初八晨，弟當在萬慶館舍下拱候同行，特布。敬請台安，唯照不宣。

弟汝珍頓首，八月四日

朱　尚（一通）

静安先生大鑒：

拜奉手教，并《澌江詞鈔》《秋檠録》各一册照收到。諸承獎借，愧怍無已。今奉上捐書證一紙，到乞撿納。《備志》已由費君景韓購到一部，係初印本，頗完好，知念特白。館址已備文呈縣，請借風神殿，乃縣署因爲層議會所牽制，又不敢准。無已，唯有捐款建造一法。如此可以永久，但募款前途如何，現在實難預卜。如荷贊許，捐啓擬懇尊撰，以圖書館募捐不比尋常寺觀也。《浙江詞鈔》羅先生跋文中述韜荒先生事實，《備志》并未著録一語，殊足邑志之缺。謹復，即叩尊安。

晚朱尚頓首，三月望日

附捐書證一紙。

捐字第　　號

今承

王靜安先生惠捐書籍兩種特具證書藉誌

高誼　書目列後

明刊黃瓊里綠窗賞明珠妹篆錄　一冊

新影印查韜荒浙江詞鈔稿　一冊

海寧縣公立圖書館館長朱尚

中華民國十年四月　日

今承王静安先生惠捐書籍兩種，特具證書，藉誌高誼。書目列後：

明刊黄碧里《綵索貫明珠縶秋録》一册

新影印查韜荒《漸江詞鈔稿》一册

海寧縣公立圖書館館長朱尚

中華民國十年四月　日

莊肇一（一通）

静安先生侍教：

昨奉手示，拜悉。仲約先生現寓東四牌樓北七條胡同王懷慶住宅内，更姓費潤生，係代表四川邊防督辦來京出席善後會議。如先生前往會晤，請勿以原姓號訪之也。謹以奉聞，肅叩歲祉。

教晚肇一頓首，廿八日

周慶雲（一通）

丹詔雲天迥，南齋列上卿。循良漢太守，禮樂魯諸生。朝議起安石，邦人重士衡。徵車回望處，照眼使星明。

十載觚棱夢，浮家寄海潯。書城消歲月，汐社發謳吟。水止盟貞士，枝高借上林。誦詩陳補袞，笙罄喜同音。

静安先生與芷甡太守同時奉召北上，儤直南齋，詩以送之。

慶雲初稿

附録：王國維友朋佚札輯存

曹雲祥（一通）〔一〕

静安先生大鑒：

前奉聘書，因係印刷品，表明本校聘請教員事同一律，所以先填送覽。兹以添注塗改，殊欠敬意，特另繕一份，肅函奉送，敬祈察存。專泐，順頌道安。附聘書一件。

曹雲祥謹啓

十二月三十一日

〔一〕 本札輯自《胡適遺稿及秘藏書信》第三十三册，第四九八至四九九頁，原信另附聘書一張。

陳垣（一通）〔一〕

静安先生道右：

承示李珣事，至快，即檢《茅亭客話》李四郎條。四郎名玹，字廷儀。其先波斯國人，随僖宗入蜀。兄珣，有詩名。玹舉止温雅，以鬻香藥爲業云。因憶《舊唐書·敬宗紀》有長慶四年波斯大商李蘇沙進沉香亭子材事，并見《李漢傳》。珣、玹其蘇沙後耶？若然，則尹鶚詩所謂『胡臭薰來也不香』者，亦嘲其素業也。録之以博一粲。

十四年二月廿日

〔一〕本札輯自《陳垣來往書信集》，第二六一頁。

林泰輔（二通）〔一〕

乙卯之春，余撰《書洛誥箋》一篇，印入《國學叢刊》中。日本林博士泰輔讀而善之，惟於『王賓』『殺禋』之釋頗不謂然，作《讀國學叢刊》一篇，指其瑕疊，刊於《東亞研究》雜誌中。余以書詳答之。博士復就余書有所違覆，余於是有第二書之答。此事關於殷周禮制至鉅，有非可以疑文虛説及一二人之私見定者，故将往復各書布之海内，以俟達於禮者論定焉。丙辰四月，海寧王國維。

〔一〕以下兩札輯自《裸禮榷》，《學術叢編》第四輯，倉聖明智大學石印本。案，林泰輔原札爲日文，分别刊於《東亞研究》第五卷第九、十二號，題名《國學叢刊を讀む》《羅王二氏の王賓に關する答書》，今取王國維節譯本。

林博士讀《國學叢刊》一則《東亞研究》雜誌第五卷第九號

王氏《洛誥箋》釋『王賓，殺禋咸格，王入太廟，祼』二句曰：『王賓，謂上文王、武王，死而賓之，因謂之「賓」。殷人卜辭屢云「卜貞王賓某某」，「王賓」下皆殷先王名，知此「王賓」即謂文、武矣。殺，殺牲。禋，禋祀也。《周禮·大宗伯》：「以禋祀祀昊天上帝，以實柴祀日月星辰，以槱燎祀司中、司命、風師、雨師。」三者互言，皆實牲於柴而燎之，使烟徹於上。「禋」之言「烟」也。殷人祀人鬼，亦用此禮。逸《武成》云：「燎于周廟。」知周初亦然矣。「咸格」者，言文王、武王皆因禋祀而来格也。先燔燎而後祼者，亦周初禮。《大宗伯》：「以肆、獻、祼享先王。」肆、獻在祼前，知既灌迎牲爲後起之禮矣。』羅氏《殷虛書契考釋》亦云：『卜辭中稱所祭者曰「王賓」，祭者是王，則所祭者乃賓矣。《周書·洛誥》：「王賓殺禋咸格。」猶用殷語。前人謂王賓賓異周公者，失之。』皆以卜辭之『王賓』爲《洛誥》『王賓』之所本。然《洛誥》之『王賓』果爲文王、武王，咸格爲神之來格，則次句『王入大室，祼』，當爲鬼神來格以後之事。於是王氏引《周官·大宗伯》之文，以先燎後祼爲周初禮，以既灌迎牲爲後起之禮，論斷極簡。然此事果得如此易斷否乎？案《郊特牲》云：『周人尚臭，灌用鬯臭，鬱合鬯，臭陰達於淵泉。灌以圭璋，用玉氣也。既灌，然後迎牲致陰氣也。』《祭統》：『君執圭瓚灌尸，大宗執璋瓚亞灌，及迎牲君執紖。』灌皆在迎牲之前。鄭元注《大宗伯》肆獻禮云：『祼之言灌，灌以鬱鬯，謂始獻尸求神時也。祭必先灌，乃後薦腥薦熟。於祫逆言之者，明六享皆然。』孫詒讓《周禮正義》亦云：『肆獻祼爲祭祀之隆禮，文次先後，蓋無定例。』皆以祼爲在始祭之時而不在鬼神來格之後，從無異說。然則單舉大宗伯之文，尚未足破舊說，宜更舉有力之證據也。云云。

林博士評羅、王二氏之答書一則《東亞研究》雜誌第五卷第十二號

余嚮以祼爲灌地降神之祭，故於《洛誥》『殺禋及祼』之次序，曾獻其疑。若如王君之說，則祼非獨用於神，於賓客亦用之。又非徒以降神，雖歆神亦用之。則其禮在殺禋之後，更無可異議。論至是，勢不可不求諸『祼』之字義。案『祼』字从示，本用於神，用於賓客乃其轉義。又《說文》：『祼，灌祭也。』故就其用於神言之，灌地降神爲其本義，歆神乃

其轉義。然則『祼』字當以灌地降神爲第一義，歆神爲第二義，祼賓客爲第三義。周中世以後，祼字尚多用第一義。周初《洛誥》時代，却用其第二義，於理未安。即令盡如王君說，然如王君所引《司尊彝》，於追享朝享及四時之祭，皆先言灌尊，而後及朝踐再獻之尊，又如何說明之乎？如謂《大宗伯職》所言爲周初之禮，《司尊彝職》文乃後世禮文之竄入者，是又蹈金瑤、方苞之故轍。此等事皆尚須明辨者也。

鈴木虎雄（一通）〔一〕

此詩分作六大段看：第一段自『先帝將親政』至『漢劍固難捐』，叙景后册立及寵愛之得喪；第二段自『家國頻多事』至『離宫夏聽蟬』，叙戊戌政變，西后垂簾，帝后别居之慘；第三段自『王家猶臬兀』至『遊幸罷甘泉』，叙拳匪亂起，舉朝蒙塵，回京後，帝后猶不得同栖，以至戊申大變；自『篝火俄張楚』至『名免道清僉』，叙宣統之鼎革，是爲第四段；自『帝制仍平日』至『園匠奉金棺』，叙清帝退位以後，至后之臨終埋葬，是爲第五段；自『噫者悲時命』至『試與誦斯篇』，叙后之精誠與述作之主旨。沉痛悲惻之情，輔以莊雅雄麗之筆，洋洋大篇，脉絡貫通，最爲難獲矣。夫古今長律，往往有句無章，故讀之未半已倦。吾兄則各段承接之處例設一二句豫爲伏筆，收束展開毫無窘迫，第二段之『别殿』二句、第三段之『起居』二句等是也，雖小段中亦然。吾兄自謂着意於轉折，非誣言也。年時失記。

〔一〕 本札輯自鈴木虎雄《王君靜庵を追憶す》，原文刊載於日本《藝文》雜誌第十八卷第八號。

狩野直喜（一通）〔一〕

静安先生執事：久疏問候，意殊悵悵，思道履佳勝爲頌爲慰。此間叔翁及諸同學均無恙，但富岡君君撝客歲病瘄而没，彼氣體强健，執事所知，而今如此。甚矣人壽之不可恃也。敝師竹添先生中年罷官，專耽著述，群經皆有會箋。身後稿本在女壻嘉納家，嘉納今擬先排印《毛詩》行世。顧往年《左轉會箋》之成，蔭甫俞太史序之矣。故此舉又欲得貴國大儒一言以飾之思。方今貴國遺老，求其風節清高、學術淹雅者，莫沈公子培若焉。且往年公來游敝國，親造其廬，又爲名讀書之樓，未爲與敝師無一日之雅。若顧念舊誼，幸賜序言，則其感恩不啻生者也。嘉納現擬函請於公，并將已經刷印數葉呈覽，又求弟請執事以此意轉達。因爲先容煩瑣之事累執事多矣，倘蒙俯允，幸甚。某頓首。

〔一〕 本札輯自《君山文》卷九，原書有兩札，此爲第一札，第二札已見《國家圖書館藏王國維往還書信集》中。